CLASSIQUES JAUNES

Essais

Boileau et la satire noble

Pascal Debailly

Boileau
et la satire noble

PARIS
CLASSIQUES GARNIER
2022

Pascal Debailly est spécialiste de la littérature française des XVIᵉ et XVIIᵉ siècles. Ses travaux s'intéressent aux œuvres comiques, satiriques et militantes ainsi qu'au théâtre de Molière et de Georges Feydeau. Il est notamment l'auteur de *La Muse indignée. La satire en France au XVIᵉ siècle* et de *Molière aux éclats. Le rire de Molière et la joie*.

Couverture : Illustration pour le « Repas ridicule », extrait du recueil des « Satires » de Nicolas Boileau, 1666. Gravure de Gervais d'après un dessin d'Émile Bayard Ph. Coll. Archives Larbor. Crédits : Larousse.fr

ISBN 978-2-406-12467-2
ISSN 2417-6400

Pour Clarisse et Grégoire,
esprits satiriques s'il en est.

INTRODUCTION

Nicolas Boileau est un grand poète satirique. Son lyrisme de
l'indignation convertit en énergie littéraire les blessures d'un esprit en
révolte contre ce qu'il estime être le vice, le mauvais goût et la médiocrité.
Pour illustrer, à sa manière, le siècle de Louis XIV, il voulut supplanter
le prestige de Mathurin Régnier et devenir le Juvénal français. Corneille
et Racine régnaient sur la tragédie, Molière sur la comédie, La Fontaine
sur la fable, il rêva d'incarner la satire[1].

Il finit surtout par devenir « le Régent du Parnasse[2] » et le législateur
par excellence des idéaux du classicisme français en matière littéraire,
avec ses admirateurs et ses détracteurs. Son prestige, comme critique,
conditionna la réception qu'on fit du classicisme jusqu'au XIXe siècle,
en dépit de l'hostilité des romantiques[3]. Maître à penser au siècle des
Lumières, il devint, sous l'impulsion de Sainte-Beuve et de Désiré Nisard,
pendant le Second Empire, la référence incontournable en matière de
bon goût littéraire, à l'école et à l'université[4]. Il incarne une forme de
beauté en matière poétique fondée sur l'équilibre et « la raison », un
art du langage qui privilégie la « clarté » : « Aimez donc la raison ; que

---

1   Sur Boileau et le genre de la satire, voir principalement Antoine Adam, *Les premières Satires
    de Boileau (I-IX)*, (1941), Genève, Slatkine reprints, 1970 ; Bernard Beugnot et Roger
    Zuber, *Boileau, Visages anciens, visages nouveaux*, Montréal, Les Presses de l'Université de
    Montréal, 1973 ; Joseph Pineau, *L'Univers satirique de Boileau, L'ardeur, la grâce et la loi*,
    Paris, Genève, Droz, 1990 ; Delphine Reguig, *Boileau poète, « De la voix et des yeux… »*,
    Paris, Classiques Garnier, 2016, p. 249-256.
2   *Satire IX*, v. 127, in *Œuvres complètes*, éd. Françoise Escal, Paris, Gallimard, La Pléiade,
    1966, p. 52. Toutes nos citations des œuvres de Boileau, sauf indication contraire, seront
    tirées de cette édition. Nous donnons cependant les numéros des vers, car ils ne figurent
    pas dans cette édition. Nous avons choisi par ailleurs de moderniser l'orthographe.
3   Voir notamment Victor Hugo, « Réponse à un acte d'accusation », v. 119-157, in *Les
    Contemplations*, éd. L. Charles-Wurtz, Paris, Le Livre de Poche, 2002, p. 52-55.
4   Voir Sainte-Beuve, « La fontaine de Boileau », in *Les Consolations, Pensées d'août*, Paris,
    Michel Lévy Frères, 1863, p. 273-278 ; *Notice* aux *Œuvres* de Boileau, Paris, Furne, 1886,
    p. i-xv ; Désiré Nisard, *Histoire de la littérature française*, Paris, Firmin Didot, 1854, t. II,
    p. 291-401.

toujours vos écrits / Empruntent d'elle seule et leur lustre et leur prix » ;
« Ce que l'on conçoit bien s'énonce clairement / Et les mots pour le dire
arrivent aisément[5] ».

Sa carrière institutionnelle fut exemplaire. Le rêve de tout poète, au
XVIe siècle et au XVIIe siècle, est de servir directement le roi et d'écrire
à sa gloire une épopée. Pas plus que ses contemporains, il ne réussira à
écrire une *Louisiade* digne de ce nom. Mais il approchera le monarque
et il finira sa carrière en poète officiel. En 1677, il est nommé, avec Jean
Racine, « historiographe du roi », avatar moderne du poète épique : il est
chargé de composer le récit des exploits du Prince. Il entre à l'Académie
française en 1684. Il contribua ainsi au rayonnement et à l'éclat du soleil
louis-quatorzien.

Son œuvre satirique en vers comprend principalement les *Satires*,
les *Épîtres* et *Le Lutrin*. On peut leur adjoindre *L'Art poétique* qui relève
en grande partie de la satire. Boileau, dans ces poèmes, y montre un
visage qui n'est pas solaire, stable et harmonieux. L'idéal de grandeur
et de noblesse propre à l'idéologie classique s'y énonce sur le mode de
la colère et de la négativité. La première édition des *Satires* en 1666
révèle un Boileau qui lâche la bride à son amertume et à sa rage. D'un
tempérament violent, incapable de supporter la déception, il rue dans
les brancards et se fait de nombreux ennemis. Il finira par atténuer la
véhémence de sa Muse, avec les *Épîtres*, et par se soumettre à l'ordre royal,
mais il ne se départira pas de son franc-parler et de sa liberté de juger.
Son idéal de sublime et de beauté, il l'exprime par l'admiration incon-
ditionnelle qu'il voue à Corneille, à Racine, à Molière et à La Fontaine.
Mais il le fait sentir encore plus par la véhémence de ses refus et de ses
haines. L'agressivité prévaut chez lui. Il pourfend sans ménagement
ceux qui contreviennent à ses exigences en matière morale et littéraire
de telle sorte qu'on perçoive, en creux, la beauté authentique qu'ils ne
pourront jamais atteindre.

La satire n'est pas seulement pour Boileau une forme poétique, elle
est aussi l'expression et pour ainsi dire l'incarnation de son tempérament
et de son for intérieur. Art de la disjonction et de la mise à distance
critique, elle lui permet de soulager un sentiment extrême de déception
et de révolte. Son aspiration à l'idéal repose sur un désir de transparence
où s'abolit l'écart entre l'attente et le réel, entre le sujet et l'objet. Avec

---

5   *L'Art poétique*, Chant I, v. 37-38 et 153-154, in éd. citée, p. 158 et 160.

les auteurs qu'il lit, Boileau recherche l'osmose et la fusion, l'empathie intégrale. Corneille, Racine, Molière et La Fontaine lui font respirer l'air des cimes, lui procurent une jouissance littéraire où prévalent la transparence, l'évidence et la beauté.

Certains éléments de sa biographie peuvent nous aider à mieux cerner sa psychologie : la mort prématurée de sa mère, un an et demi après sa naissance, une enfance triste et maladive, une opération qui vise à le guérir de la maladie de la pierre, mais qui tourne mal et le condamne à l'impuissance. En découle une vision du monde marquée par le pessimisme, une misogynie viscérale, un jansénisme qui se renforce avec l'âge, mais aussi un besoin de compensation et de sublimation qui se traduit par la force de ses enthousiasmes et la passion qu'il déploie pour s'élever sur le plan moral et esthétique. On ne connaît pas à Boileau de grande passion amoureuse, il n'a pas eu d'enfants. Toute sa vie est consacrée à la littérature. Son parcours biographique et une vision de la vie qui fait peu de place au féminin ont, par contraste, exaspéré une agressivité virile, un héroïsme de la pensée, un surmoi d'essence paternelle et religieuse. Son œuvre figure une tension dramatisée entre un réel vécu le plus souvent sur un mode déceptif et une instance surplombante impitoyable qui vise à intimider et à culpabiliser. De même que Phèdre, créature nocturne en proie aux passions condamnables doit être sacrifiée pour « rendre au jour [...] toute sa pureté[6] », de même la satire boilévienne, tel un Moloch, s'attaque à des vices et des individus qu'elle juge indignes. Il s'agit de retrouver une forme de pureté originelle qui se nourrit de la théologie augustinienne revivifiée par le jansénisme. Il y a chez Boileau une férocité cannibale qui se traduit par une aspiration à l'absolu et donc par un refus de la compromission et de l'impureté, que représentent à ses yeux les flatteurs, les libertins, les précieux, les mondains, les jésuites, les faux dévots, les écrivains médiocres.

La tradition littéraire et scolaire retient de Boileau le juge suprême en matière poétique, le régent du Parnasse. Elle fait de lui une autorité surmoïque d'essence paternelle. Il irradie comme un soleil, symbole du roi Louis XIV dont il est un serviteur zélé. Mais son œuvre satirique révèle une personnalité plus nocturne et angoissée. Il voudrait louer, mais ne réussit qu'à blâmer. Il voudrait écrire une épopée, mais n'y parvient pas. Il envie les facilités de Molière et ne doit qu'à un dur

---

6   Jean Racine, *Phèdre*, V, 7, v. 1644.

labeur une maigre production poétique. Il aspire à l'amitié et multiplie les inimitiés… Le travail du théoricien au service de l'idéologie absolu-tiste et des idéaux de l'esthétique classique est contredit par une forme d'expression passionnelle, subversive, crispée. La tragédie racinienne, la comédie moliéresque ou la fable lafontainienne réalisent davantage l'idéal d'une forme parvenant à dompter le chaos, à transcender, tout en les figurant, les désordres de la passion. La satire en revanche, véhémente et capricieuse, ne figure pas, au moins sur le plan esthétique, l'équilibre, l'harmonie, la beauté souveraine.

Boileau incarne la loi du Père et du Prince, mais il ne cesse d'écrire avec la brusquerie et les incartades d'un fils rebelle et révolté, d'un insoumis et d'un misanthrope qui dit non ostensiblement. Cette contradiction entre un rôle de père qui dicte la loi et les colères d'un fils qui ne supporte pas les compromissions et les concessions, voilà ce qui rend Boileau si attachant. Son *Art poétique* l'illustre parfaitement : il prescrit la règle sur un ton solennel qui se veut intemporel et fondateur, mais dans le même moment, il affirme haut et fort ses goûts et ses dégoûts, il se gausse, non sans malignité, de ceux qu'il exclut du Parnasse. Il a l'espièglerie et l'impertinence des jeunes gens qui se moquent sans vergogne de l'autorité. Cohabite avec le grave censeur, que la tradition a retenu, un Boileau rieur, aimant la plaisanterie, le bon mot, la gaieté. Apollon est son dieu, mais il y a chez lui un côté dionysiaque.

La véhémence, le pessimisme teinté de jansénisme, l'opiniâtreté juvénile à vouloir demeurer sur les hauteurs, la jubilation non exempte de plaisir malin à descendre au niveau de ceux qu'il vitupère, le besoin de s'affirmer à la première personne pour cautionner la pertinence de ses jugements et de ses anathèmes, font de Boileau un grand poète lyrique. Rien n'est plus injuste que cette condamnation cruelle de Jean-François Marmontel, qui sera reprise par les romantiques et les ennemis du classicisme : « Mais je ne vois jamais Boileau sensible. / Jamais un vers n'est parti de son cœur[7] ». Nous croyons au contraire à son désir d'authenticité et de sincérité. L'intention morale, le réalisme comique, la violence critique, ne sont pas forcément des obstacles au lyrisme. Boileau est un poète engagé, dont la vie et les actes ne contredisent pas la teneur de ses écrits. Il ferraila dans l'arène des querelles de son époque, mais il aspira continûment à la noblesse. Il rêva d'une forme

---

7   *Œuvres complètes*, Paris, Verdière, 1819, t. X, p. 454.

de poésie qui, conjuguant satire et noblesse, s'impose dans le champ littéraire. Il échoua en partie, car, en dépit des apparences, le genre de la satire lucilienne s'éteignit au XVIIIe siècle. Son idéal de la satire noble, de la satire apollinienne, ne put vraiment aboutir, mais on peut demeurer sensible à l'énergie qu'il mit pour ne pas transiger avec son idéal de grandeur et de vérité, à son rire souverain de poète comique qui en découd joyeusement avec tout ce qui l'offense.

Je remercie chaleureusement Clarisse Liénard et Alain Génetiot pour leur lecture attentive et amicale du tapuscrit.

LA SATIRE LUCILIENNE
DES ORIGINES À BOILEAU

Lorsque Nicolas Boileau entreprend d'écrire des satires et se met à réfléchir sur la poétique du genre, il s'inscrit dans une longue tradition. Il dispose d'éditions magnifiques des poètes romains, de textes théoriques nombreux ainsi que de modèles prestigieux en langue vernaculaire. Pour saisir les enjeux de sa démarche et de sa création, il n'est pas inutile de rappeler les grandes étapes qui les ont rendus possibles depuis l'Antiquité. La satire classique en vers est un genre poétique qui ne va pas de soi, car il est toujours en porte-à-faux avec les exigences de la morale, de la civilité et de la religion. Elle pose aux commentateurs, aux théoriciens et aux poètes des problèmes qui sont liés à la difficulté de rendre compatibles une vocation morale, une forme poétique noble, une énonciation à la première personne et le recours à deux passions agressives et donc toujours suspectes : le rire et la colère. Boileau n'échappera pas à cette suspicion et au préjugé défavorable qui pèse sur son genre poétique de prédilection. Jean Desmarets de Saint-Sorlin, l'un de ses ennemis, le formule ainsi : « La Satyre est contraire aux lois divines et humaines[1] ».

LES ORIGINES ET LA THÉORIE DU GENRE
DE LA SATIRE CLASSIQUE EN VERS

Le mot *satire* au sens large signifie aujourd'hui tout moyen d'expression qui s'attaque à un individu, à des institutions ou à des comportements. Dans son sens générique, il désigne une forme littéraire, inventée à Rome

---

1 *La Défense du poème héroïque, avec quelques remarques sur les œuvres satyriques du sieur D****, Paris, J. Le Gras, 1674, *Préface*, non pag.

au second siècle avant J.-C. par Gaius Lucilius, dont l'œuvre ne nous est parvenue que par fragments[2]. On l'appelle *satire classique en vers* ou *satire lucilienne*. Elle est illustrée par trois poètes dont nous possédons les textes et qui sont considérés comme des modèles : Horace, Perse et Juvénal. Elle se présente comme une suite d'hexamètres dactyliques qui mêle, au gré des humeurs du poète oscillant entre le rire et l'indignation, critique des mœurs, réflexions sur l'actualité, considérations littéraires, confidences personnelles. Jusqu'au XVIIIe siècle, le terme *satire* renvoie essentiellement à ce type de poésie. La satire lucilienne est redécouverte par les humanistes de la Renaissance. Elle fait alors l'objet de belles éditions et de commentaires nourris qui définissent sa poéticité. Elle suscite en outre, de l'Arioste à Boileau et à Alexander Pope, de nombreuses créations originales dans les différentes langues vernaculaires[3].

Le rhéteur romain Quintilien écrit dans son *Institution oratoire*, au Ier siècle : « La satire est un genre tout romain[4] ». Mais à son époque, ce genre ne fait l'objet d'aucune théorisation détaillée comme l'épopée, la tragédie ou la comédie. Elle est seulement illustrée par Lucilius et ses trois grands disciples. Horace, qui fut pourtant l'un des maîtres du genre, ne l'évoque pas dans son *Art poétique*. Pour Quintilien, la satire romaine se caractérise par sa liberté d'expression et son franc-parler (« *libertas* »), par son mordant (« *acerbitas* ») et par le registre comique (« *salis* »)[5]. À quoi on peut ajouter une énonciation à la première personne, le mélange des sujets traités et l'usage de l'hexamètre dactylique, qui s'impose avec Horace. Ces caractéristiques générales ne suffisent pas néanmoins pour constituer une poétique de la satire. Et de fait les poètes ont chacun une façon très différente de la concevoir. Elle apparaît comme un moyen d'expression ouvert et d'une grande plasticité. Elle est moins une forme fixe qu'un état d'esprit : Lucilius mélange l'érudition dans tous les domaines à la critique des mœurs et à la confidence autobiographique. Horace fait de la satire une fille de la comédie où dominent l'humour et la bienveillance. Perse compose chacun de ses poèmes comme une diatribe stoïcienne chauffée à blanc. Juvénal enfin utilise la dérision pour donner sa pleine mesure à la colère et à l'indignation, qu'il tend parfois jusqu'au sublime

---

2   Voir *Satires*, éd. François Charpin, Paris, Les Belles Lettres, 1978-1991 (3 vol.).
3   Sur la poétique de la satire classique en vers, voir notre livre, *La Muse indignée, La satire en France au XVIe siècle*, t. I, Paris, Classiques Garnier, 2012.
4   Liv. X, I, 93 : « satura quidem tota nostra est ».
5   *Op. cit.*, liv. X, I, 94.

et au tragique. S'il leur arrive de préciser le sens de leur démarche et de faire des remarques métapoétiques, aucun cependant ne présente une théorie systématique du genre auquel il s'adonne. *La satire romaine n'est pas un genre, c'est une pratique.* Sa forme très ondoyante se veut d'abord l'expression d'un désir de liberté et d'autonomie. Elle est un lieu de critique, d'expérimentation et de défoulement. Les poètes laissent courir leur plume au gré de leurs émotions et de leur imagination. Ils lâchent la bride à leurs humeurs, à leur verve ludique ou bien à leur courroux vengeur. La satire tend à s'instituer dans le paysage littéraire moins par l'application d'une théorie que par le biais de la référence au modèle. Horace nous dit qu'il écrit des satires comme Lucilius. Quant à Perse et Juvénal, ils imitent Horace... C'est un collectif de prédécesseurs glorieux qui justifie l'entreprise du satirique.

La satire en vers apparaît donc, au moment des premières éditions imprimées, comme une forme illustrée par quatre grands poètes romains, mais sans théorie normative, intégrée à une typologie générale des genres. C'est cette lacune que les humanistes du XVe, du XVIe et du XVIIe siècle vont s'employer à combler. La satire lucilienne apparaît ainsi fille du développement extraordinaire des éditions commentées et des traités de poétique au cours de la Renaissance. Cette effervescence et cette passion érudites sont pour nous un phénomène remarquable, dans la mesure où l'on voit la satire se constituer, au niveau théorique, en tant que genre poétique à part entière.

Afin de mieux saisir l'enjeu de cette renaissance, il importe de rappeler deux données préalables. La première concerne l'étymologie du mot *satire* et la préhistoire du genre. Il est aujourd'hui bien établi que l'origine du mot latin *satura* ou *satira* est exclusivement latine. Ce terme désigne au départ un plat qui mélange des fruits et des légumes, une macédoine, un pot-pourri. Le sens culinaire s'élargit au domaine dramatique pour désigner métaphoriquement un spectacle mêlant plusieurs éléments, puis une forme poétique. Sous l'impulsion de Lucilius, au temps des Guerres puniques, la *satura* devient un moyen d'expression littéraire où la raillerie et l'énonciation à la première personne deviennent prédominantes.

Mais les humanistes, avant tout soucieux de généalogie et de typologie, considèrent que cette forme d'expression latine a des origines grecques. Ils admettent tous que la satire latine est issue du *drame satyrique grec*, genre de comédie bouffonne qui se développe au Ve siècle avant J.-C. et qui met en scène des *satyres*, demi-dieux lascifs et mal embouchés. Ils accompagnent le dieu Dionysos. On les représente avec de petites cornes sur la tête et des jambes de chèvres. Ce type de comédie était joué à la fin d'une trilogie tragique afin de détendre les spectateurs. Ce furent les grammairiens Donat[6] et Diomède[7], au IVᵉ et au Vᵉ siècle, qui, à partir d'une mauvaise interprétation du passage consacré par Horace au drame satyrique dans son *Art poétique*[8], donnèrent une autorité à la confusion entre le mot latin *satira* et le mot grec *satyros* (σάτυρος). Il en résulta cette aberration philologique consistant à écrire le mot *satyra* ou *satyre* avec un *y*. Elle allait cependant conditionner le style et l'imaginaire du genre chez les poètes et les théoriciens du XVIᵉ siècle jusqu'à Régnier et même bien après.

L'autre donnée qu'il importe d'avoir présente à l'esprit, pour comprendre la portée des théories de la satire, touche à son statut poétique : la satire appartient-elle à la poésie ? La réponse n'est pas évidente pour les humanistes, dans la mesure où Horace, qui demeure, jusqu'au XVIIᵉ siècle, une autorité majeure en matière de critique littéraire, refuse au satirique, dans un passage célèbre des *Sermones*, le nom prestigieux de *poeta*. Il le réserve à l'artiste dont le génie (« *ingenium* ») est inspiré par les dieux (« *mens divinior* ») et dont la bouche fait retentir de hauts accents (« *os magna sonaturum* »)[9]. Comment le satirique, qui tire son inspiration de la vie quotidienne et qui écrit des phrases avec un style bas, proche de la conversation (« *sermoni propiora* »)[10], pourrait-il mériter un pareil titre ? Or les humanistes, à quelques exceptions près[11], auront à cœur de contredire ce jugement et de prouver que la satire appartient pleinement à la poésie. Dans leur sillage, Jean Vauquelin de la Fresnaye et Nicolas Boileau, auteurs tous deux d'un *Art poétique* en vers, lui consacreront un développement, en même temps qu'ils l'illustreront en écrivant tous deux un recueil de satires.

---

6   *Aeli Donati commentum Terenti*, Stuttgart, Teubner, 1962, *Evanthius*, II, 5, p. 16-17.

7   *Ars grammatica, in Grammatici Latini*, recensés par H. Keil, Leipzig, Teubner, 1857, t. I, p. 485-486.

8   Vers 220-250.

9   *Sermones*, I, IV, v. 43-44.

10   *Ibid.*, v. 42.

11   C'est ainsi que Lodovico Castelvetro, dans sa célèbre *Poetica d'Aristotele vulgarizzata et sposta* (Vienna d'Austria, Gaspar Stainhofer, 1570), refuse à la satire le nom de poésie : voir fo. 58 vᵒ et fo. 59 rᵒ.

L'INVENTION HUMANISTE
D'UNE THÉORIE DE LA SATIRE LUCILIENNE

Les premières éditions imprimées des poètes latins constituent un élément déterminant dans l'élaboration de la satire en tant que genre. Ces éditions sont toujours accompagnées d'une préface et de commentaires prolixes, d'où se dégage une théorie complète du genre. Parmi les plus célèbres, citons celles de Juvénal par Domizio Calderini[12], de Perse par Bartolomeo Fonte[13] ou d'Horace par Cristoforo Landini[14]. Parmi ces commentateurs, Josse Bade Ascensius joue un rôle essentiel. Il publie des éditions des grands satiriques latins « avec un commentaire familier », qui firent autorité pendant le XVIe et le XVIIe siècle[15]. Horace est alors le satirique le plus apprécié. Il est considéré comme le modèle par excellence. Juvénal en revanche a mauvaise réputation, sauf auprès de Jules César Scaliger et de Juste Lipse. On lui reproche son aigreur, son réalisme brutal et son obscurité. Cette hiérarchie sera corrigée, à la fin du XVIe siècle quand le texte de Juvénal, jusque-là publié à partir de manuscrits très défectueux, deviendra beaucoup plus lisible à partir de 1585, date à laquelle François et Pierre Pithou publient le manuscrit dit « de Montpellier[16] ». Longtemps perdu, ce manuscrit contient la meilleure version des œuvres du poète latin.

L'APPROCHE HORATIENNE DE LA SATIRE

Sur l'origine, l'esthétique et les intentions morales de la satire, les érudits de la Renaissance sont tributaires des idées d'Horace, à partir du passage de son *Art poétique* consacré au drame satyrique grec et des critères qu'il utilise pour traiter de la poésie en général : *utile mêlé à l'agréable, inspiration divine, hauteur du style*[17]. Voici par exemple la définition que Josse Bade propose de la satire dans la préface à son commentaire des

---

12 Venise, J. Le Rouge, 1475.
13 Florence, Saint Jacob de Ripoli, 1477.
14 Florence, A. Miscominus, 1482.
15 Juvénal en 1498, Perse en 1499 et Horace en 1500.
16 Paris, Mamert Patisson, 1585.
17 *Art poétique*, v. 333 ; *Satires*, I, IV, v. 43-44.

œuvres de Perse : « La *satyre* est un poème de dénigrement en hexamètres, écrit dans un style simple, qui fut inventé par les Romains pour
corriger les vices, sans nommer ouvertement les contemporains ; elle
tire son origine de l'ancienne comédie grecque et son nom des satyres
sauvages[18] ». Du fait de l'utilisation de l'hexamètre, la satire est arrimée
à l'épopée dont elle est toujours, plus ou moins, une parodie. Elle suppose la perception d'un décalage entre une diction noble et un contenu
trivial, entre un cadre prestigieux et la représentation de personnages
dénués de grandeur. La mise en parallèle des deux genres sert de moteur
à la théorisation de l'univers comique de la satire. Tandis que le poème
héroïque se meut dans l'espace-temps du mythe et narre les exploits de
personnages hors du commun, la satire se borne à figurer la *nuda veritas*,
en prise avec les réalités concrètes. C'est pourquoi elle doit recourir à la
Musa pedestris, au *sermo cotidianus*[19]. Elle est rédigée en vers, mais, comme
la comédie, elle se nourrit de prosaïsme, voire de bassesse. La diversité
des sujets traités est une autre caractéristique de la satire lucilienne.
Elle rencontre la sensibilité des auteurs de la Renaissance qui font de
la *varietas* l'un des critères fondamentaux du plaisir esthétique et de la
beauté. Par définition, la *satura* est *varietas*. Josse Bade explique ce goût
en se référant à l'étymologie du terme latin *satura* qui signifie *mélange*,
mais aussi par la filiation de la *satyra* avec les satyres chèvre-pieds. Ces
créatures mythologiques, qui forment le cortège de Dionysos, passent
leur temps à médire, en sautant capricieusement d'un sujet à l'autre.

Le point le plus litigieux de la justification de la satire comme genre
est celui de sa finalité. Pour Bade, elle est claire : la satire doit être
morale et se fixer pour objectif la condamnation des vices. Il considère
en conséquence qu'elle est susceptible, plus que tout autre genre poétique, de réaliser l'idéal horatien du mélange harmonieux entre *prodesse* et *delectare*[20], entre le perfectionnement moral et le plaisir, entre
l'éthique et l'esthétique, à condition cependant qu'elle reste dans la
généralité, c'est-à-dire qu'elle évite de citer les noms de contemporains,
afin de ne pas tomber dans la diffamation. Cette haute fonction morale

---

18 *Auli Flacci Persii Satyrici ingeniosissimi et doctissimi Satyrae cum quinque commentariis* (1499),
    éd. Paris, J. Bade, 1523, fo. 9 v° : « *Satyra autem est maledicum carmen hexametro versu, gracili
    stilo a Romanis ad vitia coercenda, sine manifesta viventium nominatione, inventum : ex veteri
    quidem Graecorum comoedia trahens ortum, et a satyris silvestribus nomen* ».

19 *Ibid.* ; voir Horace, *Sermones*, II, VI, 17 et I, IV, 43.

20 *Sermonum Horatii familiaris explanatio. Et primo Praenotamenta quaedam*, fo. 154 v°.

est comparable, selon lui, à celle du *sermon* des prédicateurs chrétiens. Bade joue sur le sens à la fois horatien et chrétien du terme *sermo*. Les humanistes s'efforcent en effet constamment de christianiser la satire romaine. Ils mettent volontiers en parallèle le privilège dont disposent les prédicateurs de s'en prendre en chaire aux vices des fidèles et la verve profane des auteurs comiques, de manière à montrer qu'ils ont pour but commun la *réformation des mœurs*, expression qui a une connotation autant religieuse que séculière[21].

SATIRE HORATIENNE ET SATIRE JUVÉNALIENNE

Pour définir la satire classique en vers et la situer dans la typologie des genres, les humanistes utilisent une méthode comparative qui joue à plusieurs niveaux. Ils s'emploient, comme nous l'avons vu, à la délimiter en la confrontant à l'épopée, à la tragédie et à la comédie, genres qui possèdent depuis l'Antiquité une forte armature théorique. À cette forme de comparaison purement typologique s'ajoute une *approche auctoriale* consistant à opposer les poètes entre eux, principalement Horace et Juvénal. Très vite, on distingue deux grandes formes de satire : la satire horatienne et la satire juvénalienne. La satire horatienne aborde la critique des mœurs avec humour et bienveillance. La satire juvénalienne au contraire, fougueuse et passionnée, repose sur l'indignation et l'amertume. La première privilégie le rire et le ridicule pour réformer les mœurs alors que la seconde veut provoquer chez le lecteur un choc salutaire et un sentiment de révolte. La première est affiliée à la comédie tandis que la seconde tend à l'épique et au tragique. Daniel Heinsius, au début du XVIIe siècle, résume ainsi cet antagonisme à la fois générique et auctorial : « *Horatius enim comice illudit : Juvenalis tragice percellit. Quorum alter, risum et voluptatem, alter vero horrorem movet*[22] ». Les *Satires* de Perse, très lues aussi et commentées, sont apparentées le plus souvent à celles de Juvénal.

---

21 Beaucoup de décrets des conciles ont pour sujet la *reformatio morum*. Jouant sur la connotation chrétienne du terme, Louis Petit intitulera un recueil de satires *Le nouveau Juvénal satirique pour la réformation des mœurs et des abus de notre siècle*, Utrecht, Antoine Shouten, 1716.

22 *De Satyra Horatiana liber*, Leyde, L. Elzévir, 1612, p. 55 : « Horace en effet se moque sur un ton comique. Juvénal en revanche frappe avec un ton tragique. Le premier suscite le rire et le plaisir, tandis que le second provoque l'horreur ».

Le ton modéré et conciliant des œuvres d'Horace est d'autant plus remarquable qu'il tire la satire du côté de l'épître familière. Le long poème en hexamètres prend volontiers chez lui la forme détendue d'une lettre qu'il adresse à un ami. Alors que la parole juvénalienne apparaît plutôt comme le cri de colère d'un homme solitaire pour qui la satire semble un dernier recours, une *vox clamans in deserto*, le dénigrement horatien s'inscrit dans une relation amicale et ludique. Il nourrit les attentes d'un cercle de complices. Tandis que Juvénal s'auto-mandate pour donner une issue à son indignation, Horace se fait pour ainsi dire le porte-parole d'un groupe d'amis qui l'invitent à exercer sa verve comique. La pente épistolaire de l'inspiration d'Horace se concrétise naturellement par le recueil des *Epistulae* qui vient former un diptyque avec les *satirae*, dont l'appellation est d'ailleurs adoucie par l'utilisation du terme *Sermones*, c'est-à-dire *entretiens, conversations, causeries*. Les *Epistulae* conservent le mordant et la verve des *Sermones*, mais la dimension conviviale et amicale est accentuée. Cette tension générique entre satire et épître devient à la Renaissance et à l'Âge classique une donnée fondamentale. Les poèmes de l'Arioste et de Régnier prennent ainsi le plus souvent l'allure de lettres familières. Boileau quant à lui écrira, comme Horace, un recueil d'*Épîtres* censé adoucir la violence critique de ses *Satires*.

La critique comparative, entre Horace et Juvénal, induit un classement typologique, mais aussi un jugement de goût et l'établissement d'une hiérarchie. Les humanistes ne cessent pas de lire et d'analyser les œuvres de Juvénal et de Perse, mais dès qu'ils cherchent à dégager l'essence du genre satirique, c'est Horace qu'ils considèrent généralement comme le modèle et la référence. Ils accusent Juvénal d'avoir trop chaussé le cothurne tragique[23]. Or la satire authentique, sur le plan esthétique et moral, est d'abord fille à leurs yeux de l'ancienne comédie et non point de la tragédie. À cela s'ajoute un critère moral. Les *Sermones* horatiens atteignent selon eux la perfection du genre parce que la répréhension

---

23 Juvénal a conscience, lorsqu'il s'indigne avec un ton tragique, de sortir des limites de la satire telles que les ont fixées Lucilius, Horace et Perse : « *Fingimus haec altum satura sumente coturnum / scilicet, et finem egressi legemque priorum / grande Sophocleo carmen baccha-mur hiatu…* » : « On dira que j'invente des horreurs, que ma satire chausse le cothurne tragique et que, sortant des limites et des règles fixées par mes devanciers, j'imagine avec emphase, tel un Sophocle, de grandes fictions » (*Satura VI*, v. 634-637). Boileau, en disciple et imitateur de Juvénal, fait, lui aussi, osciller la satire entre le comique et le tragique : « Mais quoi ! je chausse ici le cothurne Tragique ! / Reprenons au plus tôt le brodequin Comique » (*Satire X*, v. 389-390, p. 72).

morale est adoucie par l'humour et l'urbanité, parce que la critique se convertit en mansuétude conciliante. Le rire horatien sait dissimuler l'indignation sous le voile amène de la plaisanterie et d'une ironie légère[24]. Il permet, beaucoup mieux que l'âpreté et l'acerbité juvénaliennes, de faire passer la leçon morale. Érasme, admirateur inconditionnel d'Horace et de sa façon de « dire le vrai en riant », « *ridentem dicere verum*[25] », reproche à Juvénal d'avoir plus de goût pour l'étalage des ignominies que pour le dénigrement des ridicules[26]. Il ne lui pardonne pas non plus sa complaisance pour l'obscénité[27].

La méfiance à l'égard de Juvénal s'explique aussi pour des raisons religieuses. Il résiste à la christianisation, à cause de sa violence et de sa crudité. Les *Sermones* d'Horace au contraire, assimilés par Josse Bade à des *sermons* de prédicateur catholique, sont compatibles avec la pastorale chrétienne. Les autorités catholiques voient en Juvénal un poète impudent qui pousse au vice plus qu'il n'en détourne. Les protestants ne le considèrent pas mieux. Luther commande que ses œuvres soient bannies, parce qu'il écrit « des choses si grossières et si effrontées qu'on ne peut les lire aux jeunes gens sans leur causer un grand préjudice[28] ». Calvin quant à lui l'exclut de son programme d'enseignement dans son collège de Genève[29].

Ces jugements font largement autorité au XVIIᵉ siècle. Ils conditionnent en partie l'esthétique du classicisme. Horace apparaît comme un auteur en phase avec les nouveaux canons esthétiques et avec l'idéologie de l'honnêteté, qu'il inspire et illustre[30]. Poètes et poéticiens continuent en outre d'utiliser l'opposition entre Horace et Juvénal à des fins pédagogiques et définitoires. Mathurin Régnier, le plus célèbre satirique du début du XVIIᵉ siècle, voulut être l'Horace français. Boileau aspira quant à lui à devenir « notre Juvénal[31] ». La comparaison entre Boileau

24   Voir Sebastiano Minturno, *L'Arte poetica*, Venise, A. Valuassori, 1564, liv. III, p. 273.

25   Expression d'Horace (*Sermones*, I, I, v. 24), qu'Érasme commente dans son *Epistola apologetica ad Martinum Dorpium* pour justifier la méthode critique de son *Éloge de la Folie* (in *Opera omnia*, Leyde, J. Leclerc, 1703-1706, t. IX, p. 3).

26   *Stultitiae laus, Praefatio*, in éd. citée, t. IV, p. 403-404. *Cf. Epistola apologetica ad Martinum Dorpium*, éd. citée, t. IX, p. 4.

27   *Ibid.*, p. 7.

28   *D. Martin Luthers Tischreden*, Weimar, H. Böhlaus, 1916, t. IV, p. 75, nº 4012.

29   Voir Olga Rossettini, *Les Influences anciennes et italiennes sur la satire en France au XVIᵉ siècle*, Florence, Sansoni Antiquariato, 1958. p. 14.

30   Voir Jean Marmier, *Horace en France au dix-septième siècle*, Paris, PUF, 1962.

31   Antoine Adam, *Introduction* aux *Œuvres complètes*, Paris, Gallimard, La Pléiade, 1966, p. XVII. Ses ennemis ne se lassèrent pas de le lui reprocher : voir Bernard Beugnot et

et Régnier s'ajouta même à celle des poètes latins et devint, elle aussi, un *topos* de la critique littéraire.

L'APPROCHE ARISTOTÉLICIENNE DE LA SATIRE

La redécouverte de la *Poétique* d'Aristote, autour des années 1550, favorise l'élaboration d'une nouvelle théorie de la satire classique en vers, qui fait concurrence à la conception horatienne qui prévaut jusque-là. Cette théorisation s'effectue principalement sous l'impulsion de Francesco Robortello, de Jules César Scaliger et de Sebastiano Minturno. Ils appliquent à la satire les instruments théoriques dont Aristote s'est servi pour traiter de la tragédie et de l'épopée : *imitation, fable, action, catharsis, vraisemblance, universalité.*

À partir du concept purement formel d'*imitation*, la *Poétique* d'Aristote offre une alternative à l'*Épître aux Pisons* et plus particulièrement au précepte du *miscere utile dulci*, fondement de la satire horatienne. En ôtant sa primauté au *risus horatianus*, qui par sa douceur et sa bien-veillance restreint de fait la portée de la critique, elle ouvre la voie à une poétique de l'*indignatio*, d'inspiration plus tragique, qui élargit le champ d'application de la satire à la totalité des actions humaines, y compris les plus criminelles : « *quidquid agunt homines* [...] / *nostri farrago libelli est*[32] ».

La légitimité poétique de la satire, contestée par Horace lui-même, ne fait aucun doute pour les humanistes d'obédience aristotélicienne, car elle est naturellement une *imitation* des actions humaines, même lorsqu'elles sont déplaisantes : « nous prenons plaisir, écrit Aristote, à contempler les images les plus exactes de choses dont la vue nous est pénible dans la réalité[33] ». La satire vise en outre à l'*universalité*. Or, selon le philosophe grec, l'*universalité* est l'une des caractéristiques fon-damentales de la poésie, par opposition à l'histoire qui ne traite que du particulier. La définition de la satire par comparaison avec la tragédie et la comédie s'enrichit avec la lecture d'Aristote. La tragédie, nous dit le

---

Roger Zuber, *Boileau, Visages anciens, visages nouveaux*, Montréal, Presse de l'université de Montréal, 1973, p. 19. Sur l'influence de Juvénal sur les *Satires* de Boileau, voir Gilbert Highet, *Juvenal the Satirist, a Study*, Oxford, Clarendon Press, 1954, p. 215-216 et 328 ; Robert E. Colton, *Juvenal and Boileau*, Hildesheim, Olms, 1987.

32 Juvénal, *Satura I*, v. 85-86 : « Tout ce qui agite les hommes [...] alimente la mixture de mon livre ».

33 *Poétique*, 1448 b 10, trad. M. Magnien, Paris, Le Livre de Poche, 1990, p. 105-106.

Grec, inspire des sentiments de *crainte* et de *pitié*. La satire, expliquent dans son sillage les humanistes, suscite quant à elle deux affects fondamentaux : le *rire*, comme la comédie, et l'*indignation*. L'agression qu'elle suppose – répréhension par le rire ou dénigrement par la colère – oscille entre ces deux pôles, à des degrés divers selon les auteurs. En ce qui concerne la composition du poème (*dispositio*), le point capital est que, contrairement à la tragédie, la satire ne comprend pas de « parties fixes » (exposition, nœud, péripétie, catastrophe) : « Tout s'y présente, écrit Scaliger, d'une manière brisée[34] ». Le satirique écrit en suivant son humeur, voire son « caprice[35] ». Pas d'exposition, pas de plan fixe, mais une esthétique de la rupture et de la discontinuité. La satire commence sans exorde par un mouvement abrupt d'*indignation* ou d'*étonnement*. La notion de *catharsis* est aussi mobilisée par les érudits. Ils la dotent d'emblée d'une finalité morale. À l'exemple de la médecine, qui prend en charge des corps malades afin de les guérir, la satire doit traiter « les maladies de l'âme » (« *animi morbos* ») et agir comme « un traitement contre les vices » (« *vitiorum* [...] curationem* »)[36]. Le Hollandais Daniel Heinsius, qui apporte, au début du XVIIᵉ siècle, un achèvement à la théorie aristotélicienne de la satire, précise que l'effet de la *catharsis* en l'occurrence est de *purger* les esprits humains, de les désinfecter sur le plan moral[37].

Aristote, comme Horace, ne théorise pas le lyrisme au sens moderne, l'énonciation en première personne comme support de la parole et d'une vision du monde. Ses disciples en revanche, notamment Scaliger et Minturno, ouvrent les chemins de la modernité. Scaliger réfléchit sur la voix auctoriale et s'efforce de définir ce qu'il appelle « *persona authoris* » ou « *Poetae persona*[38] ». Minturno, l'un des aristotéliciens les plus inventifs de la Renaissance, comprend la nécessité d'inventer une nouvelle catégorie générique qui subsume les petits genres[39]. C'est lui qui invente la triade *épique/dramatique/lyrique*, destinée à supplanter la dyade hégémonique *épique/dramatique*. Cette triade sera reprise par

---

34 *Poetices libri septem*, Lyon, Antonius Vincentius, 1561, liv. III, chap. XCVIII, p. 149 : « *Partes in Satyra nullae* [...]. *Abrupta omnia* ».

35 Le « caprice » est l'un des maîtres-mots de l'esthétique de la satire chez Mathurin Régnier. Boileau le reprend à son compte (*Satire II*, v. 11 ; *Satire IX*, v. 7 et 33, p. 17 et 49).

36 Sebastiano Minturno, *De Poeta*, Venise, s. n. de libr., 1559, p. 423.

37 *De Satyra Horatiana liber*, Leyde, L. Elzévir, 1612, p. 10.

38 *Poetices libri septem*, liv. I, chap. XII, p. 19.

39 Ces petits genres sont le dithyrambe, l'ode, la poésie iambique, l'élégie, l'épigramme, la silve et enfin la satire luciliennne.

Charles Batteux au XVIIIᵉ siècle, puis par les poètes romantiques[40]. Elle permet d'accorder une place aux genres littéraires qui ne relèvent pas de la narration épique ou de la théâtralité. Minturno, avec ce *nouveau* classement, intègre naturellement la satire à la série des genres lyriques.

La question esthétique à laquelle il s'attelle et qui le pousse à des innovations décisives sur le plan théorique touche au rapport entre lyrisme et imitation. Comment fonder une théorie du sujet lyrique sur le *principe d'imitation*, qui définit avant tout la poésie pour un aristotélicien ? Comment appréhender les formes d'expression non fictionnelles qui n'imitent pas forcément une action, mais décrivent les états d'âme, les sentiments et les jugements personnels de l'énonciateur ? Minturno résout l'impasse en élargissant le domaine de l'*action*, de la *fable* et de la *mimésis*. Il étend la définition de ces termes à des actes comme prier, louer ou blâmer[41], ce qui leur confère un statut comparable à celui d'une fiction de nature narrative ou dramatique. L'imitation d'une *action*, conçue par Aristote seulement dans le cadre d'une *intrigue*, vaut désormais aussi pour des actes de langage.

Minturno va plus loin. Il ouvre les notions de *mimésis*, de *praxis* et de *mythos* à la représentation de tous les affects, comme la joie, l'amour, la colère, l'indignation ou le désespoir[42]. Aristote avait pourtant éliminé d'emblée la possibilité d'une poésie à la première personne : « Le poète doit parler le moins possible en son nom personnel, puisque, lorsqu'il le fait, il n'imite pas[43] », il ne *représente* pas. Minturno échappe à la contradiction en théâtralisant la posture lyrique, en la scénarisant. Il montre que le poète lyrique se dédouble : il est à la fois le sujet de l'écriture, mais il revêt aussi un rôle, celui par exemple de l'amant ou de l'homme indigné. Et même lorsqu'il parle en son nom, ce qui arrive le plus souvent – « *plerumque personam Lyricus tenet suam*[44] » –, il est semblable à l'acteur qui joue sur scène les sentiments du personnage qu'il incarne.

40 Voir Victor Hugo, *William Shakespeare*, Première partie, liv. I, IV, in *Critique*, Paris, Robert Laffont, 1985, p. 306.

41 *De Poeta*, liv. V, p. 387 et 388.

42 *De Poeta*, liv. V, p. 288.

43 *La Poétique*, 1460a, éd. citée, p. 148.

44 *De Poeta*, liv. V, p. 387 : « Le poète lyrique joue le plus souvent son propre rôle ». Voir Teresa Chevrolet, *L'Idée de fable. Théories de la fiction poétique à la Renaissance*, Genève, Droz, 2007, p. 467.

Cette nouvelle conception de la poésie bénéficie aux œuvres de Juvénal, qui fait précisément de l'indignation le fondement émotionnel et esthétique de la poésie satirique : « *si natura negat, facit indignatio versum*[45] ». La comparaison entre Horace et Juvénal se poursuit, mais un équilibre s'établit désormais entre les deux poètes. Scaliger considère même Juvénal comme le maître du genre. La satire, selon lui, peut certes recourir au *risus* à la manière d'Horace, qui évite l'offense de la flétrissure, mais il est tout aussi légitime qu'elle adopte le ton âpre et violent de l'*objurgation*[46]. Juvénal apparaît même comme un poète plus ambitieux et plus complet, car il s'attaque aux fondements de la société et des institutions. Horace s'est borné à mettre en scène de *petits défauts* et des *extravagances* qui ne remettent pas en cause l'ordre social. Juvénal en revanche pourfend les *grands vices*, les *crimes* et les *turpitudes*[47], qui ne peuvent être dénigrés qu'avec une véhémence et une gravité tragiques.

L'influence d'Aristote ne relègue cependant pas celle d'Horace. La théorie de la satire aboutit à un syncrétisme entre les idées du Grec et celles du Romain. L'idée même de conférer à la poésie une finalité morale, idée qui fonde la poétique horatienne et qui justifie celle de la satire, est tout à fait étrangère à la réflexion d'Aristote[48]. Elle apparaît cependant essentielle aux poètes et aux théoriciens de la Renaissance et de l'Âge classique.

LE RENOUVEAU DE LA SATIRE
EN LANGUE VERNACULAIRE

Le bouillonnement philologique et théorique, ajouté aux belles éditions des poètes latins, suscite, chez les poètes et les théoriciens écrivant en langues vernaculaires, l'envie de se mesurer avec les grands modèles romains. Les éditions et les théories des humanistes s'accompagnent aussitôt en Italie de réalisations vivantes qui en appliquent les principes.

---

45 *Satura I*, v. 79 : « À défaut de génie, l'indignation crée de la poésie ».
46 *Op. cit.*, liv. VI, ch. VII, p. 334.
47 Voir *Satura I*, v. 75 et 167 ; *Satura VI*, v. 23.
48 Voir l'*Introduction* de Michel Magnien à son édition de la *Poétique* d'Aristote (Paris, Le Livre de Poche, 1990, p. 50-52).

La tentative de Francesco Filelfo[49], à la fin du XVe siècle, de donner un nouvel essor à la satire néo-latine connut peu de prolongements au XVIe siècle, sans doute parce que les langues vernaculaires étaient naturellement mieux adaptées à l'expression d'un genre qui s'emploie surtout à décrire la réalité présente et quotidienne. C'est l'Arioste, qui, avec ses sept satires écrites en langue toscane entre 1517 et 1525, recrée véritablement la satire classique au point d'avoir sur tous les satiriques italiens et français une influence décisive au moins jusqu'à Mathurin Régnier. Elles eurent un tel prestige, à cause de leur originalité et de leur beauté, auprès des Italiens, mais aussi des Français, que l'Arioste est rapidement élevé au rang de modèle aux côtés d'Horace[50]. Il accentue la dimension intime de la satire et fait d'elle un espace privilégié d'expression et d'épanouissement d'une individualité[51]. Cette dimension personnelle et autobiographique, que les érudits ne théorisent pas, infléchit cependant la poétique du genre. Pour Régnier et Théophile de Viau, qui n'hésitent pas à évoquer leur expérience personnelle, écrire une satire sera d'abord un acte de liberté et d'affirmation de soi.

La renaissance de la satire antique en langue vulgaire ajoute un élément essentiel à la réflexion des poètes et des théoriciens. La satire considérée comme noble, celle qui imite les grands poètes romains, subit la concurrence de formes d'écriture fortement satiriques elles aussi, mais qui tirent le genre du côté de la bouffonnerie et de l'obscénité. C'est pourquoi les adeptes de la grande satire lucilienne tiennent à se démarquer des formes de poésie comique qu'ils considèrent comme basses. Au XVIe siècle, en Italie, deux poètes incarnent ces deux tendances : l'Arioste, parangon moderne de la satire noble, et Francesco Berni, chef de file de la satire bouffonne et licencieuse. En 1560, Francesco Sansovino fait paraître une célèbre anthologie qui se fixe pour objectif de réunir les meilleurs auteurs de satires sur le modèle lucilien[52]. Le livre est précédé d'un *Discorso sopra la materia della satira*[53], qui tente d'établir une fois pour toutes les canons d'un genre dont l'Arioste est à ses yeux le meilleur

---

49   *Satyrarum Hecatostichon*, Milan, C. Valdafer, 1476.
50   Voir Jean Vauquelin de La Fresnaye, *L'Art poétique français*, Livre second, v. 809-811, éd. G. Pellissier, Genève, Slatkine reprints, 1970, p. 106.
51   Voir Piero Floriani, *Il Modello ariostesco. La satira classicistica nel cinquecento*, Roma Bulzoni, 1988.
52   Venise, F. Sansosino, 1560. Nouvelles éditions en 1563 et 1573.
53   *Sette libri di Satire*, fo. 5 r° à fo. 7 r°.

représentant. Il s'agit aussi de prendre des distances avec l'important courant bernesque, très proche en réalité, si l'on s'en tient strictement aux définitions des théoriciens, de l'esprit lascif et insolent des antiques satyres chèvre-pieds. Berni et ses disciples actualisent et synthétisent plusieurs formes de comique : la parodie épique, l'anti-pétrarquisme, la critique de l'idéalisme. Rire et sexualité conjuguent ici leurs énergies dans le seul but de divertir et de dégrader. Cette veine d'inspiration irriguera non seulement les nombreux recueils français de poésies libres et grivoises au début du XVIIᵉ siècle, mais aussi les œuvres de Régnier et de ses épigones. Elle sera en outre ravivée par le courant burlesque auquel s'opposera Boileau pour définir sa propre conception de la satire.

En France, la satire classique en vers, qui tarde à renaître, fait l'objet d'un débat qui réactive l'opposition entre forme noble et forme basse. Joachim Du Bellay, dans *La Défense et Illustration de la Langue Française*, désigne naturellement Horace à ceux qui voudraient s'essayer en français à la satire lucilienne[54]. Il lui faut cependant batailler, car pour beaucoup de ses contemporains, lecteurs de l'*Art poétique français* de Thomas Sébillet[55], le coq-à-l'âne marotique peut être tenu pour la forme française de la satire latine[56]. Bien que Du Bellay s'élève contre « cette inepte appellation de coq-à-l'âne », il a du mal à imposer son point de vue. Jusqu'à Régnier, la plupart des théoriciens, comme Jacques Peletier du Mans[57] ou Pierre de Laudun d'Aigaliers[58], continuent à confondre satire lucilienne et coq-à-l'âne. La poésie *satyrique* des recueils de poésies obscènes, au début du XVIIᵉ siècle, comprend encore de très nombreux coq-à-l'âne[59].

Le contexte sauvage et haineux des guerres de Religion ne fut guère propice, il est vrai, à l'éclosion de la paisible répréhension de style horatien.

---

54 *La Défense et Illustration de la Langue Française*, liv. II, ch. IV : « Tu as pour ceci Horace, qui selon Quintilien, tient le premier lieu entre les satyriques » (éd. J.-Ch. Monferran, Genève, Droz, 2001, p. 135-136). Ronsard donne aussi la préférence au poète de Venouse. Voir « À lui-même », v. 129-130 : on peut écrire une satire, « Pourvu qu'on la détrempe à la mode d'Horace, / Et non en Juvénal qui trop aigrement passe » (in *OC*, éd. J. Céard, D. Ménager, M. Simonin, Paris, Gallimard, La Pléiade, 1994, t. II, p. 23).

55 Paris, Arnoul l'Angelier, 1548. *La Défense et Illustration* est de 1549.

56 Liv. II, ch. IX ; voir éd. Fr. Goyet, in *Traités de poétique et de rhétorique de la Renaissance*, Paris, Le Livre de Poche, 1990, p. 134-135.

57 *Art poétique*, liv. II, ch. VI ; voir éd. Fr. Goyet, in *Traités de poétique et de rhétorique de la Renaissance*, p. 300-301.

58 *Art poétique français*, Paris, Anthoine de Breuil, 1597, ch. X, p. 71-72.

59 Voir par exemple les douze poèmes qui terminent *Le Cabinet satyrique*, Paris, Anthoine Estoc, 1618, p. 553-580.

Les poètes consacrent plutôt leur énergie à la rédaction de poèmes engagés, voire de libelles diffamatoires. Le coq-à-l'âne connaît pendant cette époque une vogue accrue, car cette forme poétique, au mètre court et incisif, sans construction déterminée, puisqu'il repose sur un parti pris d'incohérence, convient parfaitement au sous-entendu politique ainsi qu'à l'expression de l'invective et de la calomnie partisane[60]. Il faut aussi constater que les grands poètes de la Pléiade éprouvent quelque dédain ou, à tout le moins, une mauvaise conscience à l'égard de la satire classique. Elle contrevient trop, au moins au début de leur carrière, à leur idéal de la poésie fondé avant tout sur l'éloge et la célébration. Ni Ronsard, ni Du Bellay n'écrivent un poème dans le style des *Sermones* d'Horace qu'ils intitulent *satire*. L'évolution de leur carrière les conduisit cependant à recourir au registre satirique et même à écrire de véritables satires en vers, même s'ils ne les dénomment pas ainsi. La seconde partie des *Regrets* est ainsi toute satirique. Les guerres civiles remirent par ailleurs au goût du jour la *saeva indignatio* de Juvénal[61]. Les poètes s'en inspirent pour donner de l'énergie et de la force à leurs œuvres, pour dénoncer le vice et l'imposture de façon à provoquer un choc salutaire. *Les Tragiques* d'Agrippa d'Aubigné sont, avec les *Discours* de Ronsard, les chefs-d'œuvre de cette poésie véhémente et engagée, qui puise sa verve déclamatoire chez le poète latin.

Il faut attendre 1604 pour voir apparaître, avec Jean Vauquelin de la Fresnaye, un véritable recueil de satires de mœurs dans le style horatien[62]. Il donne cinq livres de *Satyres françaises* ainsi qu'un important *Discours pour servir de préface sur le sujet de la satyre*[63]. Comme son maître Horace, il est aussi, avant Boileau, l'auteur d'un *Art poétique* en vers. Les poèmes et les textes théoriques de Vauquelin ne contiennent rien d'original. Ils

---

60   Voir la série de coq-à-l'âne écrits contre la Ligue et réunis par Pierre de L'Estoile, in *Journal de L'Estoile pour le règne de Henri III*, éd. L.-R. Lefèvre, Paris, Gallimard, 1943, p. 420-435.

61   Voir l'épitaphe de Jonathan Swift : « *Hic depositum est Corpus / JONATHAN SWIFT S.T.D. / Hujus Ecclesiæ Cathedralis / Decani, / Ubi sæva Indignatio / Ulterius / Cor lacerare nequit, / Abi Viator / Et imitare, si poteris, / Strenuum pro virili / Libertatis Vindicatorem* » ; « Ici repose la dépouille de Jonathan Swift, S.T.D., doyen de cette cathédrale, qui désormais n'aura plus le cœur déchiré par l'indignation farouche. Va ton chemin, voyageur, et imite si tu le peux l'homme qui défendit la liberté envers et contre tout ».

62   Caen, Charles Macé, 1604. Elles reparaissent l'année suivante chez le même éditeur dans un ensemble d'œuvres intitulé *Les Diverses poésies*. Voir éd. J. Travers, Caen, Le Blanc Hardel, 1869 (t. I).

63   In *Les Diverses Poésies*, éd. J. Travers, t. I, p. 123-133.

sont par ailleurs écrits dans un style souvent plat et médiocre. Ils ont cependant le mérite d'imposer, à partir des traditions latines et italiennes, un modèle français de satire lucilienne. Ils ont aidé Mathurin Régnier, par l'entremise de son oncle Philippe Desportes, qui était aussi un grand ami de Vauquelin, à élaborer sa propre conception du genre.

LES *SATYRES* DE MATHURIN RÉGNIER

La longue évolution théorique de la satire en France au XVIe siècle aboutit à l'éclosion du génie de Mathurin Régnier, dont les œuvres paraissent entre 1608 et 1613. Il sera considéré par tous les poètes satiriques du XVIIe siècle et par Boileau lui-même comme le maître français du genre. Doté d'un véritable talent poétique, qui nourrira aussi l'inspiration comique de Molière et de Victor Hugo, Régnier fut vraiment celui qui présenta aux lecteurs français une œuvre capable de rivaliser avec celles des grands maîtres latins et italiens.

Ses idées sur la satire s'inscrivent dans le droit fil des travaux des commentateurs et des poéticiens. Même s'il prétend préférer Juvénal à Horace[64], Régnier a, comme presque tous les théoriciens au XVIe siècle, une conception avant tout horatienne de la satire[65]. Adoptant la forme de l'épître familière, écrite en alexandrins, il considère que la satire doit être un *miroir* critique et universel de la société : « Tout le monde s'y voit et ne s'y sent nommer[66] » ? Le dénigrement comique des mœurs, au service du perfectionnement moral, est fondé sur un effet de distanciation critique. Il réalise en cela pleinement les recommandations des humanistes. La lecture des Italiens infléchit cependant sa démarche dans le sens de l'individualisme et de la fantaisie, autrement dit de l'expression des humeurs d'un *je* et des *caprices* de l'imagination. Cette attitude se traduit par une forte dimension apologétique, voire autobiographique[67], dans le sillage de l'Arioste. Mais il est aussi un admirateur et un adepte

---

64 *Satyre II*, v. 14-18, in *Œuvres complètes*, éd. G. Raibaud, Paris, Nizet, 1982, p. 16.
65 Voir *Satyre XIV*, v. 101-103, éd. citée, p. 193.
66 *Satyre X*, v. 120, éd. citée, p. 113.
67 *Satyre I*, v. 124-125, éd. citée, p. 13.

de la poésie bernesque. Il aime la bouffonnerie, le mot de gueule et les narrations burlesques. Contemporain de Sigogne et de Pierre Berthelot, il est l'ami de Pierre Motin. Ces poètes sont les principaux pourvoyeurs des recueils de poésies *satyriques*, en l'occurrence obscènes et grotesques, qui prolifèrent dans les deux premières décennies du XVIIe siècle[68].

Régnier, qui mourut en 1613, incarne une forme d'esthétique que le classicisme triomphant rejettera. Il revendique l'héritage de la Pléiade en sorte qu'il s'oppose violemment à la réforme poétique et linguistique initiée par François de Malherbe[69]. Le maître principe de sa poétique, demeure, dans le pur esprit de la *satura* latine, la *varietas*, si chère à Ronsard et à ses disciples. La satire doit ressembler à un « pot-pourri », à une « prairie » ; elle doit charmer par sa diversité et susciter une impression de « bizarrerie », d'où naît, selon lui, la beauté spécifique du genre[70]. De telles idées ne pouvaient que contrevenir aux préceptes malherbiens de *pureté*, de *clarté*, et de *netteté*[71], qui seront repris par Boileau. Les *Satyres* de Régnier connaissent néanmoins pendant tout le XVIIe siècle un suc-cès continu. Elles plaisent aux ronsardiens qui restent très nombreux en dépit de la réforme malherbienne et du classicisme qui s'imposent peu à peu. Elles ont en outre une verve et une *vis comica* qui séduisent et stimulent l'imagination. Elles apparaissent aux yeux des théoriciens comme la preuve incontournable que la satire est un genre poétique à part entière. Elles servent enfin de repoussoir aux adversaires de Boileau qui veulent démontrer son infériorité par rapport à son devancier.

Avec Mathurin Régnier, la poétique de la satire lucilienne trouve une illustration qui devient elle-même exemplaire puisque les poètes satiriques du XVIIe siècle[72], auront surtout à cœur de l'imiter et de rivaliser avec lui. La satire connaît alors son heure de gloire, mais, en dépit des efforts théoriques des humanistes et des réussites de quelques grands poètes, elle demeure une forme littéraire aux contours génériques flous et à la mauvaise réputation. Certes, on est frappé par la richesse

---

68   Le plus célèbre d'entre eux est *Le Cabinet satyrique* (Paris, Anthoine Estoc, 1618).
69   *Satyre IX* et *Satyre X*, in *OC*, éd. citée, p. 91-114.
70   *Satyre I*, v. 123, 124 et 125, p. 13.
71   Voir Ferdinand Brunot, *La Doctrine de Malherbe*, Paris, Armand Colin, 1969, p. 82.
72   Notamment Claude d'Esternod, Robert Angot de l'Esperonnière, Jean Auvray, Jacques Du Lorens, Thomas Sonnet de Courval, Théophile de Viau, Antoine Furetière et Boileau.

et la vitalité de la réflexion théorique, par le nombre aussi de créations satiriques de valeur, susceptibles de le disputer en qualité aux œuvres des poètes latins, mais cette effervescence à la fois critique et créatrice ne va pas sans un certain nombre d'ambiguïtés.

Il faut d'abord remarquer, si l'on considère l'ensemble des commentaires et des réflexions sur la satire, qu'on la définit le plus souvent moins par des critères strictement génériques que par des données historiques et éthiques. La partie la plus longue des théories de la satire est en effet consacrée à l'histoire et à la préhistoire du genre ainsi qu'à sa vocation morale.

Des éléments de justification poétique ou rhétorique sont avancés, mais qui ont plutôt tendance à brouiller la configuration du genre qu'à en imposer une image canonique. Tous les auteurs considèrent que la satire doit être composée dans une forme noble (hexamètre, *terza rima*, alexandrin), mais en même temps que le style, en contradiction avec le mètre, doit être bas et les thèmes abordés uniquement en rapport avec la vie de tous les jours. Ils utilisent en outre comme moteur de leur réflexion critique la comparaison entre Horace et Juvénal, l'un comme modèle de la satire plaisante, l'autre de la satire ulcérée. Mais ce *topos* de la critique, même s'il tourne à l'avantage d'Horace, au moins au XVIe siècle, avant de connaître un rééquilibrage au XVIIe siècle, obscurcit le débat plus qu'il ne contribue à dégager une forme homogène et idéalement exemplaire. Il fait surtout apparaître à quel point les *Sermones* horatiens diffèrent des œuvres de Juvénal. L'approche purement rhétorique de la satire, menée très loin par Scaliger, est intéressante quand il traite de la *dispositio*. Mais la satire est-elle vraiment consolidée en tant que genre lorsque Scaliger conclut qu'elle ne comporte pas de *dispositio* déterminée ? On est étonné en revanche de constater que les érudits n'étudient pas la situation de la satire par rapport au genre *épidictique*, lequel est défini par Aristote comme le genre de l'*éloge*, mais aussi du *blâme*. Les humanistes disposaient pourtant là d'un point d'ancrage fécond pour réfléchir sur sa place dans le système de la poétique et de la rhétorique classiques.

L'instabilité générique de la satire est par ailleurs accrue par des formes d'expression qui radicalisent les affects qu'elle est susceptible de mobiliser. La colère et l'agressivité peuvent la pousser du côté du pamphlet et du libelle diffamatoire, mais aussi vers le tragique. Le rire peut quant à lui devenir une arme redoutable de dégradation et de calomnie, notamment quand il recourt à l'obscénité et à la nomination. La satire classique fut ainsi aussitôt concurrencée en Italie par le courant bernesque. En France, elle prit la forme du coq-à-l'âne pendant les guerres civiles. Au début du XVIIᵉ siècle, les recueils de poésie obscène, comme *Le Cabinet satyrique*, accaparent l'appellation de satire et les œuvres de Mathurin Régnier doivent en partie leur succès à la parenté qu'elles affichent avec eux. Boileau condamnera la dimension licencieuse des poèmes de celui qu'il considère comme l'un de ses modèles. Il l'associe implicitement à la vogue du burlesque à la manière de Paul Scarron.

Toutes ces contradictions et ces ambiguïtés font au bout du compte de la satire lucilienne, si riches et si ingénieuses que soient les définitions qui en furent proposées, une forme lâche aux contours imprécis et mouvants. Et si elle finit par atteindre une certaine légitimité littéraire, grâce au talent de quelques grands poètes, ce fut parce qu'elle réunissait des conditions qui doivent peu finalement aux efforts de définition théorique : – une forte référence aux modèles antiques, – une norme morale d'autant plus solide qu'elle est cautionnée par l'autorité du Prince[73], – une esthétique fondée principalement sur l'affirmation d'un tempérament. On pourrait même aller jusqu'à dire que la satire en tant que genre, loin de reposer sur des règles intrinsèques, doit son existence à la seule imitation des trois parangons romains : Horace, Perse et Juvénal. Le prosaïsme et le mélange des matières sont par ailleurs des caractéristiques tellement larges qu'elles constituent plutôt une menace de dissolution générique que des critères fermes de définition.

À cela s'ajoutent deux handicaps. En tant que poème de *blâme*, la satire demeure toujours en butte au soupçon de médisance ou de colère gratuite, surtout dans un contexte chrétien et alors que la poésie se réduit pour la plupart des écrivains à l'*éloge*, la partie noble du genre épidictique. Comme forme comique en outre, à la fois critique et parodique, elle subit de plus en plus la concurrence de la comédie et du roman comique, qui connaissent un grand essor au XVIIᵉ siècle, récupérant naturellement le prosaïsme latent de la satire. Et de fait la satire, victime de ses contradictions et de sa précarité générique, tombera en désuétude au XVIIIᵉ siècle, en dépit de Boileau.

---

73   Les deux plus grands satiriques français du XVIIᵉ siècle finissent par recevoir le soutien du roi en personne : Régnier écrit avec l'aval d'Henri IV, Boileau, avec celui de Louis XIV.

BOILEAU ET LA POÉTIQUE
DE LA SATIRE LUCILIENNE

Les éditions commentées des poètes latins, les traités, mais aussi les querelles, apparaissent comme un révélateur fécond pour étudier la manière avec laquelle la satire, en tant que forme comique, s'inscrit dans la typologie des genres qui définit la notion de littérature au XVIᵉ et au XVIIᵉ siècle. Elle pose des problèmes qui testent les catégories, de nature horatienne ou aristotélicienne, utilisées d'ordinaire pour définir la beauté poétique. Elle « a été, écrit Jürgen Brummack, une pierre d'achoppement et une pierre de touche de la poétique[1] ». La satire boilévienne résiste en effet au système, en dépit des apparences, tout en mettant à l'épreuve l'idée qu'on peut se faire de la poésie.

LA PRATIQUE DE LA SATIRE
PLUTÔT QUE SA THÉORIE

Boileau voulut être le grand poète satirique du XVIIᵉ siècle en même temps que le théoricien de la beauté en matière poétique. On pouvait s'attendre à ce qu'il écrive un traité ou un discours présentant une théorie détaillée du genre littéraire dans lequel il voulut exceller, à la manière de Vauquelin de la Fresnaye. Or tel ne fut pas le cas. Il fait par ailleurs très peu allusion aux grands textes des humanistes. Il ne prend pas la peine de discuter leurs thèses. On est frappé notamment par l'absence dans sa correspondance ou ses *Réflexions critiques* de références aux travaux

---

1   *Zu Begriff und Theorie der Satire*, in *Deutsche Vierteljahrsschrift für Literaturwissenschaft und Geistesgeschichte*, 45, 1971, *Sonderheft Forschungsreferate*, p. 303 : « *Die Satire* [...] *ist eine Crux und ein Prüfstein der Poetik gewesen* ».

décisifs des théoriciens du début du XVIIe siècle comme Daniel Heinsius ou Isaac Casaubon.

Il ne consacre au genre de la satire que deux courts textes théoriques : un *Discours sur la satire* qu'il fit paraître en 1668 à la suite de la *Satire IX* et un passage du Chant II de son *Art poétique*, qui date de 1674. Le premier est surtout en fait un plaidoyer où le poète argumente contre ceux qui l'accusent de pratiquer la satire nominale, qui cite les noms de ceux qu'elle agresse. Le second, très bref, montre les limites de la poétique de Boileau. Il ne parvient pas à proposer un système d'ensemble cohérent pour penser les genres autres que l'épopée, la tragédie ou la comédie. Le Chant II accumule pêle-mêle ce qu'il considère comme les petits genres : idylle, élégie, ode, sonnet, épigramme, rondeau, ballade, satire, vaudeville, chanson. La satire, son genre de prédilection, auquel il voudrait donner ses lettres de noblesse, est intercalée entre le « Madrigal » et le « Vaudeville[2] », deux types de poèmes sans grande importance à ses yeux et dont on ne voit guère le rapport avec le genre lucilien. Il pouvait grouper la satire avec l'épigramme et les *Fables* de La Fontaine. Mais à l'épigramme, il ne consacre que quelques vers, sans même mentionner Martial. Quant aux *Fables*, il les ignore de façon étonnante alors qu'il admire leur auteur à l'égal de Molière[3] et loue son talent de traducteur dans sa *Dissertation sur Joconde*[4].

Pourquoi un traitement si peu valorisant de la satire ? Pourquoi si peu de réflexion approfondie sur un sujet qui lui tient tellement à cœur ? On peut alléguer d'abord le désir de minimiser le préjugé spontanément négatif à l'égard d'une forme d'expression qui ne va pas de soi, qui a *mauvais genre*. Mais la raison véritable de ce déficit théorique est que Boileau voulut, dans le domaine de la satire, apparaître aux yeux de la postérité avant tout comme un poète et non comme un théoricien. À l'instar des grands poètes romains, la satire est d'abord pour lui une *pratique* plutôt qu'une *théorie*. Elle est son mode d'expression privilégiée plutôt qu'un pur objet d'investigation poéticienne. Certes il ne cesse pas de manifester une attention extrême à sa manière d'écrire, de s'interroger sur son style, sur les effets que produit sa *vis comica*. Les réflexions métapoétiques sur le genre de la satire et l'usage du comique abondent

---

2   *L'Art poétique*, Chant II, v. 145-180, p. 166-167.
3   Voir *Satire X*, v. 66, p. 64.
4   *OC*, éd. citée, p. 307-324.

dans ses œuvres en vers ainsi que dans ses textes en prose et dans sa correspondance. Mais elles sont toujours rapportées au dynamisme de la création et au désir de peaufiner le *goût* plutôt que de faire un *système* à la manière d'Aristote, de Scaliger ou de Casaubon.

Les quelques vers qu'il consacre à la forme lucilienne dans *L'Art poétique* témoignent de sa volonté de ne pas apparaître comme un poéticien technique et pédant. Comme il le fait pour les autres genres dont il traite, il ne cite aucun nom d'érudit, il évoque seulement les poètes et d'autant plus, en l'occurrence, qu'il s'agit de ses maîtres et de ses modèles. Il réduit leur nombre à cinq : Lucilius, Horace, Perse, Juvénal et Mathurin Régnier. Les trois premiers font l'objet d'une rapide évocation conforme à la tradition érudite. À Lucilius, l'inventeur du genre[5], succèdent Horace, l'enjoué, et Perse, réputé pour son hermétisme :

> L'ardeur de se montrer et non pas de médire,
> Arma la vérité du vers de la Satire.
> Lucile le premier osa la faire voir :
> Aux vices des Romains présenta le miroir
> Vengea l'humble Vertu, de la Richesse altière
> Et l'honnête homme à pied, du Faquin en litière.
> Horace à cette aigreur mêla son enjouement.
> On ne fut plus ni fat ni sot impunément :
> Et malheur à tout nom, qui propre à la censure,
> Put entrer dans un vers sans rompre la mesure.
> Perse, en ses vers obscurs, mais serrez et pressants
> Affecta d'enfermer moins de mots que de sens[6].

La métaphore guerrière – « arma » – affilie la satire à la guerre, qui demeure au temps de Louis XIV une valeur noble. Celle du « miroir », qui renvoie aux vicieux l'image de leurs turpitudes, est au cœur de la poétique de Régnier[7]. Le satirique est par ailleurs l'homme qui arrache les masques. Il se fixe pour mission de « dire la vérité », « *dicere verum*[8] », voire de « sacrifier sa vie à la vérité », « *vitam inpendere vero*[9] ».

---

5   Boileau pouvait lire les fragments des œuvres de Lucilius dans l'édition de Franciscus Dousa, C. *Lucilii Suessani Auruncani satyrographorum principis [...] Satyrarum quae supersunt reliquiae*, Leyde, Christophe Plantin, 1597. Cet ouvrage fait l'objet d'une réédition en 1661.

6   Chant II, v. 145-156, p. 166.

7   *Satyre X*, v. 120, p. 113.

8   Horace, *Sermones*, I, 1, v. 24.

9   Juvénal, *Satura IV*, v. 91. Cette phrase sert de devise à Jean-Jacques Rousseau.

Boileau insiste en outre sur le pouvoir d'intimidation de la satire : au nom de « la vérité », elle exerce une vengeance à l'égard de personnes qui exaspèrent le corps social ou le trompent avec hypocrisie, mais qui échappent à tout châtiment. Citer le « nom » pour couvrir de honte est l'un des moyens de stigmatiser celui qui vit dans l'impunité et se croit, avec cynisme, intouchable : *name and shame*. La satire s'attaque aux vices qui échappent à la loi. Elle agit, dans le domaine des mœurs, comme une force culpabilisante qui vise à châtier tout en rappelant la norme.

Juvénal jouit par rapport à ses devanciers d'un traitement plus important qui fait apparaître la préférence de Boileau et son goût pour le *sublime* :

> Juvénal élevé dans les cris de l'École,
> Poussa jusqu'à l'excès sa mordante hyperbole.
> Ses ouvrages, tout pleins d'affreuses vérités,
> Étincèlent pourtant de sublimes beautés ;
> Soit que sur un écrit arrivé de Caprée,
> Il brise de Séjan la statue adorée :
> Soit qu'il fasse au Conseil courir les Sénateurs,
> D'un Tyran soupçonneux pâles adulateurs :
> Ou que, poussant à bout la Luxure Latine,
> Aux Portefaix de Rome il vende Messaline,
> Ses écrits pleins de feu partout brillent aux yeux[10].

Poète de la colère poussée à l'extrême, Juvénal transporte Boileau. Trois passages, parmi les plus fameux du poète latin, illustrent son enthousiasme : – la disgrâce de Séjan[11], le mauvais génie de l'empereur Tibère, – la convocation du sénat par l'empereur Domitien pour la confection d'un plat destiné à recevoir un turbot d'une taille exceptionnelle[12], – les débauches de Messaline, l'épouse de l'empereur Claude, qui se prostitue sous un nom d'emprunt[13]. Cette forme de satire politique, dénonçant les turpitudes du pouvoir fut cependant interdite à Boileau. Louis XIV ne l'aurait pas acceptée. Elle demeure néanmoins un idéal dans la mesure où les grands sujets font les grandes satires.

Mathurin Régnier, qui écrivit au temps d'Henri IV et de Marie de Médicis, est considéré par tous les poètes satiriques du XVIIᵉ siècle et par Boileau lui-même comme le maître français du genre : « Régnier

---

10   *Ibid.*, v. 157-167, p. 166-167.
11   *Satura X*, v. 69.
12   *Satura IV*, v. 36 et 71.
13   Voir *Satura VI*, v. 115-132.

[...] est presque notre seul Poète Satirique[14] ». Boileau ne retient que lui comme disciple acceptable des grands poètes romains[15] :

> De ces Maîtres savants disciple ingénieux,
> Régnier seul parmi nous formé sur leurs modèles
> Dans son vieux style encore a des grâces nouvelles[16].

Fidèle à sa démarche réductrice et excluante, Boileau ignore les poètes de la Renaissance et les nombreux satiriques qui le précédèrent au XVIIe siècle, notamment le prolifique Jacques Du Lorens[17] et Antoine Furetière[18]. Régnier représente un modèle, mais aussi un rival, dans la mesure où il s'emploie à éclipser son prestige et son statut de maître incontesté. Il reconnaît son génie, tout en soulignant des imperfections qui le rendent démodé et incompatible avec la civilité au temps de Louis XIV. Le « vieux style » de Régnier rappelle qu'il fut un disciple de Ronsard et donc un ennemi acharné de Malherbe. Boileau reproche surtout à son devancier d'avoir écrit des poèmes obscènes où il met en scène des prostituées :

> Heureux, si ses discours, craints du chaste lecteur,
> Ne se sentaient des lieux où fréquentait l'Auteur[19],
> Et si, du son hardi de ses rimes Cyniques,
> Il n'alarmait souvent les oreilles pudiques !
> Le latin, dans les mots, brave l'honnêteté :
> Mais le lecteur Français veut être respecté ;
> Du moindre sens impur la liberté l'outrage,
> Si la pudeur des mots n'en adoucit l'image.
> Je veux dans la Satire un esprit de candeur,
> Et fuis un effronté qui prêche la pudeur[20].

---

14 *Discours sur la Satire*, éd. citée, p. 60. Sur l'admiration de Boileau à l'égard de Régnier, voir aussi in *OC*, p. 59, 143, 160, 270, 516, 684.

15 Ce choix pèsera lourd, car il plongera dans l'oubli toute l'école satirique française.

16 *L'Art poétique*, Chant II, v. 168-170, p. 167.

17 Du Lorens a écrit trois recueils de satires (Paris, Jacques Villery, 1624 ; Paris, Gervais Alliot, 1633 ; Paris, Antoine de Sommaville, 1646).

18 *Poésies diverses*, Paris, G. de Luynes, 1655, p. 1-55.

19 Boileau fait ici allusion à la *Satyre XII* de Régnier, qui narre les déboires du narrateur dans un bordel, et à la *Satyre XIII*, où Macette, une prostituée, s'emploie à débaucher une jeune fille de manière à ce qu'elle fasse commerce de son corps. Dans la première version de cette satire, il avait écrit avec une crudité dont on lui fit remarquer qu'elle tombait dans le défaut qu'il condamnait : « Heureux ! si moins hardi, dans ses vers pleins de sel / Il n'avait point traîné les Muses au bordel » (Claude Brossette, *Les Satyres et autres œuvres de Régnier avec des remarques*, Londres, Lyon et Woodman, 1729, p. 174).

20 *L'Art poétique*, Chant II, v. 171-180, p. 167.

Comme il le fait avec les écrivains burlesques, Boileau disqualifie Régnier au nom des bienséances et de la *pureté*, à fois de la pureté morale et du purisme langagier.

Cette série de cinq évocations lui suffit pour donner une idée de la satire classique en vers. Il ne se livre pas à un examen détaillé de la poétique du genre et de son histoire, comme par exemple Jean Vauquelin de la Fresnaye dans son *Art poétique français*, qui lui consacre un très long développement nourri des grands travaux humanistes de la Renaissance[21]. En présentant brièvement les cinq modèles qui lui servent de référence, Boileau nous met sur la voie de sa propre conception de la satire, mais sans la théoriser. Il préfère se conformer à l'habitude des poètes romains de s'inscrire dans une filiation et de se réclamer de prédécesseurs à la réputation bien établie. Ce faisant, il continue d'instinct à la considérer comme une forme ouverte, sans règles fixes, ni *dispositio* rigoureuse. À l'instar de ses maîtres, elle demeure un exutoire et un lieu d'expérimentation, tantôt ludique tantôt encoléré, où il se laisse aller au gré de ses humeurs et de son caprice. Cette plasticité, apte à se condenser de façons diverses, alternant le grave et le léger, le sublime et l'espièglerie, le profane et le sacré, lui conserve une porosité organique avec les autres genres poétiques.

Les vers qu'il consacre à l'épigramme, au vaudeville et à la comédie apportent ainsi d'utiles précisions sur sa conception du comique. À propos de l'épigramme, il condamne, comme il le fait par ailleurs dans la *Satire XII sur l'équivoque*, l'usage des termes à double entente, le « jeu de mots grossier », à la manière du farceur Turlupin, célèbre pour ses calembours grivois[22]. « Le vaudeville », au XVIIe siècle, désigne une chanson satirique. Comme la satire, il témoigne de la « liberté Française », dont les auteurs comiques aiment se réclamer. Mais Boileau, à cette occasion, met en garde contre l'insolence en matière religieuse :

> Toutefois n'allez pas, goguenard dangereux,
> Faire Dieu le sujet d'un badinage affreux.
> À la fin tous ces jeux que l'athéisme élève,
> Conduisent tristement le Plaisant à la Grève[23].

---

21 *L'Art poétique français* (1605), Livre second, v. 679-820, éd. Georges Pellissier, Genève, Slatkine reprints, 1970, p. 99-107.
22 Chant II, v. 132 et 130, p. 166.
23 Chant II, v. 187-190, p. 167.

Cette mise en garde vaut aussi pour les auteurs de satires luciliennes, qui doivent s'abstenir d'aborder les questions religieuses et faire preuve d'impiété. Les œuvres comiques peuvent rapidement tomber sous le coup de la censure, voire conduire à la mort. Le poète libertin Claude Le Petit fut ainsi brûlé en place de grève en 1662, pour avoir écrit des textes licencieux et impies[24].

Les vers que le poéticien consacre à la comédie apportent aussi un éclairage essentiel. Molière est, avec La Fontaine, le grand rival de Boileau dans le domaine de la poésie comique. Il lui voue une admiration enthousiaste dont témoigne la *Satire II*, mais qui est fortement nuancée dans *L'Art poétique*. Il lui adresse, comme à Régnier, un reproche qui porte sur la bouffonnerie. Autant il le loue quand il parvient à concilier satire et bienséances, comme dans *Le Misanthrope*, autant il le critique quand il s'adonne à la farce comme dans *Les Fourberies de Scapin* :

> Étudiez la Cour et connaissez la Ville ;
> L'une et l'autre est toujours en modèles fertile.
> C'est par là que Molière, illustrant ses écrits,
> Peut-être de son Art eût remporté le prix,
> Si, moins ami du peuple, en ses doctes peintures,
> Il n'eût point fait souvent grimacer ses figures,
> Quitté, pour le bouffon, l'agréable et le fin,
> Et sans honte à Térence allié Tabarin
> Dans ce sac ridicule où Scapin s'enveloppe,
> Je ne reconnais plus l'Auteur du Misanthrope.
> Le Comique, ennemi des soupirs et des pleurs,
> N'admet point en ses vers de tragiques douleurs ;
> Mais son emploi n'est pas d'aller, dans une place,
> De mots sales et bas charmer la populace[25].

Ces vers définissent indirectement la poétique de la satire lucilienne selon Boileau. La distinction générique entre le noble et le bas est pensée en termes sociaux avec les préjugés de la classe aristocratique. Le haut comique de la satire doit être différencié de celui qui fait rire bassement « le peuple », la « populace ».

Boileau est marqué par les préjugés aristocratiques qui servent de modèles à la classe bourgeoise. « Le peuple » fait ainsi l'objet de son

---

24   Voir l'édition de Frédéric Lachèvre, *Les Œuvres libertines de Claude Le Petit*, Paris, Honoré Champion, 1918.

25   Chant II, v. 391-404, p. 178.

mépris, à la différence de Molière, de Bossuet, de Fénelon ou de La
Bruyère. On peut souligner son indifférence à l'égard des malheurs du
monde paysan, qui pourtant à la fin du XVIIe siècle souffre de famines,
d'hivers rigoureux et de la dilapidation par le roi et la cour de l'argent des
impôts. Il dénonce les agissements des individus cupides qui s'engraissent
« du suc des malheureux ». Il admire les manifestations de charité chrétienne, comme chez Mademoiselle de Lamoignon, qui s'emploie « À
soulager les maux de tous les Misérables[26] ». Mais son œuvre demeure
généralement sourde au sort des humbles. Il va même, emporté par son
désir de louer Louis XIV, jusqu'à dire qu'il a fait disparaître la misère :
« L'Univers sous Ton règne a-t-il des Malheureux[27] ? » Or la misère des
humbles pouvait lui fournir un riche sujet d'indignation, comme chez
Vauquelin de la Fresnaye et les poètes satiriques normands[28].

   Boileau condamne aussi la bouffonnerie moliéresque au nom d'un
idéal de pureté, qui revêt autant une valeur sociale et littéraire que
religieuse. La bassesse du comique fondée sur le calembour avive chez
lui l'angoisse de l'impur et du sale, dont il voudrait débarrasser la satire.
Il plaide pour un auteur comique

> Qui, sans se diffamer aux yeux du Spectateur,
> Plaît par la raison seule, et jamais ne la choque.
> Mais pour un faux Plaisant, à grossière équivoque,
> Qui, pour me divertir, n'a que la saleté,
> Qu'il s'en aille, s'il veut, sur deux tréteaux monté,
> Amusant le Pont-Neuf de ses sornettes fades,
> Aux Laquais assemblés jouer ses mascarades[29].

   La rapide évocation de ses prédécesseurs, complétée par ce qu'il dit
par ailleurs de la poésie comique, suffit à Boileau pour donner une
idée de la satire lucilienne. Sa poétique se résume principalement à
l'imitation d'un collectif de maîtres prestigieux qu'il s'efforce d'égaler
voire de surpasser. Avait-il besoin d'ailleurs d'ajouter sa contribution aux
nombreux traités qui, au XVIIe siècle, s'efforcent de résoudre la difficulté

---

26 *Poésies diverses et épigrammes*, XLI, in *OC*, p. 258.
27 *Épître I*, v. 152, p. 106. Sur l'indifférence de Boileau à l'égard des souffrances du peuple,
    voir Joseph Pineau, *L'Univers satirique de Boileau, L'ardeur, la grâce et la loi*, Paris, Genève,
    Droz, 1990, p. 176-177.
28 Voir notamment Thomas Sonnet de Courval, *Les Satyres contre les abus et désordres de la
    France*, Rouen, Guillaume de La Haye, 1627.
29 Chant III, v. 422-428, p. 179.

de théoriser ensemble une vocation morale, une forme poétique noble, une énonciation à la première personne et le recours à deux passions agressives et peu chrétiennes : le rire et l'indignation ?

Dans le prolongement des travaux des humanistes de la Renaissance, l'effervescence conceptuelle se poursuit en effet. Elle permet de mettre en perspective l'œuvre de notre poète et de comprendre le sens des combats qu'il a menés pour la justifier.

LES POÉTIQUES SAVANTES AU XVIIᵉ SIÈCLE

Parallèlement à de nouvelles éditions des poètes romains, comme celle d'Horace par John Bond[30], de Perse par Isaac Casaubon[31] ou celle de Juvénal par Nicolas Rigault[32], les érudits alimentent la réflexion théorique de façon approfondie. Les débats continuent à porter sur l'origine de la satire et l'étymologie du terme, sur l'opposition canonique entre Horace et Juvénal, sur la question de la satire nominale ou celle de savoir si elle appartient ou non à la poésie.

Isaac Casaubon, dans son traité magistral, intitulé *De Satyrica Graecorum Poesi et Romanorum Satira*[33], est le premier critique moderne à dénoncer l'absurdité à la fois étymologique et historique du terme *satyra* appliqué à la grande satire romaine. Il lui rend sa véritable orthographe qui est *satira* ou *satura*. En distinguant avec rigueur le drame satyrique grec, qui met en scène des satyres chèvre-pieds obscènes et grossiers, de la noble satire romaine, bref en dégageant la *satira* de la *satyra*, il se démarque d'une longue tradition qui joue de l'ambiguïté étymologique. Cette distinction, aujourd'hui admise, aura cependant beaucoup de mal à s'imposer.

Ce faisant, il fait barrage, avec ses armes d'érudit, à la prolifération inouïe de la « satyre » au temps d'Henri IV, d'une « satyre » pornographique, qui se réclame abusivement des auteurs de l'Antiquité et fait

---

30 *Quinti Horatii Flacci Poemata*, Londres, J. Norton, 1606.
31 *Auli Persi Flacci Satirarum liber*, avec commentaire, Paris, Jérôme Drouard, 1605.
32 *Juvenalis Satirarum libri V. Sulpiciae Satira*, Paris, Robert Stéphane, 1616.
33 Paris, A. et H. Drouard, 1605.

du satyre chèvre-pied son emblème, comme en témoigne le frontispice du *Cabinet satyrique* en 1624. Casaubon, comme l'avait fait Josse Bade, travaille à moraliser la satire, à l'épurer, à la débarrasser des satyres et des faunes, dont la violence et l'obscénité, férocement misogynes, rappellent la pratique de l'invective au temps des guerres civiles. Au même titre que Malherbe et Guez de Balzac, il participe au mouvement de purification de la langue et de la littérature. Par sa rigueur scientifique et son goût de la typologie littéraire, il fortifie les idéaux de la civilité et de l'honnêteté. Boileau ira dans le même sens. Alors que beaucoup continuent, à son époque, d'écrire le mot satire avec un *y*, il utilise systématiquement la graphie avec un *i*, dès la première édition de ses poèmes en 1666[34]. Il ne s'agit pas d'un détail orthographique, mais d'un geste esthétique et moral, qui correspond à une nouvelle conception de la satire lucilienne que Boileau veut débarrasser de toute connotation obscène et libertine. Avec le même état d'esprit, il combat la poésie burlesque dans laquelle il voit une résurgence de la *satyre* obscène du temps de Sigogne, de Motin et de Berthelot.

L'opposition définitoire entre Horace et Juvénal témoigne aussi en profondeur des évolutions sociales et idéologiques. Si Horace apparaît comme le satirique par excellence auprès des humanistes de la Renaissance, sauf chez Scaliger et Juste Lipse, Juvénal lui dispute désormais la palme au XVIIe siècle. Parmi les défenseurs d'Horace, on trouve Daniel Heinsius[35], Gérard Vossius[36] ou à la fin du siècle, le jésuite Charles Porée[37]. Mais Juvénal est bien défendu par Isaac Casaubon, Nicolas Rigault et Boileau. L'éloge de l'un appelle en général le dénigrement de l'autre. Ce débat révèle deux des postulations majeures de la société et de la littérature : d'un côté l'aspiration à la civilité et à la fluidité des relations sociales grâce à un humour de bon aloi et au sens de la mesure dans la répréhension morale ; de l'autre, le goût du sublime et de l'héroïsme ainsi qu'une conception de la critique et de la vérité qui ne recule pas devant la mise à bas sans concession des masques. Les argumentaires des uns et

---

34 *Satires du Sieur D****, Paris, Claude Babin, 1666. Le chevalier de Jaucourt, auteur de l'article *Satyre*, dans l'*Encyclopédie*, sous la direction de Diderot et d'Alembert, utilisera encore la graphie avec un *y*, Paris, Briasson, David, Le Breton, Durand, 1751, t. XIV, p. 697-702.

35 *De Satyra Horatiana liber*, à la suite des *Q. Horati Flacci opera*, Leyde, L. Elzévir, 1612.

36 *Poeticarum institutionum libri tres*, Amsterdam, L. Elzevir, 1647.

37 *Discours sur la satire* (1710), éd. Luis dos Santos, Paris, Honoré Champion, 2005.

des autres manifestent une tension forte entre, d'un côté, une conception de l'éthique et de la poésie qui doit favoriser l'harmonie sociale et, de l'autre, le désir de s'arracher à l'humanité moyenne, d'inscrire l'éthique dans la politique et de montrer un courage guerrier à dire le vrai. La question du comique apparaît dans ce débat comme une pierre de touche. Horace conforte l'idée d'une honnête raillerie ; l'ironie indignée de Juvénal ouvre quant à elle les portes du sublime.

Ces discussions théoriques sont conditionnées par la prédominance du modèle théâtral. En dépit des mises au point de Casaubon, admises par Boileau, qui s'efforcera d'illustrer la satire honnête et noble, beaucoup de poéticiens continuent à écrire le terme *satyre* avec *y*, parce qu'ils persistent à penser, comme Heinsius et Vossius, que la satire est à l'origine un genre théâtral, issu du drame satyrique grec et de la comédie gréco-latine. Cette prédominance est renforcée par l'importance accordée à la poétique aristotélicienne au XVIIe siècle, qui sert, dans le sillage de Robortello, à décrire la satire en termes d'*imitation*, de *fable* et de *catharsis*.

Casaubon a pourtant montré avec beaucoup de finesse les limites de la pensée aristotélicienne pour dégager la poéticité de la satire. Si comme Aristote, explique-t-il, on considère le poète comme un créateur de *fables* plus que de *vers*, et d'autant plus poète qu'il est apte à l'imitation des actions et à la peinture non de *ce qui est*, mais de *ce qui pourrait être*, bref si l'on pousse jusqu'à ses extrêmes conséquences l'assimilation de la poésie et de l'*imitation* productrice de *fables*, alors on doit exclure la satire du champ de la poétique et n'admettre comme poésie véritable que la poésie dramatique[38], autrement dit la poésie qui repose sur une *fable*, c'est-à-dire sur une histoire[39]. Or « dans la satire, il n'y aucune fable, sinon parfois lorsque le poète insère des contes ou de brefs apologues[40] ». Elle ne comporte en outre aucune « imitation » au sens théâtral, puisque le plus souvent « le poète parle lui-même[41] ».

Casaubon ne manque pas non plus de mettre en évidence l'impasse où conduisent l'application à la satire de l'opposition aristotélicienne

---

38 *De Satyrica Graecorum Poesi et Romanorum Satira*, p. 338-340. Sur le substrat platonicien des idées de Casaubon, voir *République*, X, 595 a-605 c ; sur les idées d'Aristote, voir *Poétique*, 1447 a 18-1447 a 27, 1451 b 1-1451 b 5 et 1451 b 27-1451 b 32.

39 *De Satyrica Graecorum Poesi et Romanorum Satira*, p. 343-344.

40 *Op. cit.*, p. 343 : « *in Satira fabulae nullae sunt : nisi quod aeni interdum et apologi breves inseruntur* ».

41 *Ibid.*, p. 343 : « *Imitatio praeterea heic nulla : nam poëta ipse loquitur* ».

entre l'*histoire* et la *poésie* ainsi que le primat du *thème* sur le *mètre*. Aristote considère que l'utilisation du mètre n'est pas une raison suffisante pour appeler un texte poème. Ce qui compte, c'est le sujet. Or la satire représente la réalité directement, sans l'ordonner dans une intrigue. Elle n'appartient donc pas à la poésie, à la différence de la comédie qui met en scène des fictions. Elle s'apparenterait plutôt à l'*histoire*, qui narre des faits particuliers. Si l'on s'en tient donc à la doctrine d'Aristote, la satire ne peut être définie comme un poème[42].

Casaubon pense au contraire que l'usage du vers renforce la poéticité de la satire[43]. Dans la mesure en outre où elle se veut « un discours noble » (« *oratio nobilis* ») qui « traduit les pensées du locuteur » (« *mentem loquentis declarans* »), elle appartient pleinement au domaine de la poésie[44]. À l'instar de Minturno, il ouvre la voie à une poétique du lyrisme au sens moderne que ne permettent pas les concepts d'Aristote, tournés principalement vers l'art dramatique. La satire est une forme de poésie où la voix du poète et son engagement individuel sont dotés du pouvoir de soulever le cœur et de lui donner le sentiment du sublime, dans une forme versifiée tendue et puissante. De telles conceptions légitimeront l'idéal boilévien de la satire noble.

Les différences d'approche entre Casaubon et Heinsius prouvent à quel point le genre satirique apparaît en effet comme une pierre de touche de la poétique en général. Il révèle des points d'achoppement : rapport du singulier et du général, primat de l'imitation ou du mètre, tension entre le comique et le sublime, rapport entre la fable et l'expression individuelle, entre l'unité et la variété... Il révèle la plus grande faiblesse du système aristotélicien qui est d'empêcher de penser une poésie du sujet. Or la satire est un poème d'essence lyrique au sens moderne. Elle fait dépendre sa visée morale et ses moyens comiques d'une énonciation

---

42 *Ibid.*, p. 346 : « Force est donc de constater que la satire ne peut être considérée comme une forme poétique au regard de la doctrine d'Aristote et de la définition de la poésie qu'il a défendue ».

43 L. Pariguolo, *Questione della poesia* (1586), in B. Weinberg, *Trattati di poetica e retorica del Cinquecento*, Bari, Laterza, 1970-1974, t. I, p. 620. Déjà Diomède au IVᵉ siècle définissait la poésie par « la structure métrique » (*Artis grammaticae libri III*, in *Grammatici latini*, éd. H. Keil, Hidelsheim, Olms, 1961, t. I, p. 473). Sur ce débat, voir François Cornilliat et Ulrich Langer, in *Histoire des poétiques*, Paris, PUF, 1997, p. 122.

44 Casaubon, *op. cit.*, p. 349 : « La poésie est un discours noble (autrement dit conçu pour donner de l'éclat), dont les parties sont réciproquement liées et qui traduit les pensées du locuteur par des expressions brèves, agréables, pesées, c'est-à-dire avec du poids ».

à la première personne qui ne se réduit pas à un *éthos* ou à une *persona*. Casaubon a l'intuition de cette singularité, même s'il ne dispose par des moyens conceptuels pour aller plus loin dans cette voie.

LES TRAITÉS DE POÉTIQUE EN LANGUE VERNACULAIRE AU XVIIe SIÈCLE

Les traités de poétique en langue vernaculaire, dus à Guillaume Colletet, René Rapin[45], Bernard Lamy ou encore de Charles Perrault, reflètent en grande partie les débats approfondis des commentateurs et des poéticiens érudits. On y retrouve les instruments d'analyse critique mis au point par la tradition humaniste : opposition entre Juvénal et Horace, comparaison entre le style sublime et le *sermo cotidianus*, rapport avec la comédie ou l'épopée, appartenance ou non à la poésie, problème de la satire nominale, opposition dialectique des *leges* et des *mores*[46]... Mais tout en s'imposant dans le champ de la poétique, et ce d'autant plus que Mathurin Régnier a donné au genre en langue française de vraies lettres de noblesse, on peine à ranger la satire dans une typologie ? À chacun son ordre ! Du Bellay en parle après l'élégie et juste avant le sonnet[47]. Scaliger en traite, conformément à sa logique, en relation avec la comédie et la tragédie[48]. Colletet l'aborde dans son traité sur *La Poésie morale et sentencieuse*. Boileau l'insère, comme nous l'avons vu, parmi les petits genres. Personne ne s'inspire en revanche de Sebastiano Minturno pour faire de l'énonciation en première personne un critère de la poésie lyrique. Charles Batteux, un maillon important au XVIIIe siècle dans l'évolution qui conduit de la poétique classique à la triade moderne épique/dramatique/lyrique, avait la possibilité de poursuivre le travail

---

45 *Réflexions sur la poétique d'Aristote et sur les ouvrages des poètes anciens et modernes*, Paris, François Mugner, 1674, p. 224-230.

46 Sur le rapport entre la satire morale et les lois, voir notamment Charles Perrault, *Parallèle des anciens et des modernes en ce qui regarde la poésie*, Paris, J. B. Coignard, 1692, t. III, p. 224.

47 *La Défense et illustration de la langue française*, éd. J.-Ch. Monferran, Genève, Droz, 2001, p. 135-136.

48 *Poetices libri septem*, Lyon, Antonius Vincentius, 1561, *Op. cit.*, liv. I, chap. VII, p. 12 ; chap. XII, p. 19-20 ; chap. XL, p. 45 ; liv. III, chap. XCVIII, p. 149-150 ; liv. VI, chap. VI, p. 323, chap. VII, p. 334-337.

de Minturno et d'intégrer la satire à son *Traité de la poésie lyrique*, l'une des parties de ses *Principes de littérature*. Mais, comme beaucoup de ses contemporains, il déteste ce genre littéraire et il l'intègre sans conviction à son *Traité de la poésie didactique*[49].

Il semble que l'indignation et le rire, exprimés à la première personne dans un poème, ont été les principaux obstacles pour accorder vraiment la dignité poétique à la satire. Penser un discours poétique individuel, qui se distingue de la poésie épique et de la poésie dramatique, semble impossible au XVIIe siècle. On ne manque pas en revanche de marquer des réticences face à une forme d'expression qui contrevient à l'idéologie de l'honnête homme et à la charité chrétienne. Elle apparaît comme une affirmation intolérable de l'individualité à une époque où « le moi est haïssable[50] ». Autrement dit la satire, malgré le prestige de Boileau, finit par faire l'objet d'une réprobation grandissante pendant le règne de Louis XIV. Guillaume Colletet donne le ton, dès 1658 : les poètes satiriques « irritent plus qu'ils ne convertissent. Ils sèment des fleurs et versent du miel véritablement, mais ils les accompagnent de tant de fiel et de tant d'épines qu'on n'ose presque ni en goûter ni s'en approcher. Ainsi c'est bien ailleurs qu'on peut aller chercher cette belle Morale qui s'insinue doucement dans le cœur[51] ». Si l'on ouvre maintenant *L'Art de la Poésie française* d'André de La Croix, qui date de 1694, on y trouve résumée l'opinion la plus courante à l'égard de la satire : « Il y a peu de gens capables de bien tourner cette sorte d'Ouvrage à cause qu'il s'en rencontre peu qui aient un véritable caractère d'honnêteté et un fond solide de vertu ». Trop indignée, elle a quelque chose de « dégoûtant » qui porte « les marques de la mauvaise humeur » de son auteur. Trop « railleuse », elle court le risque d'être « piquante » à l'excès. Oscillant entre la « malignité » et le « mauvais goût », elle respire l'air du « collège » et le « Cabinet » des érudits plutôt que celui de la « cour » et de la « la conversation des honnêtes Gens[52] ». Le Père Michel Mourgues, dans son *Traité de la Poésie française* fait cette mise en garde : « Un Poète Chrétien ferait même beaucoup mieux de laisser aux Prédicateurs le soin de réformer le monde[53] ».

---

49   *Principes de la littérature*, Paris, Saillant & Nyon, Veuve Desaint, 1774, t. III, ch. II, p. 317-373.

50   Pascal, *Pensées*, fragment 494, éd. Ph. Sellier, Classiques Garnier, 2010, p. 411.

51   *Op. cit.*, p. 63.

52   *L'Art de la Poésie Française et latine avec une idée de la musique sous une nouvelle méthode*, Lyon, Thomas Amaury, 1694, p. 195 et 196.

53   *Traité de la Poésie Française*, Paris, Jacques Vincent, 1724, p. 274 et 275.

La querelle que suscite aussitôt la parution des *Satires*, en 1666, met ainsi en évidence toute la difficulté à faire de la satire un genre classique qui recueille un large consensus. Boileau veut s'imposer comme un grand poète aux côtés de Mathurin Régnier, mais il est à contre-courant de ses contemporains qui partagent le jugement de La Bruyère : « Un homme né chrétien et Français se trouve contraint dans la satire, les grands sujets lui sont défendus, il les entame quelquefois, et se détourne ensuite sur de petites choses qu'il relève par la beauté de son génie et de son style[54] ». L'expression « petites choses » renvoie à celle qu'utilise Boileau lui-même pour désigner les sujets de ses poèmes[55]. Les multiples plaidoyers *pro domo*, où il s'efforce inlassablement de se justifier, défendent des positions alors jugées intenables dans les cercles mondains : – une préférence marquée pour Juvénal au détriment d'Horace, – la pratique de la satire nominale, – une misogynie exacerbée, – une posture de misanthrope et de contempteur fondée sur l'autorité d'un jugement singulier…

Boileau aurait voulu devenir le Juvénal français et pouvoir s'en prendre, comme lui, à « Séjan », le mauvais génie de l'empereur Tibère, ou bien aux « sénateurs, / D'un tyran soupçonneux pâles adulateurs[56] ». Mais sous Louis XIV, la satire politique et religieuse est impossible. Il pouvait, comme Molière, investir le vaste champ des mœurs domestiques, ou, comme La Bruyère, dénoncer les abus de la cour et la misère dont pâtit le peuple de France. Mais il le fait à peine ou pas du tout, comme le déplore sévèrement Jean-François Marmontel[57]. Et de fait la satire boilévienne se réduit principalement à la satire littéraire, même quand elle traite des femmes, d'un souper ridicule ou des embarras de Paris. Satire et théorie littéraire vont chez lui de pair. Et si son *Art poétique* peut être lu comme une satire, ses poèmes satiriques, qu'il parle de son admiration pour Molière ou dénigre violemment les mauvais auteurs, tendent constamment à l'art poétique et à la controverse littéraire. Il ne réussit pas, comme La Fontaine, à inventer une grande poésie satirique.

---

54 *Les Caractères* (1688), *Des ouvrages de l'esprit*, 65, éd. E. Bury, Paris, Le Livre de Poche, 2004, p. 154.
55 *Épître XI*, v. 49, p. 146.
56 *L'Art poétique*, Chant II, v. 162 et 163-164.
57 *Éléments de littérature* (1787), art. SATIRE, éd. S. Le Ménahèze, Paris, Desjonquères, 2005, p. 1028-1029.

Soumise à la prédominance du modèle théâtral et à l'impossibilité sous Louis XIV de faire de son moi le garant de la réflexion morale, la satire ne peut dès lors que refluer, en dépit du prestige de Boileau. Faute d'être valorisée comme un mode d'expression singulier susceptible d'être poétique, la parole du satirique est fatalement perçue comme une agression intolérable, voire une manifestation de zèle fanatique. On la confond avec celle du libelliste, du misanthrope, du médisant et du méchant. À cela s'ajoute la misogynie organique dont elle fait preuve : elle établit une équation entre *vérité* et *virilité*, qui ne pouvait que la rendre odieuse auprès du public féminin, désormais pleinement inclus dans l'espace de réception des arts poétiques et de la littérature.

UNE VOCATION
DE POÈTE SATIRIQUE

Le rêve de tout poète au XVIe et au XVIIe siècle est de servir directement le roi et d'écrire à sa gloire une épopée. Au temps de Louis XIV, on attend en vain une *Louisiade* digne de ce nom, sur le modèle de *L'Énéide* écrite à la gloire d'Auguste : « Mais quel heureux Auteur, dans une autre Énéide, / Aux bords du Rhin tremblant conduira cet Alcide[1] ? ». Boileau ne réussira pas non plus à l'écrire, mais il approchera le roi et finira sa carrière en écrivain officiel. Nommé historiographe, avatar moderne du poète épique, il est chargé avec Jean Racine de composer le récit des événements et des campagnes militaires qui marquent le règne du roi. S'il ne fut pas le poète épique qu'il rêva de devenir, Boileau s'imposa dans le genre satirique et il fut l'un des rares écrivains du XVIIe siècle à réussir pleinement sa carrière, autrement dit à entrer en contact direct avec le souverain, à consacrer son activité à sa gloire et à promouvoir les grandes valeurs du régime. La réussite de Boileau ne doit cependant pas être confondue avec celles de Jean Chapelain, de Jean Desmarets de Sorlin ou de Charles Perrault, hauts fonctionnaires de la République des lettres dont l'autorité littéraire dépend largement des importantes charges administratives qu'ils occupent. Boileau, comme Molière ou Racine, ne doit d'abord rien aux institutions. C'est par son propre talent et par la vigueur intransigeante de ses prises de position esthétique qu'il affirme sa personnalité d'écrivain, avant de se mettre au service de son roi[2]. Même s'il dut faire quelques concessions, il demeura jusqu'à sa mort un esprit libre, méprisant les comportements de soumission et de servilité. À l'opposé de Chapelain ou de Desmarets, apôtres dociles de l'État absolu et de la mystique royale, Boileau manifeste un tour d'esprit

---

1   *L'Art poétique*, Chant IV, v. 203-204, p. 185.
2   Voir Marc Fumaroli, « Les abeilles et les araignées », in *La Querelle des Anciens et des Modernes*, Paris, Gallimard, 2001, p. 107 et 115.

critique qui préfigure plutôt, en dépit de sa loyauté à l'égard du Prince, le siècle des Lumières. Au-dessus de la souveraineté royale, incarnée par l'État absolu de droit divin, il place la transcendance de son jugement, qu'il voudrait intemporelle et universelle[3].

Comme Vauquelin de la Fresnaye, Du Lorens ou Furetière, Boileau est issu du monde de la magistrature. Son père, greffier à la grand'chambre du Parlement de Paris, acquit une fortune confortable dont bénéficieront ses « Enfants au sang critique[4] ». Il lui voue une grande admiration : sa parole satirique sera d'essence paternelle. Beaucoup d'autres membres de sa famille sont magistrats et lui-même devient avocat en 1656. La satire boilévienne, comme celle de ses prédécesseurs, est marquée par un certain juridisme, par des habitudes de penser et de sentir, de peser le vrai et le faux, le juste et l'injuste, le bien et le mal, par un langage aussi, qui proviennent largement du monde des magistrats. Après avoir délaissé le « Greffe » et le « Palais » pour « le Parnasse[5] », Boileau n'a qu'un objectif : consacrer son existence aux belles-lettres, grâce aux revenus de son héritage, de manière à faire prévaloir ses conceptions de la poésie aux yeux des grands princes et du roi. Ce dernier est presque l'exact contemporain du poète : Boileau naît en 1636, Louis XIV en 1638 ; il meurt en 1711, le roi en 1715. Comme Molière et Racine, Boileau illustre une relation réussie et féconde entre le poète et le Prince.

SATIRE ET SCANDALE

Boileau, qu'on appelle aussi Despréaux pour le différencier de son frère Gilles[6], rêve de servir le monarque, mais il n'a pas l'âme d'un courtisan. Il n'a pas la prudence hypocrite des arrivistes qui savent obtenir des charges administratives susceptibles de leur permettre

---

3   Voir Marc Fumaroli, art. cité, p. 131-132.
4   *Vers pour mettre au bas du portrait de mon père*, in *Poésies diverses et épigrammes*, p. 261. Voir aussi *Épître V*, v. 108-122, p. 120-121.
5   *Épître V*, v. 114 et 116, p. 121.
6   On l'appela Despréaux tant que vécut son frère Gilles. Ce nom vient d'une terre qui appartenait à sa famille.

d'exercer un pouvoir à partir des institutions. D'un naturel grincheux et contestataire, on le voit constamment se plaindre et récriminer. Il a du mal à courber l'échine et à s'agenouiller. Il lui en coûte de flagorner et d'écrire des odes qui chantent à l'infini la gloire du Roi-Soleil. Il est plus à l'aise dans l'écriture polémique et dans la satire. C'est pourquoi il commence sa carrière d'écrivain, en 1666, par un recueil de *Satires*, qui attire l'attention sur lui, mais avec les effluves du scandale. Ce genre poétique en effet, réputé pour sa liberté et son franc-parler, est très mal vu au temps de Louis XIV, où l'on se méfie de ceux qui, en leur nom propre, font profession de redresser les torts et de s'adjuger un magistère moral en usant de la moquerie et de la caricature. Au théâtre à la même époque, on sait ce qu'il en coûte à Molière de se montrer satirique. À propos du dramaturge et indirectement de Boileau, Edme Boursault écrit : « un Satyrique est un homme suspect[7] ».

Les œuvres de Boileau, depuis le recueil de 1666 jusqu'à la *Satire XII sur l'Équivoque*, écrite au début du XVIIIe siècle, suscitent le scandale ou du moins la polémique. Véhémentes, inspirées par « une Muse effré-née[8] », au ton libre et au mauvais esprit, elles cinglent nommément ceux qu'elles dénoncent (« J'appelle un chat un chat et Rolet un fripon[9] »). Elles ne cadrent pas avec l'idéal officiel d'ordre et de bienséance, de mesure et de discrétion. Celui que l'on finira par considérer comme « le Régent du Parnasse[10] » s'exprime, lorsqu'il obéit à son naturel, dans le genre littéraire le moins classique qui soit ! À la différence des satires romaines et humanistes, les poèmes de Boileau naissent de polémiques et de conflits liés à l'actualité. Ce n'est qu'après coup, en les réécrivant, que Boileau leur confère une allure plus lisse, plus proche de la satire de mœurs au sens traditionnel. En revanche, lorsque l'on considère leur genèse, elles apparaissent avant tout comme des pamphlets, voire comme des libelles diffamatoires, écrits par un jeune écrivain sûr de lui qui s'efforce d'attirer l'attention du pouvoir tout en défendant la haute idée qu'il se fait des belles-lettres. Certes il veut être considéré comme un grand satirique à l'exemple de Régnier, mais il est aussi animé par

---

7   *Le Portrait du peintre ou la contre-critique de L'École des femmes*, sc. 8, v. 499, in *La Querelle de l'École des femmes*, éd. G. Mongrédien, Paris, Didier, 1971, t. I, p. 153.
8   *Épître V*, v. 117, p. 121.
9   *Satire I*, v. 52, p. 14.
10 *Satire IX*, v. 127, p. 52.

une rage d'en découdre qui l'apparente plutôt à un polémiste à la dent dure. Le recueil publié en 1666, Antoine Adam l'a minutieusement démontré[11], rassemble sept poèmes, dont certains remontent à plusieurs années et qui circulent depuis longtemps sous forme manuscrite[12] ; ils sont constamment repris et retravaillés en fonction des circonstances, des brouilles et des enjeux de carrière. On est frappé en lisant le premier état de ces œuvres par leur caractère violent et souvent injurieux à l'égard de toutes les formes d'autorité. Boileau se décida à les publier sous son propre nom parce qu'une édition non voulue par lui, une édition subreptice, était parue à Rouen, sans doute en 1665. Elle eut le fâcheux effet de répandre l'image d'un Boileau dont on usurpe l'identité pour faire la publicité de toutes sortes de textes satiriques, mais elle contribua aussi à établir sa réputation :

> Vient-il de la Province une Satire fade,
> D'un Plaisant du pays insipide boutade ;
> Pour la faire courir on dit qu'elle est de moi :
> Et le sot Campagnard le croit de bonne foi.
> J'ay beau prendre à témoin et la Cour et la Ville[13].

L'édition de 1666 et les versions manuscrites des poèmes sont des documents précieux qui nous renseignent sur la fabrique des satires et les débuts du poète. Nicolas entre dans la carrière littéraire dans le sillage de son frère Gilles, lui-même patronné par le maître du Parnasse à l'époque, Jean Chapelain. Comme les jeunes écrivains de cette époque, il fait son éducation en fréquentant des cercles et des coteries, comme le cercle de Marolles, où il rencontre l'abbé Cotin, Antoine Furetière, Olivier Patru... Ses idées littéraires se forment dans ce creuset où l'on discute beaucoup du rationalisme cartésien. On le voit par ailleurs fréquenter le cabaret de *La Croix Blanche*, où il fait la connaissance de gourmets et de libres penseurs, comme Des Barreaux ou les frères Broussin, grands amateurs de poésie satirique, mais aussi adeptes du gassendisme, voire de l'irrationalisme des libertins. Gilles et Nicolas

---

11 Voir *Les premières Satires de Boileau (I-IX)*, (1941), Genève, Slatkine reprints, 1970 et *Histoire de la littérature française au XVIIe siècle*, Paris, Albin Michel, 1997, t. II, p. 455-562 et t. III, p. 434-460.

12 Valentin Conrart se procura une copie de ces satires dans l'état qu'elles avaient en 1664 (*Arsenal*, 5.418).

13 *Épître VI*, v. 69-72, p. 123-124.

prennent parti pour Colbert contre Nicolas Fouquet, l'archétype du financier[14]. Le jeune poète s'engage et prend la défense du ministre et du roi attaqués dans des libelles, notamment dans une *Satyre À ceux qui font des vers contre le Roy*[15]. Son engagement est aussi littéraire : en 1663, il soutient vigoureusement Molière, dont il devient l'ami, dans la querelle de *L'École des femmes*.

Les Boileau cependant ne furent pas récompensés de leur soutien politique à Colbert. En 1663 en effet, éclata l'affaire des gratifications. Jean Chapelain, chargé de soumettre au roi une liste d'écrivains susceptibles de recevoir une gratification royale, en avait exclu les deux Boileau. Chapelain devint dès ce moment l'une des cibles privilégiées de notre poète. Le recueil de 1666 fait entendre en maints endroits, notamment dans la *Satire VII*, l'indignation que suscita cette exclusion, tout comme une comédie satirique à laquelle il mit largement la main, *Chapelain décoiffé*[16]. Gilles Boileau, soucieux de recevoir finalement la manne royale, revint dans les bonnes grâces de Chapelain, ce qui brouilla les deux frères, comme en témoignent ces vers de la *Satire I*, retirés à partir de 1669 :

> Enfin je ne saurais, pour faire un juste gain,
> Aller bas et rampant fléchir sous [Chapelain]
> Cependant, pour flatter ce Rimeur tutélaire,
> Le frère en un besoin va renier son frère[17]…

À cette époque, Despréaux se montre d'une incroyable et courageuse liberté de pensée. Il n'hésite pas à s'attaquer, par des allusions transparentes pour ses contemporains, à de grands personnages comme le puissant chancelier Pierre Séguier, chargé de la justice du royaume et connu pour sa morgue :

> Quittons donc cette Ville où le crime est le maître, […]
> Où ce Riche insolent, cette âme mercenaire,
> Qui fut jadis Valet des valets de mon Père,

---

14 Dans des vers plus tard retirés de la *Satire I*, Fouquet est attaqué par Boileau sous le nom d'Oronte (Voir Antoine Adam, *Les premières Satires de Boileau*, p. 159).

15 Sur ce poème qui date de 1662 et fut retrouvé seulement en 1852, voir Antoine Adam, *Les premières Satires de Boileau (I-IX)*, p. 17-24.

16 Éd. citée, p. 283-306.

17 *Satire I*, in *Satires du Sieur D****, Paris, Claude Barbin, 1666, p. 7.

> Ne va plus qu'en Carrosse ou qu'en chaise au Palais,
> Et se fait suivre au Cours d'un peuple de Valets[18]...

Ces vers d'une violence extrême sont remplacés dans l'édition parisienne de 1666 par une charge non moins féroce contre l'archevêque de Paris, Hardouin de Péréfixe, qui, elle, sera conservée :

> Quittons donc pour jamais une Ville importune,
> Où l'Honneur est en guerre avecque la Fortune :
> Où le Vice orgueilleux s'érige en Souverain
> Et va la mitre en tête, et la crosse à la main[19]...

La mordacité du poète demeure ici allusive. Il l'exerce en revanche nommément contre Chapelain et tous ceux qu'il estime être de mauvais poètes comme Quinault, Boursault, l'abbé de Pure ou Perrin. En fait c'est surtout la République des Lettres qui fait l'objet de ses attaques les plus constantes et les plus acérées[20].

L'étude de la fabrique des satires montre aussi que le poète cartésien de *L'Art poétique*, dont les romantiques feront la caricature, se montrait beaucoup plus réservé sur les pouvoirs de la raison au tournant des années 1650 et 1660. Les satires qu'il écrit à cette époque prennent plutôt la forme de diatribes sceptiques beaucoup plus que de manifestes en faveur d'une raison triomphante. En témoigne la *Satire IV*, dédiée au fils de La Motte le Vayer, le célèbre philosophe pyrrhonien et maître à penser des libertins. On demeure désorienté par ce poème qui s'efforce de montrer à quel point « Tous les hommes sont fous » : chaque individu, emporté par sa passion particulière, « veut en sagesse ériger sa folie » en sorte qu'il semble impossible de s'entendre sur des valeurs communes[21]. Écrit dans la tradition de Montaigne et de Régnier, qui a traité le même thème dans la *Satyre XIV*, il ne prend vraiment sens que dans le contexte

---

18 *Satire I*, in éd. A. Adam, *Les premières Satires de Boileau*, p. 165. Ces vers furent retirés dans l'édition parisienne de 1666.

19 *Satire I*, v. 129-132, p. 16. Hardouin de Péréfixe fit chasser en 1664 les religieuses de Port-Royal, parmi lesquelles se trouvaient trois des trois filles de Robert Arnauld d'Andilly, dont Boileau est l'ami.

20 Sur ces polémiques littéraires, outre les travaux d'Antoine Adam, voir Bernard Beugnot et Roger Zuber, *Boileau, Visages anciens, visages nouveaux, Montréal*, Les Presses de l'Université de Montréal, 1973, p. 9-23.

21 *Satire IV*, v. 39 et 50, p. 27.

des fortes controverses qui opposent alors les cartésiens, les chrétiens rationalistes et les chrétiens sceptiques.

En dépit des nombreuses retouches visant à atténuer sa virulence, le recueil de 1666 attira beaucoup d'ennemis à Boileau, principalement les écrivains crucifiés par sa plume acerbe. Il ne rencontra en revanche aucun écho auprès du roi. Dans le contexte polémique du début des années 1660, Despréaux apparaît comme un poète déçu de ne pas être gratifié par le pouvoir, mais aussi comme un vengeur de la cause de Molière, dont il prend ouvertement la défense dans la *Satire II*[22]. Certes il se présente en satirique, mais il s'inscrit surtout dans le jeu complexe et mouvant des cabales littéraires de l'époque. Le tollé suscité par ses attaques ainsi que la réprobation générale à l'égard de la satire finirent cependant par le détourner de ce genre. Il augmente néanmoins son recueil en 1668 (*Satires VIII* et *IX*), puis en 1694 (*Satire X*) et en 1701 (*Satire XI*). Ces parutions sont à chaque fois nourries par la polémique ou la nourrissent. La *Satire IX*, renforcée par un *Discours sur la satire*, se veut un plaidoyer pour lui-même et pour le genre satirique. La *Satire X* contre les femmes suscita, quant à elle, un nouveau scandale tellement l'*éthos* du phallocrate allait à contre-courant de l'évolution des mœurs. Quant à la *Satire XII Sur l'équivoque*, qui s'en prend à la casuistique des jésuites, elle inquiète tellement le roi, soucieux de maintenir la paix religieuse, qu'il en interdit la publication. Malgré les efforts répétés du poète, elle ne paraîtra pas de son vivant. Comme il l'avait commencée, Boileau termine sa vie littéraire par l'écriture d'une satire.

PERSONA SATIRIQUE ET DÉMARCHE APOLOGÉTIQUE

C'est à l'occasion des polémiques littéraires, depuis l'affaire des gratifications jusqu'à la Querelle des Anciens et des Modernes, que Boileau finit par devenir l'une des figures les plus influentes de la littérature classique. Mais c'est aussi grâce à elles qu'il s'est forgé dans les luttes, les attaques, les ripostes, une puissante *persona* de poète satirique.

---

22 Voir Antoine Adam, *Histoire de la littérature française au XVIIᵉ siècle*, t. II, p. 509.

C'est pourquoi il ne cesse d'inscrire sa pratique de l'écriture dans une tradition qui lui sert de guide et de modèle, tout en multipliant les définitions et les apologies. Les *Satires*, tout comme les *Épîtres*, *L'Art poétique* et *Le Lutrin*, relèvent d'une forme d'inspiration fondée sur une agression légitimée par une norme et par un idéal. Mais ces poèmes se caractérisent aussi par une énonciation souvent distanciée et réflexive. Satire et théorie s'alimentent mutuellement chez Boileau en sorte que ses poèmes revêtent souvent une allure métapoétique. Sans cesse on le voit se mettre en scène, se défendre, argumenter, s'efforcer de légitimer une forme d'écriture qui exprime l'originalité de sa vocation. Toute son œuvre se caractérise par cette dimension apologétique. Dans ses poèmes, dans ses préfaces, mais aussi dans ses autres ouvrages et dans sa correspondance, il ne cesse de s'expliquer, de définir sa démarche et son identité littéraire en précisant les contours de son *éthos*, mais sans jamais présenter un système complet et détaillé.

Boileau inscrit fermement sa *persona* de poète satirique dans la tradition antique et humaniste[23]. Ce choix générique correspond à tous égards à ses prises de position au cours de la Querelle des Anciens et des Modernes. Chef de file des Anciens, il pratique une forme littéraire qui, par définition, inculpe les temps modernes au nom de valeurs passées, ressenties comme des modèles et des idéaux. Il peut y faire résonner une mélancolie virile qui ne parvient pas à s'acclimater à une modernité que Jean Desmarets de Saint-Sorlin et Charles Perrault établissent en source première des valeurs littéraires, à partir de la cour et des salons où règnent, sous la houlette des femmes, la courtoisie, le raffinement et le luxe. Il déteste les poésies de l'abbé Cotin, les romans héroïques de La Calprenède ou les tragédies galantes de Quinault. Le point de vue satirique amplifie *a contrario* la prise en compte des Anciens ; il suggère qu'il n'est pas de grandeur présente qui ne s'arrime à la tradition, qui ne devienne éternelle et universelle sans le rayonnement actif des grands auteurs de l'Antiquité revivifiés par les humanistes. À la mode et à l'actualité s'oppose l'*inactualité* d'œuvres nourries par la fréquentation des textes gréco-romains[24].

---

23   Nous sommes ici en désaccord avec Joseph Pineau pour qui « la satire de Boileau », du fait de ses « ardentes indignations », est « bien différente des satires antérieures » (*op. cit.*, p. 89). Contrairement à ce qu'il affirme, la tradition satirique juvénalienne est tout aussi vivace chez les poètes français que la tradition horatienne.

24   Voir Delphine Reguig, *Boileau poète*, « *De la voix et des yeux…* », Paris, Classiques Garnier, 2016, p. 294.

Si Boileau n'a pas écrit de traité synthétique sur la satire lucilienne, il ne cesse de réfléchir sur sa démarche et sur sa vocation. Il veut donner à cette forme d'expression une pleine dignité littéraire, qu'il refuse à la fable, en dépit de son amitié avec La Fontaine. Pour ce faire, il proclame sa filiation avec les grands poètes romains et se fixe pour mission d'égaler en qualité et en prestige Mathurin Régnier, comme il le rappelle dans l'*Épître X* :

> J'allai d'un pas hardi, par moi-même guidé,
> Et de mon seul génie en marchant secondé,
> Studieux amateur et de Perse, et d'Horace,
> Assez près de Régnier m'asseoir sur le Parnasse[25]…

Boileau engage une compétition avec son devancier et fait tout pour se voir « préféré[26] » à lui. Il s'agit de lui ravir la palme du meilleur satirique français et de faire triompher les principes esthétiques nouveaux qui font la gloire de Racine, de Molière et de La Fontaine. Et d'une certaine manière son ambition est couronnée de succès, si l'on en juge par l'admiration que lui voueront au moins les poètes du XVIIIᵉ siècle, comme Voltaire, John Dryden ou Alexander Pope.

Cela dit, son modèle de prédilection est Juvénal, le maître de la satire indignée, beaucoup plus qu'Horace et Régnier, adeptes d'une forme de satire plus douce et conciliante. C'est dans le sillage de l'Aquinois qu'il construit, dans toute son œuvre, son *éthos* de poète qui, sous la double emprise de la colère et de la mélancolie, s'adonne à un réalisme grinçant. *La Satire I*, imitée de la *Satura III* de Juvénal et de la *Satyre III* de Régnier, développe ainsi le motif cardinal chez les satiriques de l'incapacité à mentir – « *mentiri nescio* » – et à louer quand la réalité contredit leur conviction intime – « *nequeo laudare* » –[27]. Boileau y brosse le portrait d'un atrabilaire qui, à la manière d'Alceste, décide de quitter Paris :

> Je ne sais ni tromper, ni feindre, ni mentir,
> Et quand je le pourrais, je n'y puis consentir. […]
> Je suis rustique et fier, et j'ai l'âme grossière.
> Je ne puis rien nommer, si ce n'est par son nom[28]…

---

25 *Épître X*, v. 99-102, p. 143.
26 *Ibid.*, v. 35, p. 142.
27 *Satura III*, v. 41 et 42 : « je ne sais pas mentir » ; « je ne peux pas louer ».
28 *Satire I*, v. 43-44 et 50-51, p. 14.

Mais plus encore que l'humeur mélancolique, Boileau ne cesse de justifier son *éthos* par l'influence de la bile jaune autrement dit de la colère :

> Et quel Homme si froid ne serait plein de bile,
> À l'aspect odieux des mœurs de cette Ville ?...
> La colère suffit, et vaut un Apollon...
> Ma bile alors s'échauffe, et je brûle d'écrire...
> Notre Muse souvent paresseuse et stérile,
> A besoin, pour marcher, de colère et de bile[29]...

Cet *éthos* satirique, où la bile noire se mêle à la bile jaune, la mélancolie à
la colère, compose l'image d'un anti-homme de cour, d'un anti-honnête
homme, incompatible avec l'évolution de la civilité. L'Alceste de Molière,
qui semble-t-il eut notamment Boileau pour modèle[30], ne peut qu'être
ridicule et rejeté par le dispositif dramaturgique du *Misanthrope*, qui
fut créé en 1666, l'année même de la parution des *Satires*.

Notre poète a bien conscience du rejet par ses contemporains d'une
forme d'expression dominée par la colère et la misanthropie atrabilaire.
C'est la raison pour laquelle il s'efforce d'enrichir son *éthos* en faisant
appel aux figures patentées de la culpabilisation morale. Comme son
maître Régnier, il n'hésite pas à revêtir momentanément le masque
de Diogène le cynique, lorsque, une lanterne allumée en plein jour, il
parcourt les rues d'Athènes en disant : « Je cherche un homme[31] » :

> Cependant, lorsqu'aux yeux leur portant la lanterne,
> J'examine au grand jour l'esprit qui les gouverne,
> Je n'aperçois partout que folle Ambition[32]...

Diogène est l'un des personnages principaux du *Dialogue des héros de
roman* dans lequel Boileau tourne en dérision les romans sentimentaux
d'Honoré d'Urfé, de Madeleine de Scudéry et de Gautier de La Calprenède.
Il y incarne l'esprit railleur des « Satiriques[33] ».

---

29 *Satire I*, v. 137-138 et 144, *Satire IX*, v. 220, *Épître VIII*, v. 37-38, p. 16, 54 et 131.
30 Voir lettre *Au Marquis de Mimeure*, 4 août 1706. Boileau se justifie de s'en prendre à un mauvais
     poème défendu par l'un de ses collègues académiciens : « quelqu'un s'étant mis en devoir de
     le défendre, je jouai le vrai personnage du Misanthrope contre les méchants vers ayant été,
     comme Molière me l'a confessé plusieurs fois lui-même, copié sur mon modèle » (*OC*, p. 831).
31 Voir Diogène Laërce, *Vies et doctrines des philosophes illustres*, liv. VI, 41, Paris, La Pochothèque,
     1999, p. 718.
32 *Satire XI*, v. 13-15, p. 81. *Cf.* Régnier, *Satyre XIV*, v. 1-10, éd. citée, p. 189.
33 *Dialogue des héros de roman*, p. 452.

Le cynique, c'est aussi, étymologiquement, le *chien* qui mord afin de faire admettre des vérités qui dérangent. Les satiriques, dès les origines, revendiquent cette mordacité. Perse écrit par exemple : « *Sed quid opus teneras mordaci radere vero / Auriculas*[34] ? ». Boileau assume cet héritage lorsqu'il veut décrire les débordements de sa colère :

> Mais tout Fat me déplaît, et me blesse les yeux.
> Je le poursuis partout, comme un chien fait sa proie,
> Et ne le sens jamais qu'aussitôt je n'aboie[35]…

Il veut manier « la mordante plume » de Juvénal, « sa mordante hyperbole[36] ». Ses détracteurs ne manquent pas de le prendre au mot. Dans un libelle attribué à Chapelain, il est traité de « dogue avide de mordre[37] ». Nicolas Pradon l'appelle quant à lui « le dogue du Parnasse[38] ».

L'*ÉTHOS* DU CENSEUR ET DU PRÉDICATEUR

À l'instar des satiriques romains, Boileau affilie en outre sa pratique d'une poésie qui prétend réformer les mœurs à la prestigieuse magistrature romaine de la censure :

> Ils tremblent qu'un Censeur, que sa verve encourage,
> Ne vienne en ses écrits démasquer leur visage[39]…

Les censeurs dans la Rome antique étaient des magistrats redoutables qui notaient d'infamie les citoyens au comportement jugé indigne. Boileau veut instituer, sur ce modèle et au moyen de la satire, une sorte d'instance morale pour susciter la peur et la honte chez ceux qui

---

34 *Satura I*, v. 107-108 : « Mais quel besoin as-tu d'aller écorcher les oreilles délicates avec le mordant de la vérité ? ». Pour Francesco Robortello, la satire lucilienne est avant tout « un poème mordant », « *mordax poema* » (*Explicationes de Satyra*, Florence, Laurentius Torrentinus Ducalis, 1548, p. 34).

35 *Satire VII*, v. 56-58, p. 39.

36 *Satire VII*, v. 77, p. 39 ; *L'Art poétique*, v. 158, p. 166.

37 *Discours satyrique au cynique Despréaux*, (1666 ?), BNF, Ms. 892, f° 74, r°-v°.

38 *Nouvelles remarques sur tous les ouvrages du sieur D****, La Haye, Jean Strik, 1685, p. 43.

39 *Discours au Roy*, v. 85-86, *Satire X*, v. 654-655, p. 11 et 78.

échappent à la loi. Mais à la différence de la magistrature romaine, ce tribunal des mœurs est seulement cautionné par l'énergie et le pouvoir de conviction de l'énonciateur. Quand Juvénal fait entendre sa colère, « l'épée dressée », « celui qui l'entend rougit, son âme se glace au souvenir de ses crimes, il sent perler la sueur dans son cœur coupable[40] ». Il faut que le « [le criminel] porte en soi, dans son cœur, jour et nuit un témoin de son crime » ; « *nocte dieque suum gestare in pectore testem[41]* ». Boileau rêve que son rire satirique retrouve cette densité comminatoire propre à exposer les vicieux et les hypocrites à la honte :

> Leur cœur qui se connaît, et qui fuit la lumière,
> S'il se moque de Dieu, craint Tartuffe et Molière[42].

Alexander Pope, un grand satirique anglais, disciple de Boileau, s'exclamera :

> *Yes, I am proud; I must be proud to see*
> *Men, not afraid of God, afraid of me;*
> *Safe from the Bar, the Pulpit, and the Throne,*
> *Yet touch'd and shamed by Ridicule alone[43].*

La satire est bien cette poésie qui consiste à « Discourir en Caton des vertus et des vices[44] », de manière à s'immiscer dans l'intimité des gens, à provoquer l'intimidation et la culpabilisation :

> Le mal est qu'en rimant, ma Muse un peu légère
> Nomme tout par son nom, et ne saurait rien taire.
> C'est là ce qui fait peur aux Esprits de ce temps,
> Qui, tout blancs au dehors, sont tout noirs au dedans :
> Ils tremblent qu'un Censeur, que sa verve encourage,
> Ne vienne en ses écrits démasquer leur visage,

---

40 *Satura I*, v. 165-167 : « *ense velut stricto* » ; « *infremuit, rubet auditor cui frigida mens est / criminibus, tacita sudant praecordia culpa* ».

41 Juvénal, *Satura XIII*, v. 198. Voir aussi *Satura VIII*, v. 149-150 ; *Satura XIII*, v. 217-226.

42 *Discours au Roi*, v. 101-102, p. 11.

43 *Epilogue to the satires*, v. 208-211, in *Poetical works*, éd. Herbert Davis, Oxford, New York, Oxford UP, 1989, p. 421 : « Oui, je suis fier ; je dois être fier de voir que les hommes qui n'ont pas peur de Dieu ont peur de moi ; ils échappent au tribunal, à l'Église, au trône, mais le Ridicule, à lui seul, les blesse et les couvre de honte ».

44 *Satire IX*, v. 8, p. 49. Caton l'Ancien est l'incarnation par excellence du sage romain et l'un des censeurs les plus prestigieux.

> Et, fouillant dans leurs mœurs en toute liberté,
> N'aille du fond du Puits tirer la vérité...
> Et que serait-ce donc, si Censeur plus tragique,
> J'allais t'y faire voir l'Athéisme établi[45]...

Dans la position de celui qui connaît la loi et sait évaluer le poids des fautes, le poète s'arroge le pouvoir d'un magistrat qui scrute les consciences. Il « figure en substitut du Père tout-puissant », qui juge, absout ou punit[46].

Comme la censure romaine, la satire s'attaque aux défauts et aux vices qui ne sont pas assez graves pour tomber sous le coup de la loi, mais qui blessent l'exigence de vertu, le bon sens et l'honnêteté. Lucilius

> Vengea l'humble Vertu, de la richesse altière,
> Et l'honnête Homme à pied, du Faquin en litière [...]
> On ne fut plus ni fat ni sot impunément :
> Et malheur à tout nom, qui propre à la censure,
> Put entrer dans un vers sans rompre la mesure[47]...

Boileau rêve donc d'exercer, grâce à la satire, un magistère moral qui revivifie la vieille « censure » des Romains et puisse recevoir une caution institutionnelle. En réalité sa marge de critique est limitée dans le domaine politique par le roi, qui ne supporte guère les remises en cause touchant aux institutions du royaume, mais aussi dans le domaine moral par la prédication religieuse.

Au XVIIᵉ siècle en effet, ce sont les ecclésiastiques qui disposent vraiment du droit de s'en prendre publiquement aux mœurs et aux vices de leurs contemporains. « La Prédication, écrit l'abbé de Villiers, est la plus noble de toutes les manières d'attaquer publiquement les vices : sa fin est d'établir la vertu et par conséquent de combattre les vices et d'y remédier[48] ». Les sermons de Bossuet, de Bourdaloue et

---

45 *Discours au Roy*, v. 81-88, *Satire X*, v. 654-655, p. 11 et 78.
46 Pierre Legendre, *L'Amour du censeur, Essai sur l'ordre dogmatique*, Paris, Éditions du Seuil, 1974, p. 163.
47 Chant II, v. 147-150 et 152-154, p. 166. Pour la métaphore du « miroir », *cf.* la définition de la comédie, Chant III, v. 353, p. 177.
48 *Traité de la satire, où l'on examine Comment on doit reprendre son prochain, et comment la satire peut servir à cet usage*, Paris, Jean Anisson, 1695, p. 150-151. L'auteur reconnaît cependant à la satire littéraire une marge de manœuvre : « il y a des vices qu'on ne peut utilement attaquer que par des satires et [...] il y a des personnes à qui on ne peut guère autrement

de Massillon font parfois preuve d'une grande virulence, notamment
lorsqu'ils s'en prennent à la vie mondaine qui relèvent souvent à leurs
yeux du « scandale[49] ». Face à une société où règne la concupiscence, les
prédicateurs usent volontiers de l'*éthos* véhément des prophètes de la
Bible, que raniment la colère du Christ contre les marchands du Temple,
puis celle des Pères de l'Église[50]. Ils n'hésitent pas à s'emporter avec
indignation contre les vices et les turpitudes de leurs contemporains.

Boileau a bien conscience d'empiéter sur un domaine qui ressortit
largement au clergé. Voilà pourquoi, dans une tradition qui remonte
aux humanistes de la Renaissance, mais qu'il revivifie en chrétien
pieux et sincère, il voudrait faire du sermon satirique un avatar laïque
et mondain du sermon religieux :

> Ce récit passe un peu l'ordinaire mesure.
> Mais un exemple enfin si digne de censure
> Peut-il dans la Satire occuper moins de mots ?
> Chacun sait son métier : suivons notre propos.
> Nouveau Prédicateur aujourd'hui, je l'avoue,
> Écolier, ou plutôt singe de Bourdaloue,
> Je me plais à remplir mes sermons de portraits[51]…

Boileau utilise cet argument pour justifier l'une de ses œuvres les plus
controversées, la *Satire* X contre les femmes. On le retrouve à la fin du
préambule qui ouvre son poème, pour désamorcer l'irritation de ses lec-
trices : « J'espère donc que j'obtiendrai aisément ma grâce et qu'elles ne
seront pas plus choquées des prédications que je fais contre leurs défauts
dans cette Satire, que des Satires que les Prédicateurs font tous les jours
en chaire contre ces mêmes défauts[52] ». La critique de la coquetterie et
de l'impudicité des femmes est l'un des thèmes privilégiés de la pastorale chrétienne dans le sillage des Pères de l'Église, comme Tertullien

---

faire connaître ces sortes de vices. La Prédication, se bornant […] à ce qui regarde la
religion et la piété, laisse une infinité de défauts auxquels elle ne touche presque point
et dont elle semble se reposer sur des corrections moins sérieuses » (p. 321-322).

49   Voir par exemple Bourdaloue, sermon *Sur le scandale*, in *Œuvres*, Paris, Lefèvre, Pourrat
Frères, 1868, t. I, p. 40-61. Voir Marion Gauthier, *Scandale et indignation dans les sermons
de Bossuet, Bourdaloue et Massillon*, Paris, Thèse Paris 7, 2017.

50   Voir par exemple saint Augustin, sermon LXXXI, *Sur les Scandales présents*, in *Œuvres
complètes*, Bar-le-Duc, Guérin et Cie, 1864-1872, t. VI.

51   *Ibid.*, v. 345-347, p. 71.

52   *Ibid.*, p. 63.

ou saint Jérôme[53]. Les prédicateurs s'emportent fréquemment contre l'émancipation des femmes de leur époque : elles vivent et prospèrent dans les apparences ; elles provoquent et illustrent la concupiscence de la chair ; elles constituent une menace pour la piété[54].

Il ne faut pas sous-estimer non plus dans ce mouvement d'accréditation éthique, l'ambition de Boileau d'être compté au nombre des grands moralistes de son époque : Molière d'abord, qui ne cesse de lui servir de modèle, Pascal, dont il paraphrase avec délectation *Les Provinciales* dans la *Satire XII sur l'Équivoque*, mais aussi « La Bruyère[55] » et « La Fontaine[56] ».

Ces modèles, qui permettent de constituer et de renforcer l'*éthos* de notre poète, confluent tous en réalité, comme nous le verrons plus loin, vers la *persona* du « Régent du Parnasse[57] », du critique littéraire, qui sait édicter ou rappeler les règles fondamentales du bon goût et du jugement.

DES *SATIRES* AUX *ÉPÎTRES*

Comprenant qu'il n'avancerait pas dans la carrière des lettres en pratiquant la satire au ton mordant et agressif, Boileau décida de changer sa stratégie et de renoncer autant qu'il lui était possible à ce genre sulfureux. C'est l'époque où il devient l'un des familiers de Guillaume de Lamoignon, Premier Président du Parlement de Paris. Ce magistrat influent le prend sous sa protection et l'invite aux séances de sa petite Académie. On y discute en particulier beaucoup de l'imperfection des lois et des aberrations de la jurisprudence. Or on sait quel point la

---

53 Voir Tertullien, *De l'ornement des femmes* ; saint Jérôme, *Lettre à Marcella, sur la maladie de Blésilla* (Rome 384), in *Œuvres*, Paris, Auguste Desrez, 1838, Série VI, p. 478.

54 Voir par exemple Bossuet, *Panégyrique de Sainte-Catherine*, in *Oraisons et panégyriques*, Paris, Classiques Garnier, 2014, t. II, p. 298-299 ; Bourdaloue, sermon *Sur le scandale*, in *OC*, Bar-le-Duc, L. Guérin, 1864, t. I, p. 34 ; *Sur les Tentations*, t. I, p. 228 ; Massillon, *Sermon Sur le Respect dans les temples*, in *OC*, Bar-le-Duc, L. Guérin et Cie, 1865-1867, t. I, p. 400.

55 *Satire X*, v. 646, p. 78.

56 *Ibid.*, v. 66, p. 64. Sur l'influence de La Fontaine sur Boileau, voir les notes de l'édition Jean-Pierre Collinet, *Satires, Épîtres, Art poétique*, Paris, Poésies/Gallimard, 1985, p. 286-343.

57 *Satire IX*, v. 127, p. 52.

satire, genre très goûté par les robins, se veut un lieu de méditation sur la justice du point de vue des mœurs. Cette méditation, Boileau va la poursuivre en écrivant des *Épîtres* en vers, genre en apparence plus neutre et plus adouci, afin de contraindre et de réfréner son tempérament naturellement protestataire et vindicatif[58]. En même temps, il travaille à son *Art poétique*, qui condense et résume les idéaux de la poésie classique française. En 1674, grâce au soutien de la toute-puissante Mme de Montespan, maîtresse du roi, et de sa sœur Mme de Thianges, mais aussi du grand Condé, il finit par être présenté au roi. Il est désormais pensionné et devient un écrivain officiel. La même année, il publie une nouvelle édition de ses œuvres qui comprend outre les *Satires* et les *Épîtres* (I à IV), *Le Lutrin* et la traduction du *Traité du sublime*, attribué au rhéteur Longin. Comme celui des satires, le recueil des *Épîtres* s'étoffe en 1682 (*VI* à *IX*) et en 1698 (*X à XII*).

Les *Épîtres*, tout comme l'*Art poétique*, sont en fait des satires édulcorées avec peine. Boileau ne parvient pas à brider sa mauvaise langue, comme l'atteste la récurrence à deux reprises de la rime *satire/écrire*, dans le poème liminaire[59]. On retrouve dans les *Épîtres* la même inspiration et les mêmes thèmes que dans les *Satires* : opiniâtreté apologétique, omniprésence de la critique des mauvais auteurs, inculpation du temps présent au nom des valeurs royales ou de celles du temps passé. L'inspiration satirique en tant que telle constitue même l'un des thèmes centraux du recueil. Le poète, même assagi par l'âge, a du mal à résister aux emportements de la Muse indignée qu'il associe à ses débuts dans la littérature :

> Faut-il dans la Satire encor me signaler,
> Et dans ce champ fécond en plaisantes malices,
> Faire encor aux Auteurs redouter mes caprices ?
> Jadis, non sans tumulte, on m'y vit éclater :
> Quand mon esprit plus jeune et prompt à s'irriter,
> Aspirait moins au nom de discret et de sage :
> Que mes cheveux plus noirs ombrageaient mon visage[60].

---

58 Voir Allen G. Wood, « La poétique de l'épître chez Boileau », in *L'Épître en vers au XVIIe siècle*, *Littératures classiques*, n° 18, 1993, p. 289-299 ; Sylvie Tonolo, *Divertissement et profondeur, L'Épître en vers et la société mondaine en France de Tristan à Boileau*, Paris, Honoré Champion, 2005.

59 *Épître I*, v. 1-2 et 177-178, p. 103 et 107.

60 *Épître V*, v. 4-10, p. 118.

Boileau s'interroge sur son itinéraire poétique, réfléchit sur sa vocation, retrace fièrement les grandes étapes de sa vie[61]. En réalité, les *Épîtres* ne font le plus souvent que commenter les effets provoqués par les *Satires* et la mauvaise réputation de leur auteur, comme l'attestent les pièces V, VI, VII, VIII, IX, X et XI. D'un bout à l'autre du recueil, Boileau traite explicitement ou en filigrane du même sujet : l'inspiration satirique et l'apologie du censeur dans le domaine des belles-lettres. Il continue en outre à batailler contre ses ennemis, à se justifier bec et ongle, mais aussi à défendre ses amis Molière et Racine (*Épître VII*). La poignante *Épître X*, conçue comme une œuvre testamentaire, condense la source d'inspiration profonde du recueil : réfléchir sur les limites et les pouvoirs de la satire sous la forme d'un autoportrait apologétique.

L'Art poétique relève moins de la théorie que la critique. Il peut être considéré, lui aussi, comme une longue satire littéraire qui adopte comme *dispositio* la typologie humaniste des genres poétiques. À défaut d'un magistère moral, qu'il n'a pu disputer au monarque et à l'Église, Boileau exerce en dernier ressort son agressivité et son plaisir de ridiculiser dans le strict domaine littéraire. Dans cette « œuvre de combat[62] », en pleine Querelle des Anciens et des Modernes, il plaide pour l'autonomie du littéraire vis-à-vis des pressions du temps présent. Au nom de son culte pour les auteurs anciens, il pourfend les carriéristes de la littérature, qui, en se réclamant exclusivement du présent, posé en norme indépassable, ne produisent que des œuvres où dominent la fadeur, l'affectation, l'enflure et la servilité courtisane. Même *Le Lutrin*, en dépit de sa forme héroï-comique et de ses six chants ordonnés par un récit, a du mal à ne pas apparaître comme une satire des faux dévots et des jésuites. La plainte que vient proférer la « Foi » au Chant VI prend vite la forme d'une satire qui consonne avec la *Satire XII sur l'Équivoque* et *L'Épître XII* sur l'attrition :

> Mais, depuis que l'Église eut aux yeux des Mortels,
> De son sang en tous lieux cimenté ses autels,
> Le calme dangereux succédant aux orages,
> Une lâche tiédeur s'empara des courages :
> De leur zèle brûlant l'ardeur se ralentit :
> Sous le joug des péchés, leur foi s'appesantit :

---

61 *Épître V*, v. 106-135, p. 120-121 ; voir aussi *Épître X*, v. 79-114, p. 143-144.
62 Marc Fumaroli, art. cité, p. 134.

> Le Moine secoua le cilice et la haire :
> Le Chanoine indolent apprit à ne rien faire,
> Le Prélat, par la brigue aux honneurs parvenu,
> Ne sut plus qu'abuser d'un humble revenu,
> Et pour toutes vertus fit, au dos d'un carrosse,
> À côté d'une mitre armorier sa crosse.
> L'Ambition partout chassa l'Humilité ;
> Dans la crasse du froc logea la Vanité[63]…

L'ensemble des longs poèmes boiléviens en alexandrins à rimes suivies relèvent ainsi de l'esprit de la satire, n'en sont que des avatars, témoignent tous de la même manière d'écrire et de voir le monde. La satire est le principe d'inspiration qui unifie toute l'œuvre de Boileau. Desmarets de Saint Sorlin le souligne à propos des *Satires* et des autres œuvres du recueil de 1674 : « on ne peut donner un autre nom à toutes les Œuvres de son recueil, puisqu'il n'y a ni Épître, ni Art poétique, ni Lutrin, qui ne soit une Satyre[64] ».

SATIRE ET JANSÉNISME

Les *Épîtres* nous livrent explicitement le soubassement janséniste de la pensée religieuse de Boileau. Dans l'*Épître III*, dédiée à son ami Antoine Arnauld, l'une des figures les plus rayonnantes de Port-Royal, il brosse un tableau tragique et angoissé de la condition humaine, vouée, depuis la faute d'« Adam », à la déchéance et à la « honte ». À l'exemple des prédicateurs et des penseurs chrétiens, il réécrit le récit de la Chute dans la Genèse :

> Mais quoi ? toujours la honte en esclaves nous lie.
> Oui, c'est toi qui nous perds, ridicule folie :
> C'est toi qui fis tomber le premier Malheureux,
> Le jour que d'un faux bien sottement amoureux,
> Et n'osant soupçonner sa femme d'imposture,

---

63   *Le Lutrin*, Chant VI, v. 31-44, p. 218-219. Sur la satire anticléricale dans *Le Lutrin*, voir Paul Joret, *Nicolas Boileau-Despréaux, Révolutionnaire et conformiste*, Paris-Seattle-Tübingen, 1989, p. 106-128.
64   *La Défense du Poème héroïque avec quelques remarques sur les Œuvres Satyriques du sieur D****, Paris, Jacques Le Gras 1674, Préface, non pag.

Au Démon par pudeur il vendit la Nature.
Hélas ! avant ce jour qui perdit ses Neveux,
Tous les plaisirs couraient au-devant de ses vœux[65].

Boileau reprend la distinction théologique entre les deux « états » qui définissent selon saint Augustin et les jansénistes la destinée humaine. Il y a « l'état » de l'homme avant le péché originel et « l'état » après le péché originel[66]. À « l'état » premier d'innocence succède « l'état » de la nature déchue :

Mais dès ce jour Adam déchu de son état,
D'un tribut de douleurs paya son attentat.
Il fallut qu'au travail son corps rendu docile
Forçât la terre avare à devenir fertile[67].

Tout l'édifice des *Pensées* repose sur cette dichotomie. L'observation des hommes conduit à l'énumération de leurs faiblesses et de leurs turpitudes, signes de leur déchéance. Pascal fait ainsi s'exprimer, au moyen d'une prosopopée, « la sagesse de Dieu » :

Mais vous n'êtes plus maintenant en l'état où Je vous ai formés. J'ai créé l'homme saint, innocent, parfait. Je l'ai rempli de lumière et d'intelligence. Je lui ai communiqué ma gloire et mes merveilles. L'œil de l'homme voyait alors la majesté de Dieu. Il n'était pas alors dans les ténèbres qui l'aveuglent, ni dans la mortalité et dans les misères qui l'affligent. Mais il n'a pu soutenir tant de gloire sans tomber dans la présomption, il a voulu se rendre centre de lui-même et indépendant de mon secours. Il s'est soustrait de ma domination et, s'égalant à moi par le désir de trouver sa félicité en lui-même, je l'ai abandonné à lui… […] Voilà l'état où les hommes sont aujourd'hui. Il leur reste quelque instinct impuissant du bonheur de leur première nature, et ils sont plongés dans les misères de leur aveuglement et de leur concupiscence qui est devenue leur seconde nature[68].

Cette théorie des deux « états » conditionne la vision tragique des *Pensées*, mais aussi en partie celle des œuvres de Boileau : la satire donne une réalité tangible à la misère de l'homme sans Dieu.

---

65 *Épître III*, v. 49-56, p. 111.
66 Voir *Deuxième Écrit sur la grâce*, p. 317.
67 *Épître III*, v. 63-66, p. 111.
68 *Pensées*, frag. 182, éd. Ph. Sellier, Paris, Classiques Garnier, 2010, p. 240-241. Voir aussi *Deuxième Écrit sur la grâce*, in *OC*, éd. L. Lafuma, Paris, Seuil, 1963, p. 317-318.

L'*Épître XII* tranche aussi avec le reste du corpus boilévien par sa tonalité théologique. Bien qu'elle soit intitulée *Sur l'amour de Dieu*, elle prend en fait la forme d'une satire passionnée contre ceux qui prêchent l'*attrition*, autrement dit ceux qui font reposer l'absolution des fautes moins sur l'amour de Dieu que sur la crainte des châtiments et de l'enfer. Plus que de « l'amour de Dieu », c'est de « la peur » du Diable qu'il traite en l'occurrence, conformément à la pente critique de son tempérament. Comme d'ailleurs Pascal dans les *Pensées*[69], il décrit plutôt les misères et les imperfections du monde présent qu'il ne formule positivement son expérience du divin et sa foi chrétienne. La présence de Dieu, il la perçoit, à travers le pessimisme augustinien, comme l'envers d'un monde misérable, en proie aux passions et aux vices. Elle est d'abord ressentie comme un vide et une absence.

La foi chrétienne de Boileau irrigue en profondeur ses textes. Dieu et les grands dogmes du christianisme constituent pour lui des valeurs suprêmes qu'il ne remet pas en cause et qui lui servent de base axiologique inébranlable. Dieu revient sans cesse sous sa plume, plutôt d'ailleurs le Dieu de colère et de vengeance de l'Ancien Testament, le « Dieu qui tonne », « le Dieu jaloux », « terrible en sa vengeance[70] ». La figure du Christ, si importante chez Pascal et impliquant un rapport plus fraternel à la divinité, ne joue presque pas de rôle chez lui sauf pour rappeler le dogme de l'Incarnation[71]. Dieu est l'argument ultime qui transcende toute considération humaine. La satire qu'il consacre à la question de l'honneur culmine ainsi sur un épiphonème affirmant « Que ce n'est qu'en Dieu seul qu'est l'honneur véritable[72] ». La négation restrictive *ne...que* absolutise la sentence et lui confère une valeur incontestable. Ce Dieu paternel, surmoïque et tout-puissant, dont la Bible nous dit qu'il « sonde les reins et les cœurs[73] », est bien la caution ultime d'une démarche morale et inquisitrice qui s'infléchit naturellement en acte de foi chrétienne.

Mais notre poète n'est pas un mystique qui recherche la dissolution de son moi dans l'extase sacrificielle et l'amour de Dieu. « Mystique » rime chez lui avec « fanatique » :

---

69 Le *Mémorial* constitue une exception.
70 *Satire I*, v. 163 ; *Satire X*, v. 503 ; *Satire XII*, v. 69, p. 16, 75 et 93.
71 *Satire XII*, v. 157-188, p. 95.
72 *Satire XI*, v. 206, p. 86.
73 Jérémie, 17, 10 ; Épître aux Romains, 8, 27.

> C'est ainsi quelquefois qu'un indolent Mystique,
> Au milieu des péchés tranquille Fanatique,
> Du plus parfait Amour pense avoir l'heureux don,
> Et croit posséder Dieu dans les bras du Démon[74].

Sont désignés dans ces vers les adeptes d'une forme de mysticisme appelé « quiétisme[75] », dont Michel Molinos[76], Madame de Guyon et Fénelon furent les figures marquantes. Cette doctrine vise à créer chez le fidèle un état de *quiétude*, de confiance et de passivité, propre à mieux ressentir la présence de Dieu. L'âme fait alors l'expérience d'un « pur amour ». Elle n'a plus d'effort à faire et l'idée même de péché n'existe plus pour elle[77]. Boileau, comme Bossuet et les jansénistes, combat vigoureusement « Molinos et sa mystique Bande[78] ». Le quiétisme à ses yeux finit par exonérer le croyant de toute obligation morale[79]. Or la morale pour Boileau, dont la satire est l'une des expressions, repose au contraire sur un volontarisme et un dynamisme qui poussent à s'engager dans les affaires humaines, à demeurer dans le monde présent et à peser la valeur éthique de chaque action.

Il se méfie par ailleurs des pratiques de dévotion, souvent spectaculaires à son époque. Il n'a pas de mots assez durs pour dénoncer la bigoterie et les marques trop ostensibles de piété. Comme Molière, il prend plaisir à démasquer le faux dévot, car il incarne par excellence l'hypocrisie et l'imposture fondées sur la manipulation des apparences :

> Mais allons voir le Vrai jusqu'en sa source même.
> Un Dévot aux yeux creux et d'abstinence blême,
> S'il n'a point le cœur juste est affreux devant Dieu.
> L'Évangile au Chrétien ne dit en aucun lieu :
> Sois dévot. Elle dit : Sois doux, simple, équitable.
> Car d'un Dévot souvent au Chrétien véritable
> La distance est deux fois plus longue, à mon avis,
> Que du Pôle antarctique au Détroit de Davis[80].

---

74 *Épître XII*, v. 87-90, p. 151.
75 *Satire X*, v. 621, p. 78.
76 *Satire XI*, v. 118, p. 84.
77 Voir Mme de Guyon, *Torrents spirituels*, deuxième partie, ch. II, Amsterdam, Poiret, 1720, p. 252-259.
78 *Satire XI*, v. 118, p. 84.
79 Voir *Satire X*, v. 620-624, p. 78.
80 *Satire XI*, v. 109-116, p. 84.

La casuistique des jésuites semble à Boileau tout autant un scandale que « le molinosisme[81] ». Elle s'emploie de façon perverse à excuser des fautes objectives en purifiant les intentions, ce qui revient à les déculpabiliser. La fin de la *Satire XII* présente ainsi un condensé des *Provinciales* de Pascal[82], ouvrage polémique que Boileau considère « comme le plus parfait qui soit en notre langue[83] ».

Ses ennemis ne manquent pas de le traiter de « janséniste exécrable[84] », et de fait il se sent proche des solitaires de Port-Royal. Mais sa foi chrétienne n'a pas le caractère absolu de Pascal, pour qui toute activité humaine, n'ayant pas Dieu, la mort et le salut comme finalités, est un « divertissement ». Engagé dans les affaires de la cité au service de son Prince, passionné par la poésie et le théâtre, goûtant joyeusement les plaisirs de l'amitié, il ne manifeste pas, à l'égard des hommes et de la société, un mépris sans appel. Sur le plan dogmatique, il se montre moins rigide que Pascal. Il pense que « Dieu pour tous les humains voulut être immolé[85] », ce qui est contraire à l'idée janséniste et augustinienne de prédestination. À la différence des penseurs de Port-Royal, il accorde à l'homme une marge de liberté qui lui permet de construire la cité des hommes et de s'adonner à la création littéraire, source de joie et d'élévation. Ses œuvres poétiques donnent finalement de lui plus l'image d'un moraliste épris de justice humaine et de vérité citoyenne que celle d'un chrétien qui envisage le sens de la vie uniquement en relation avec le salut. Comme La Bruyère ou Molière, il travaille indirectement à la laïcisation de la morale qui, de Montaigne aux philosophes des Lumières, caractérise l'évolution de la pensée et de l'éthique. La référence aux dogmes et aux textes sacrés compte moins pour lui que l'exercice de son propre jugement. Contrairement à Pascal, qui ne cesse de réduire à néant la « raison » humaine, Boileau fait d'elle une valeur cardinale susceptible d'établir un rapport tout humain à la vérité. Il s'inscrit dans la lignée des humanistes de la Renaissance, culminant avec Montaigne, qui tout en demeurant des chrétiens fervents, ne désespèrent pas de l'homme et de sa capacité à créer ici-bas les conditions de son bonheur.

---

81   *Satire X*, v. 622, p. 78.
82   *Satire XII*, v. 257-346, p. 97-99.
83   Lettre À *Antoine Arnauld*, Juin 1694, in *Lettres à divers*, XV, p. 792.
84   *Satire XII*, v. 326, p. 99.
85   *Ibid.*, v. 332, p. 99.

LA DIALECTIQUE
DE L'ÉLOGE ET DU BLÂME

Le blâme, dans la satire lucilienne, est corrélé à l'éloge dont il est une inversion. Il est inséparable d'un discours explicite ou implicite de louange. C'est pourquoi il n'est pas de satire sans l'éloge qui la rend possible et l'inspire. Et sans doute l'une des difficultés que nous avons à lire et apprécier les œuvres de Boileau, comme celles de ses maîtres, vient du fait que nous ne savons plus lire un poème d'éloge. Qu'il prenne la forme de l'épopée, de la tragédie ou de l'ode, les genres poétiques les plus prestigieux, l'éloge est doté d'une fonction à la fois exhaussante et fédératrice. Il doit produire l'admiration, pousser au dépassement de soi et donner le sentiment de participer à une communauté animée du même idéal. L'éloge royal est le paradigme de cette parole qui, à travers la personne, désigne l'idéal et rappelle les valeurs qui constituent le corps social. Au XVIᵉ et au XVIIᵉ siècle, l'éloge est omniprésent et l'on finit par ne plus pouvoir le distinguer de la basse flatterie. Certains poètes se mettent à la satire, parole dissidente et discordante, parce qu'ils ne supportent plus l'inflation de la louange. Ils en dénoncent le fonctionnement de manière à ce que l'acte de louer retrouve son crédit et sa vertu entraînante. Ils veulent mettre en balance les vertus des hommes dignes d'être célébrés et que représentent les dédicataires à commencer par le roi, avec les vices de ceux qui savent jouer habilement des apparences, mais sans mériter le crédit dont ils jouissent. La satire met ainsi pleinement en jeu le bipolarisme épidictique – *laus* et *vituperatio* – en sorte que le blâme est blâme seulement à cause de l'éloge qui le fonde.

SATIRE ET ANTI-ÉLOGE

Boileau fait de l'éloge l'un de ses thèmes et de ses enjeux principaux. Le poète sait bien que « La louange agréable est l'âme des beaux vers[1] ». Et de fait les éloges du roi, des écrivains qu'il admire comme Molière et Racine, ou de personnages de grande qualité, comme Antoine Arnaud, remplissent leur fonction entraînante et idéalisante. L'éloge du roi pré-domine. Louis XIV apparaît plus que jamais comme la clef de voûte de la poésie, à l'intérieur de la construction théologico-politique de la monarchie absolue. Comme aucun autre monarque auparavant, Louis XIV est devenu le destinataire principal de l'activité littéraire. Les *Satires* et les *Épîtres* s'ouvrent, comme il se doit, par une célébration de la personne royale et de ses actions. Le poète s'efforce de doter ces textes d'une fonc-tion unificatrice et dynamisante, de montrer le chemin de l'héroïsme et de réveiller les courages. Il figure l'essence divine du monarque et le déploiement généreux de sa grandeur en sorte que les sujets se sentent fédérés et soulevés, éprouvent avec fierté leur appartenance à un même destin collectif. Parole majorante et magnifiante, l'éloge dit l'idéal d'où découle la norme. Son ressassement s'explique en partie parce que la réalité ne correspond pas naturellement à l'idéal unitaire que Louis XIV s'efforce de promouvoir. Les querelles religieuses, la résistance larvée des grands féodaux, les aléas de la politique étrangère, continuent à menacer l'État. Le discours de l'idéal et de l'unité doit sans cesse contrecarrer les forces centrifuges qui guettent la moindre défaillance du pouvoir central. Le Prince y trouve un moyen de légitimer sa souveraineté et de prévenir toute tentative de faire éclater l'unité du royaume.

La satire cependant se définit comme blâme et anti-éloge. Comme les poéticiens n'ont cessé de le dire, elle doit provoquer non l'admiration, mais l'aversion. Elle se fixe comme objectif de fournir des critères de véridiction qui légitiment l'authenticité d'un discours. C'est pourquoi le jeune Despréaux revendique pour elle une marge d'indépendance face aux pouvoirs en place, aux institutions, mais aussi aux modes et aux coteries, qui infléchissent l'opinion publique[2]. Il veut faire de la satire un

---

1   *Épître IX*, v. 150, p. 136.
2   Voir Marc Fumaroli, art. cité, p. 144 et 147-148.

lieu de purification de la parole d'éloge. Le rire et l'indignation, l'usage d'une langue parfois réaliste et l'engagement performatif du locuteur lui servent à créer une enclave de vérité qui redonne de la substance aux valeurs et aux mots, qui diminue l'écart entre les mots et les choses, les intentions affichées et les actes. Il croit au pouvoir démiurgique de la poésie pour neutraliser, par le ridicule et l'intimidation, les manifestations de bassesse et de médiocrité. En recherchant l'expression claire et juste, il pense qu'on peut purger et désinfecter le langage, le soumettre à une requalification sémantique, redonner du sens à la parole d'éloge et aux valeurs qui le fondent.

C'est pourquoi il propose au roi d'accepter et de légitimer son irrévérence et sa liberté d'expression, de manière à rendre légitime une authentique parole de louange. Il voudrait le persuader d'une part que tous les éloges ne sont pas à mettre sur le même plan – dans beaucoup d'entre eux c'est l'intérêt du loueur qui prime et non celui du loué –, d'autre part que l'éloge authentique n'a de sens et de crédibilité que s'il est arrimé à une parole de blâme. Le *miel* de la louange ne peut exister sans le *fiel* de la satire[3]. D'un point de vue rhétorique, Boileau cherche à donner toute sa plénitude au genre *épidictique*. Appuyée sur l'éloge, la parole de blâme est de même nature que lui, elle mobilise la même énergie, elle participe au même idéal, celui du « noble guerrier[4] » et celui du chrétien exemplaire, qui dominent l'idéologie louis-quatorzienne. L'intimidation satirique doit faire contrepoids à la corruption des temps présents et à l'hyperbole stérilisante de la flatterie.

Les *Satires*, dès l'édition de 1666, s'ouvrent donc sur un éloge du roi, qui bascule aussitôt en réflexion critique sur les conditions de possibilité et de composition d'un panégyrique ainsi qu'en satire virulente des mauvais poètes qui se livrent à ce genre de poésie. Après s'être vite démarqué de la partie noble du genre épidictique, Boileau discute le bien-fondé de la parole de louange. Il met en garde contre les dévoiements possibles du discours encomiastique. Selon un mouvement typique dans la satire en vers, le panégyrique avorte, le poème cesse de faire l'éloge du Prince pour discuter des modalités de la louange et par contrecoup du

---

3   Les deux termes se trouvent à la rime dans le *Discours au Roi*, v. 75-76, p. 10. Voir notre article « Le miel et le fiel : *laus* et *vituperatio* dans la satire classique en vers », in *Hommage à Denis Baril, Recherches et Travaux*, n° 50, Grenoble, PU de Grenoble, 1996, p. 101-117.

4   Joseph Pineau, *op. cit.*, p. 75 et 327.

blâme. Boileau a beau jeu de montrer que l'inflation des panégyriques
est devenue telle que l'éloge finit par ne plus remplir sa vocation. La
médiocre qualité du loueur peut avoir en outre de graves conséquences
dans la mesure où, loin de remplir son office, la louange dégrade les
vertus du destinataire. Boileau ne veut pas leur être comparé :

> Ainsi, sans m'aveugler d'une vaine manie,
> Je mesure mon vol à mon faible génie :
> Plus sage en mon respect que ces hardis Mortels
> Qui d'un indigne encens profanent Tes autels ;
> Qui, dans ce champ d'honneur où le gain les amène,
> Osent chanter Ton nom, sans force et sans haleine ;
> Et qui vont tous les jours, d'une importune voix,
> T'ennuyer du récit de Tes propres exploits[5].

La flatterie entache toute louange. Loin de créer de l'énergie au service
du royaume, le flatteur ne sert en réalité que ses intérêts personnels tout
en berçant celui qu'il célèbre d'illusions qui altèrent son jugement[6].
Le destinataire n'est qu'un prétexte grâce auquel il se met lui-même en
valeur : « [Il] mêle en se vantant soi-même à tout propos, / Les louanges
d'un Fat à celles d'un Héros[7] ». Omniprésent, tentaculaire, obligatoire,
l'éloge a plus que jamais tendance à dégénérer en basse flagornerie, en
marque d'allégeance convenue et servile.

Tel est l'un des moteurs qui inspirent la composition des *Satires* de
1666. Boileau ne décolère pas devant une littérature qui se réduit à de la
brigue dissimulée et consiste surtout à satisfaire la vanité de l'auteur. Se
trouvent ainsi gravement perverties les valeurs cardinales de sa morale :
la vérité, la justice, la noblesse du cœur et l'honneur authentique. Le
manque de talent des thuriféraires porte en outre préjudice à ses idéaux
esthétiques fondés sur le culte du naturel, de la raison et de la beauté.
Boileau s'inscrit dans la grande tradition française qui, de Du Bellay à
Régnier, considère le blâme comme un antidote à la louange courtisane.
La satire est une discussion sur la validité de la parole d'éloge, sur son
authenticité et sur les conditions de sa possibilité.

---

5   *Discours au roi*, in *Satires*, v. 13-20, p. 9.
6   Sur le fonctionnement de la flatterie, voir Louis Marin, « Les tactiques du renard », in *Le
    Portrait du roi*, Paris, Les Éditions de Minuit, 1981, p. 117-129 ; Jean Starobinski, « Sur
    la flatterie », in *Le Remède dans le mal*, Paris, Gallimard, 1989, p. 61-90.
7   *Discours au roi*, in *Satires*, v. 23-24, p. 9.

C'est pourquoi, soucieux de donner consistance à sa propre vocation poétique, Boileau met en garde le roi contre les risques d'une dévaluation trop grande de la parole encomiastique. Il rappelle que « Pour chanter un Auguste, il faut être un Virgile[8] ». Il propose implicitement les conditions d'un pacte où la relation du poète et du Prince est redéfinie dans la perspective d'une poésie satirique permise et officialisée. C'est à ce prix que la gloire du roi sera éternelle[9]. Mais Louis XIV ne répondra qu'en partie à ce projet de magistère satirique. Boileau, pour lui plaire, sera même contraint de modifier sa stratégie. Il lui faudra délaisser le genre lucilien, jugé trop irrévérent, pour s'adonner à l'*épître* en vers, généralement perçue comme une forme d'expression plus inoffensive et plus propice à la célébration du roi. Sans devenir un courtisan cynique, il s'efforce alors de concilier son intégrité de poète et son désir de servir loyalement la couronne, en transférant l'énergie de son *éthos* fondamentalement satirique du côté de l'éloge. Et de fait le poème dédié *Au Roi* qui ouvre les *Épîtres* se différencie du *Discours au Roi* des *Satires*. Boileau y consacre plus de temps à célébrer la geste royale. Adoptant le style épique, il fait un long portrait du monarque guerrier et pacificateur :

> Je dirai les exploits de Ton règne paisible.
> Je peindrai les plaisirs en foule renaissants :
> Les oppresseurs du peuple à leur tour gémissants.
> On verra par quels soins Ta sage prévoyance
> Au fort de la famine entretint l'abondance.
> On verra les abus par Ta main reformés,
> La licence et l'orgueil en tous lieux réprimés[10]…

L'emploi du futur suggère une offre de service et une promesse d'épopée, selon le tropisme latent de la satire, mais il n'en sera rien et les *Épîtres* seront, elles aussi, des satires.

---

8   *Ibid.*, v. 68, p. 10.
9   Voir Marc Fumaroli, « Les abeilles et les araignées », in *La Querelle des Anciens et des Modernes*, Paris, Gallimard, 2001, p. 153.
10 *Épître I, Au Roi*, v. 130-136, p. 106.

L'INCAPACITÉ DE LOUER

Boileau a beau faire des efforts, il ne parvient pas à louer. Cette incapacité le désigne et l'installe comme satirique. À peine a-t-il commencé à célébrer le roi, au début des *Satires*, qu'il s'arrête et affirme sa posture décalée par rapport aux attentes habituelles :

> GRAND ROI, si jusqu'ici, par un trait de prudence,
> J'ai demeuré pour Toi dans un humble silence,
> Ce n'est pas que mon cœur vainement suspendu
> Balance pour T'offrir un encens qui T'est dû.
> Mais je sais peu louer, et ma Muse tremblante
> Fuit d'un si grand fardeau la charge trop pesante,
> Et dans ce haut éclat où Tu Te viens offrir,
> Touchant à Tes lauriers craindrait de les flétrir[11]…

Boileau fait jouer d'entrée son *éthos* de satirique inapte, par tempérament, à la louange, atteint d'aphasie poétique dès qu'il lui incombe de rédiger un panégyrique. À la fin du *Lutrin*, il voudrait faire l'éloge de Guillaume de Lamoignon, mais il n'y parvient pas non plus : « mon Esprit éperdu / Demeure sans parole, interdit, confondu ». Ne trouvant pas ses mots, le voilà comme un avocat incapable de parler en public : « Il hésite, il bégaye, et le triste Orateur / Demeure enfin muet aux yeux du Spectateur[12] ».

Ce mutisme, dès qu'il s'agit de louer, caractérise depuis Juvénal l'*éthos* satirique : « *nequeo laudare*[13] ». Les satiriques convertissent cette incapacité de circonstance en trait fondamental de leur caractère. Mais ils en font aussi un argument pour dénoncer la décadence des mœurs. Boileau impute volontiers son mutisme en matière encomiastique à la médiocrité des temps actuels. Déjà en difficulté pour célébrer le roi ou des êtres d'exception comme Lamoignon, il se trouve complètement dépourvu pour vanter les mérites de ses contemporains :

> S'il faut rimer ici, rimons quelque louange ;
> Et cherchons un Héros parmi cet univers,

---

11 *Discours au Roi*, v. 5-12, p. 9.
12 *Le Lutrin*, Chant VI, v. 167-168 et 175-176, p. 222.
13 *Satura III*, v. 42 : « je ne sais pas louer ».

> Digne de notre encens et digne de nos vers.
> Mais à ce grand effort en vain je vous anime :
> Je ne puis pour louer rencontrer une rime ;
> Dès que j'y veux rêver, ma veine est aux abois[14].

Avec impertinence et humour, il conclut ainsi une lettre adressée au duc de Noailles : « Tout cela, Monseigneur, me donnerait presque l'envie de faire ici votre éloge dans les formes ; mais comme il me reste très peu de papier, et que le panégyrique n'est pas trop mon talent, trouvez bon que je me hâte plutôt de vous dire que je suis avec un très grand respect, Monseigneur, Votre très humble et très obéissant serviteur[15] ».

Chaque fois que Boileau formule ce renoncement, il l'assume en réaffirmant sa singularité et la souveraineté de son jugement. Alors que l'auteur d'éloge, appointé par le pouvoir ou désireux de l'être, anéantit son moi, cède à une « extase sacrificielle » pour la plus grande gloire de son maître[16], il veut quant à lui conserver la maîtrise de son énonciation et rappeler que pour lui « Parnasse fut de tout temps un pays de liberté[17] ». Dès 1666, il se fixe une ligne de conduite dont il ne s'écartera guère. En affirmant la nécessité du blâme, il veut que soient reconnus l'intégrité de son esprit critique et les droits inaliénables de sa conscience :

> On ne me verra point d'une veine forcée,
> Même pour Te louer, déguiser ma pensée ;
> Et, quelque grand que soit Ton pouvoir souverain,
> Si mon cœur en ces vers ne parlait par ma main,
> Il n'est espoir de biens, ni raison, ni maxime,
> Qui pût en Ta faveur m'arracher une rime[18].

Même lorsqu'il se livre pleinement à l'éloge, par exemple en narrant, avec une diction épique, le roi traversant le Rhin avec son armée, il ne peut s'empêcher d'avouer qu'il lui en coûte, tellement il est rebuté par les noms propres à consonance germanique ou flamande :

> En vain, pour Te louer, ma Muse toujours prête,
> Vingt fois de la Hollande a tenté la conquête :

---

14 *Satire VII*, v. 22-27, p. 38.
15 *Lettres à divers*, XLIII, p. 830.
16 Marc Fumaroli, art. cité, p. 115.
17 *Le Libraire au Lecteur*, Préface de l'édition de 1666, p. 854.
18 *Discours au Roi*, v. 109-114, p. 11.

> Ce pays, où cent murs n'ont pu Te résister,
> GRAND ROI, n'est pas en vers si facile à dompter.
> Des villes que tu prends, les noms durs et barbares
> N'offrent de toutes parts que syllabes bizarres[19]...

À propos de son *Ode sur la prise de Namur* par le roi en 1692, il souligne à quel point il a « épuisé » pour l'occasion « toutes les hyperboles et toutes les hardiesses de [sa] langue », en sorte qu'il se trouve désormais à court d'« expressions » pour célébrer la geste royale[20].

Non sans irrévérence, il va jusqu'à présenter la louange du roi, qui lui est imposée par le rituel courtisan, comme un reniement de sa propension naturelle à la critique et au dénigrement. Renoncer à la satire, c'est comme renoncer à lui-même. Les *Épîtres* en témoignent, alors qu'elles devraient représenter un poète assagi et plus amène, décidé à mieux se concilier les faveurs du pouvoir. Mais la rime ramène obsessionnellement le sens de sa vocation et son désir profond, en dépit des résolutions qu'il s'efforce de prendre sans pouvoir les tenir. Pour lui, *écrire* ne cesse d'aller de pair avec *satire* :

> GRAND ROY, c'est vainement qu'abjurant la Satire,
> Pour Toi seul désormais j'avais fait vœu d'écrire...
>
> Pour moi, qui sur Ton nom déjà brûlant d'écrire
> Sens au bout de ma plume expirer la Satire...
>
> GRAND ROY, cesse de vaincre, ou je cesse d'écrire.
> Tu sais bien que mon style est né pour la Satire :
> Mais mon esprit contraint de la désavouer,
> Sous Ton règne étonnant ne veut plus que louer...
>
> Je n'admirais que Toy. Le plaisir de le dire
> Vint m'apprendre à louer au sein de la Satire[21]...

C'est pourquoi, à l'intérieur de la satire, l'éloge revêt plutôt les allures d'une *promesse d'éloge*, ce qui la transforme en propédeutique et la rend provisoirement acceptable. Régnier expliquait à Henri IV qu'il écrivait des satires pour apprendre son métier de poète et se préparer à la poésie d'éloge[22]. Boileau diffère quant à lui son entrée dans l'éloge,

---

19 *Épître IV*, v. 1-6, p. 113.
20 *Lettres à Racine*, XV, in *OC*, p. 758.
21 *Épître I*, v. 1-2, 177-178, p. 103 et 107 ; *Épître VIII*, v. 1-2, 69-70, p. 130 et 131.
22 *Satyre I*, v. 136-150, éd. G. Raibaud, Paris, Librairie Nizet, 1982, p. 14.

parce qu'il ne se sent pas encore prêt pour s'adonner pleinement à la poésie héroïque :

> Pour moi, qui, jusqu'ici nourri dans la Satire,
> N'ose encore manier la trompette et la lyre :
> Vous me verrez pourtant, dans ce champ glorieux,
> Vous animer du moins de la voix et des yeux[23]…

Qu'il passe de l'éloge au blâme ou du blâme à l'éloge, Boileau tente d'imposer, comme ses prédécesseurs, la même idée : l'éloge n'a d'authenticité qu'en corrélation avec le blâme. L'écriture satirique a pour fondement un éloge impossible qui prend acte d'une impuissance à nourrir la veine épique. En réfléchissant sur ses modalités, le poète cherche à comprendre les raisons de ce dysfonctionnement. Cette démarche, il l'entreprend sans mandat officiel, muni de sa seule énergie et de sa volonté de dénoncer le scandale et l'imposture. Le discours de blâme vise à revivifier la parole de louange, mais, ce faisant, Boileau formule et conforte son propre jugement. Avec un orgueil comparable à celui du roi, il affirme son idiosyncrasie et sa souveraineté par la pratique autonome et libre de son jugement : « La libre vérité fut mon unique étude[24] ». Le pouvoir de critiquer devient la forme qui définit sur un mode dialogique et conflictuel la structure du poème satirique, qu'il prenne la forme d'un dialogue avec le roi, ses dédicataires, ses ennemis ou lui-même[25]. À la louange unilatérale et monologique tournée vers le *consensus*, Boileau substitue une écriture qui suppose le conflit et la remise en cause, bref la discordance et le *dissensus*.

La satire est une écriture de l'écart et du conflit. Comme elle est arrimée au poète qui la conçoit et la présente dans l'espace public et qu'elle dépend d'un homme seul qui s'arroge le droit exorbitant de juger les autres, elle s'expose à de vives réactions et à la remise en cause de ses prétentions à la vérité et à l'objectivité. L'attaque appelle dès lors l'autodéfense. Autant la parole d'éloge peut être impersonnelle et conventionnelle, autant la satire implique l'engagement et la mise en avant du locuteur. L'*éthos* encomiastique n'a pas besoin de légitimer

23 Chant IV, v. 225-228, p. 185.
24 *Épître V*, v. 122, p. 121.
25 Sur cette forme critique et dialogique, voir Susan W. Tiefenbrun, « Boileau and his Friendly Enemy : a Poetics of Satirist Criticism », in *Signs of Hidden, Semiotic studies*, Amsterdam, Rodopi, 1980, p. 115-140.

son bien-fondé, celui du satirique en revanche demeure toujours sujet à
caution, comme celui de tout auteur comique. La dérision, l'indignation
et le dénigrement, exprimés dans l'espace public, ne vont jamais de soi.
Celui qui s'y adonne est d'emblée suspect de s'adonner à la médisance, à
la haine et à la colère. Voilà pourquoi Boileau est constamment tenu de
rendre des comptes, de mettre en avant sa probité, de donner des gages
de confiance. Cette *apologia pro satira sua*, à l'œuvre dès les origines du
genre, indexe l'auto-éloge sur la critique des autres. La médiocrité qu'il
reproche aux autres, il la dénonce en vantant son propre courage et un
pur désir de vérité.

L'ABSENCE DE LA SATIRE ANTI-CURIALE

La lecture des œuvres comiques de Boileau fait apparaître une
absence cardinale : il ne traite pas le thème de la cour. Or il s'agit du
thème majeur de la satire lucilienne au XVIe et au XVIIe siècle[26]. La
cour est une réalité sociale et politique. Elle est dotée d'une fonction
normative dans le domaine des mœurs, des arts et du langage. Elle
sert de référence pour définir la quintessence du savoir-vivre, qu'il
s'agisse du *corteggiano* de Castiglione ou de l'*honnête homme* comme
critère discriminant pour stigmatiser la disconvenance. Mais elle
est aussi un fantasme, un imaginaire. Elle fait miroiter une vie plus
intense, plus grandiose, plus magique, où les ambitions personnelles
sont censées connaître une accélération, où dans l'orbite du Prince on
approche le cœur du pouvoir et du sacré. Or ce lieu fantasmé engendre
beaucoup d'amertume et de déception. Il se renverse facilement en
condensé diabolique des vices et de l'imposture. C'est alors que la
cour produit la satire. On peut même dire que la poésie au XVIe et
au XVIIe siècle, lorsqu'elle cède le pas au lyrisme satirique, se confond
généralement avec le dénigrement de la cour. L'Arioste, Du Bellay,
Ronsard, La Taille, Aubigné, Vauquelin de la Fresnaye, Régnier, les
satiriques normands laissent éclater contre elle leur colère et leur verve

---

26 Voir notre livre *La Muse indignée*, Paris, Classiques Garnier, 2021, t. I, p. 304-309, 377-
378, 461-463, 494-496, 590-591, 678-691, 797-806.

comique afin d'inculper la décadence des temps présents, mais aussi de pallier des échecs et de trouver un exutoire à leur ressentiment. La satire anti-curiale s'inscrit dans une dialectique du for intérieur et de la vie publique, de la liberté et de la servitude, du sujet souverain et de l'aliénation collective. Elle retourne en expérience intime et en plaisir littéraire une réalité qui fut ou qui est source de souffrance et de désillusion. Elle contribue indirectement à l'histoire à long terme de la subjectivité. On peut même la considérer comme un agent majeur dans l'émancipation du sujet à la Renaissance et à l'Âge classique. Elle convertit le dégoût et la révolte en colère fracassante ou en jouissance comique. Elle donne corps à l'instance de dissidence et de repli qui formule la critique et offre une issue à la mélancolie.

Le comique anti-curial est à la mesure de l'investissement libidinal des poètes. Leur imagination burlesque transforme la cour en monde à l'envers, en comédie des apparences, en carnaval lugubre où sont niés la vertu, l'héroïsme et le mérite. La force tranquille du sage et la grandeur du héros y font place au délitement, au morcellement, au chaos centrifuge. Tandis que l'éloge aspire le réel dans un élan ascendant, synthétique et sublime, la flétrissure anti-aulique est au contraire saturation, atomisation, alourdissement. L'éloge tend à l'absolu en simplifiant le réel. La satire déconstruit et démultiplie. Vidé de toute noblesse authentique, le courtisan n'est plus que gesticulation et déguisement grotesques, agglomérat de détails enflés démesurément, hypertrophie de ce qui ne doit pas être. La cour vue par les satiriques polarise un imaginaire de la chute et de la décadence. Elle pousse à l'extrême la confusion et le renversement des valeurs : l'apparence et le vice prennent le pas sur le mérite et la vertu ; la véritable parole poétique fait place aux hyperboles de la flatterie et à la jubilation malsaine de la médisance ; l'envie et la cupidité l'emportent sur le sens du service et de l'honneur. Les nécessités de la brigue y contraignent à une plasticité métamorphique[27].

Mathurin Régnier développe, dans le sillage de ses prédécesseurs, une description de la cour où dominent la versatilité, la brigue, l'hypocrisie et l'intérêt :

---

27 Voir notamment Ronsard, *Élégie IV*, in *Œuvres complètes*, éd. J. Céard, D. Ménager, M. Simonin Paris, Gallimard, La Pléiade, 1994, t. II, p. 330-333 ; Agrippa d'Aubigné, *Les Tragiques*, liv. II, v. 1281-1298, éd. J.-R. Fanlo, Paris, Honoré Champion, 1995, t. I, p. 249-250.

> Car, pour dire le vrai c'est un pays étrange,
> Où comme un vrai Protée à toute heure on se change,
> Où les lois, par respect sages humainement,
> Confondent le loyer avec le châtiment
> Et pour un même fait, de même intelligence,
> L'un est justicié, l'autre aura récompense.
> Car selon l'intérêt, le crédit ou l'appui
> Le crime se condamne et s'absout aujourd'hui[28].

Le *je* lyrique du poète se développe par contraste. Il s'arrache à ce modèle dominant de la réussite sociale. Il définit son désir individuel d'émancipation et de vérité en affirmant un refus ostentatoire des valeurs courtisanes.

> [...] je ne suis point d'avis
> De dégager mes jours pour les rendre asservis [...]
> Or, quant à ton conseil qu'à la cour je m'engage
> Je n'en ai pas l'esprit, non plus que le courage.
> Il faut trop de savoir et de civilité,
> Et si j'ose en parler trop de subtilité... [...]
> Et puis je ne saurais me forcer ni me feindre... [...]
> Je ne saurais flatter et ne sais point comment
> Il faut se taire accort ou parler faussement[29]...

Critique féroce des mœurs auliques, affirmation d'un désir de sécession et de retraite, voilà les deux composantes de la satire anti-curiale. La cour représente, dans la satire française, le repoussoir des valeurs que défendent les poètes. C'est par rapport à elle qu'ils élaborent leur conception de la sagesse et qu'ils définissent leur propre identité. Elle est de surcroît accusée de tous les maux qui ont accablé la France pendant les guerres civiles, dans la mesure où y sévissent les ministres et les grands seigneurs qui donnent au Prince de mauvais conseils. Le recours à la satire est d'abord pour ceux qui s'y adonnent, au XVIe siècle et au début du XVIIe, un moyen de réparer ce qu'ils estiment être un manque de reconnaissance à leur endroit. Il est aussi un remède à leurs propres échecs pour devenir des courtisans favorisés par le Prince.

Or Boileau rompt avec cette tradition anti-curiale. Voilà sans doute l'une des originalités les plus frappantes de son œuvre satirique. « Étudiez

---

28 *Satyre III*, v. 77-84, éd. citée, p. 30-31.
29 *Ibid.*, v. 71-72, 89-92, 97 et 99-100, p. 30-31.

la Cour[30] », recommande-t-il aux futurs poètes comiques, mais ses œuvres n'abordent quasiment pas ce sujet. Non seulement il n'attaque pas la cour, mais il l'évoque à peine. Damon, le double de Boileau, qui décide de se retirer des tracas de la vie mondaine et qui, comme l'Arioste ou Régnier, se décrit comme un être inapte aux complications hypocrites de la vie sociale, ne fait pas la satire de la cour, mais celle de la capitale : « Mais moi, vivre à Paris ! Eh ! qu'y viendrais-je faire ? / Je ne sais ni tromper, ni feindre, ni mentir[31] ». Boileau a beau suggérer la difficulté de réussir à la cour, quand il rappelle que Saint-Amant y « parut », mais qu'il y fut « couvert de honte et de risée[32] », il a beau suggérer, au passage, que le courtisan n'a pas « de sentiments à soi[33] » ou bien se moquer de ceux qui font preuve de mauvais goût – « Tous les jours à la Cour un Sot de qualité / Peut juger de travers avec impunité[34] » –, il montre surtout qu'il la respecte et la considère comme une référence normative permettant de stigmatiser l'anti-norme. Il écrit d'ailleurs toujours le terme « Cour » avec une majuscule. Elle est une instance de jugement qui soutient celle de ses satires : écrire de mauvais vers, c'est ennuyer « le Roi » et « toute la Cour[35] ». Guilleragues, personnage haut placé dans l'entourage de Louis XIV, apparaît ainsi comme le courtisan parfait et respectable, qui peut servir de modèle : « Esprit né pour la Cour, et maître en l'art de plaire, / GUILLERAGUES, qui sais et parler et te taire[36] ». La cour décide du bon goût. Le Chant I de *L'Art poétique* nous explique ainsi comment elle a fini par bannir la poésie burlesque qui fut à la mode pendant un moment[37]. Réussir dans le domaine littéraire, selon notre poète, c'est d'abord séduire « la Cour et la Ville[38] ». C'est pourquoi il s'efforce d'écrire des œuvres qui savent « contenter en paraissant au jour, / Ce qu'ont d'esprits plus fins et la Ville et la Cour[39] ».

Quelle différence avec les univers satiriques de La Fontaine et de La Bruyère ! *Les Fables* et *Les Caractères* nous présentent une radiographie

---

30 *L'Art poétique*, Chant III, v. 391, p. 178.
31 *Satire I*, v. 42-43, p. 14.
32 *Satire I*, v. 104 et 106, p. 15.
33 *Épître IX*, v. 138, p. 136.
34 *Satire IX*, v. 173-174, p. 53.
35 *Satire IX*, v. 102, p. 51.
36 *Épître V*, v. 1-2, p. 118.
37 Chant I, v. 79-97, p. 159.
38 *Épître VI*, v. 73, p. 124.
39 *Épître XI*, v. 55-56, p. 146.

impitoyable et longuement développée du fonctionnement de la cour et du comportement de ceux qui la fréquentent. Comme Aubigné, Vauquelin ou Régnier, ils la peignent avec des couleurs sombres. Elle est un lieu de perdition et de fausseté où seules comptent les apparences, où seuls les fourbes réussissent.

On peut justifier l'absence du thème anti-curial chez Boileau en rappelant qu'il fut lui-même, à partir de 1674, un courtisan et un poète officiel. Pensionné par le roi, il fut nommé historiographe et entra à l'Académie française en 1684. Il fut donc un poète heureux jouissant d'une reconnaissance royale et institutionnelle, qui le mettait à l'abri du besoin et qui le dispensait de se plaindre du manque de notoriété. C'est ainsi qu'il résume, avec gratitude, son destin exceptionnel :

> J'allai d'un pas hardi, par moi-même guidé,
> Et de mon seul génie en marchant secondé,
> Studieux amateur, et de Perse, et d'Horace,
> Assez près de Régnier m'asseoir sur le Parnasse ;
> Que par un coup du sort au grand jour amené,
> Et des bords du Permesse à la Cour entraîné,
> Je sus, prenant l'essor par des routes nouvelles,
> Élever assez haut mes poétiques ailes ;
> Que ce Roi dont le nom fait trembler tant de Rois
> Voulut bien que ma main crayonnât ses exploits ;
> Que plus d'un Grand m'aima jusques à la tendresse ;
> Que ma vue à Colbert inspirait l'allégresse ;
> Qu'aujourd'hui même encor de deux sens affaibli,
> Retiré de la Cour, et non mis en oubli[40] ;
> Plus d'un héros épris des fruits de mon étude
> Vient quelquefois chez moi goûter la solitude[41].

Satirique heureux, bourgeois comblé par la faveur du Prince, Boileau fait cependant subir à la satire classique en vers une profonde évolution. En la privant de sa dimension anti-curiale, il lui ôte sa plus vive source d'inspiration. Il la prive de sa raison d'être en la coupant de la tradition qui l'a justifiée depuis la Renaissance. Voilà peut-être l'une des raisons qui ont programmé le déclin, puis la mort de la satire lucilienne au XVIIIe siècle.

---

40   À cause de ses problèmes de santé, Boileau cessa de paraître à Versailles à partir de 1690.
41   *Épître X*, v. 99-114, p. 143-144.

ANTI-ÉLOGE ET SATIRE HONNÊTE

L'énergie du blâme qui inspire Boileau repose sur un désir inassouvi d'épopée, mais aussi sur l'idéologie de l'honnêteté et le projet d'imposer dans le champ littéraire une forme de satire qui soit compatible avec les impératifs de la civilité. Le ridicule apparaît dans cette optique comme un facteur de régulation sociale, une sorte de sanction informelle qui désigne le pervers ou l'extravagant de façon à l'intimider. Il s'agit en outre pour le poète de combattre tout ce qui fait offense au naturel et au bon goût.

L'ARME DU RIDICULE

Pour atteindre au sublime dont fait preuve Juvénal, il eût fallu pratiquer la grande satire politique, pouvoir s'attaquer, à l'exemple du poète romain, à des personnages comme Séjan, Domitien ou Messaline, « *meretrix Augusta*[42] », « la putain impériale ». Mais Boileau n'a pas les coudées franches pour aborder la haute politique ou les questions religieuses. Le roi ne le tolère pas, comme en témoigne son opposition à la parution de la *Satire XII*, où le poète s'en prend aux jésuites. Boileau est donc cantonné dans la sphère sociale et littéraire. À défaut de s'illustrer dans la satire politico-religieuse et d'imposer son style héroï-comique, il veut au moins lancer des attaques contre les individus grossiers, arrogants, abusifs, bref insupportables, à partir des idéaux de l'*honnêteté* et du respect des bienséances. Il revendique l'exercice d'un magistère moral, sur le modèle de la censure romaine, qui fait peser sur les imposteurs, les vicieux, les rustres et les prétentieux, la menace du ridicule. La justice punit les délits et les crimes qui tombent sous le coup de la loi, la satire sanctionne de manière informelle ceux qui contreviennent aux normes sociales et aux règles de l'esthétique. À côté des lois, qui exercent de fait leur autorité, les mœurs constituent elles aussi un instrument de pression. Tombent sous le coup de la satire et du ridicule ceux qui se rendent coupables d'une disconvenance, d'un manquement au *quod decet* dans le domaine des mœurs. Sur ce point, la poétique de Boileau est conforme à celle de Molière, telle qu'elle s'exprime dans la *Lettre sur la comédie de l'Imposteur*, qui, si elle n'est pas du

---

42 Juvénal, *Satura VI*, v. 118.

dramaturge lui-même, est inspirée par lui. Le comique y est décrit comme le sentiment d'un écart par rapport au code de la civilité : « la disconvenance est l'essence du Ridicule[43] ». L'être humain est naturellement doté d'une raison qui procure deux sortes de plaisir : un plaisir qui provient de la coïncidence entre ses attentes et la réalité, mais aussi un plaisir qui peut naître du « ridicule », autrement dit de l'écart entre ses attentes et le réel :

> Or ce plaisir, quand il vient des choses raisonnables, n'est autre que cette complaisance délicieuse qui est excitée dans notre esprit par la connaissance de la Vérité et de la Vertu, et quand il vient de la vue de l'ignorance et de l'erreur, c'est-à-dire de ce qui manque de Raison, c'est proprement le sentiment par lequel nous jugeons quelque chose ridicule[44].

Le « ridicule » apparaît comme la perception d'un écart entre une norme et un comportement extravagant. Cette norme, conforme à l'idéal de l'honnête homme tel que les moralistes ne cessent de le représenter, se traduit socialement par « la convenance » et la « bienséance » :

> Le Ridicule est donc la forme extérieure et sensible que la providence de la Nature a attachée à tout ce qui est déraisonnable, pour nous en faire apercevoir, et nous obliger à le fuir. Pour connaître ce Ridicule il faut connaître la Raison dont il signifie le défaut, et voir en quoi elle consiste. Son caractère n'est autre, dans le fond, que la convenance, et sa marque sensible, la bienséance, c'est-à-dire le fameux *quod decet* des anciens [...]. De là vient que ce qui sied bien est toujours fondé sur quelque raison de convenance, comme l'indécence sur quelque disconvenance, c'est-à-dire le Ridicule sur quelque manque de Raison[45].

Cette analyse du ridicule définit la pratique de la satire chez Boileau : souligner l'écart qui sépare un comportement extravagant ou extrême par rapport au code de la civilité, mais aussi, en matière littéraire, aux règles du *bon goût*. La satire est ainsi envisagée comme un mécanisme de régulation sociale au service du bien commun et de la paix civile. Elle atteste le pouvoir de contrôle et de sanction qu'exercent les mœurs de façon explicite ou implicite.

Dans cet esprit, Boileau est l'un des rares au XVIIe siècle à retenir la leçon d'Isaac Casaubon et à orthographier « satire » avec un *i* et non pas

---

43   *Œuvres complètes*, éd. G. Forestier et Cl. Bourqui, Paris, Gallimard, La Pléiade, 2010, t. II, p. 1193.
44   *Ibid.*
45   *Ibid.*, p. 1174.

avec un *y*, de manière à bien l'extraire du voisinage sulfureux et vulgaire des satyres chèvre-pieds. Il s'agit de la purifier de tout ce qu'elle pourrait contenir de brutal, de rustre et d'obscène. Guillaume de Lamoignon, rappelle le poète, le félicita « d'avoir purgé, pour ainsi dire ce genre de Poésie de la saleté, qui lui avait été jusqu'alors comme affectée[46] ». Quand il fait l'historique du genre, c'est au nom des bienséances, dont il se veut un gardien jaloux, qu'il définit le style satirique :

> Le Latin dans les mots brave l'honnêteté,
> Mais le lecteur François veut être respecté :
> Du moindre sens impur la liberté l'outrage,
> Si la pudeur des mots n'en adoucit l'image,
> Je veux dans la Satire un esprit de candeur,
> Et fuis un effronté qui prêche la pudeur[47]...

Boileau fait de l'« esprit de candeur » une vertu cardinale de la satire. La « candeur », autrement dit la franchise, la sincérité, l'amour de la vérité, est alors, comme en témoigne Furetière, l'un des apanages de l'*honnêteté* : « Un honnête homme doit être *candide*, avoir l'âme *candide* ». C'est aussi sur le terrain de l'honnêteté que Boileau pense pouvoir détrôner Régnier, accusé d'incarner une forme de satire fondée sur un cynisme revendiqué et la pratique d'un langage qui ne recule pas devant l'obscénité :

> Heureux ! si ses Discours craints du chaste Lecteur,
> Ne se sentaient des lieux où fréquentait l'Auteur ;
> Et si du son hardi de ses rimes Cyniques,
> Il n'alarmait souvent les oreilles pudiques[48]...

Les satiriques manifestent traditionnellement une virilité ostentatoire, qui a pour corollaire une misogynie agressive. Comme ses prédécesseurs, Boileau se déchaîne contre les femmes. Il écrit contre elles sa plus longue satire (738 vers). Mais s'il se montre un anti-féministe convaincu, il ne veut cependant pas manquer aux préceptes de la bienséance que les femmes ont tellement contribué à forger tout au long du XVIIe siècle et dont elles se montrent des gardiennes attentives. Là encore Boileau prétend innover. C'est la raison pour laquelle il fait précéder son poème

---

46 *Le Lutrin, Avis au Lecteur, op. cit.*, p. 190.
47 *L'Art poétique*, II, v. 175-179, p. 167. Voir *Épître X*, v. 86, p. 143.
48 *Ibid.*, v. 171-174, p. 166.

d'une préface *Au lecteur* où il justifie ses violentes attaques contre les
« vices » du « Beau Sexe » et reconnaît le risque qu'il encourt de manquer
à « la bienséance ». Il se flatte « dans une matière aussi délicate [...] de
ne pas laisser échapper un seul mot qui pût le moins du monde blesser
la pudeur ». Et pour se dédouaner par avance, il joue avec habileté sur
l'analogie entre satire et prédication religieuse[49].

LA QUESTION DE LA NATURE ET LA RECHERCHE DU NATUREL

L'idéologie de l'honnêteté suppose une philosophie de la Nature qui
se traduit dans le domaine social et artistique par la revendication du
naturel. L'idée de Nature sous-tend celle de naturel, comme perception
de la réalité telle qu'elle est ou bien comme idéal d'une coïncidence
entre l'être et le paraître. Nature et naturel se prouvent moins qu'ils ne
s'éprouvent. Le naturel n'existe pas dans l'absolu. Il s'agit d'une notion
relative, qui se définit toujours par rapport à un code et à l'intérieur
de divers systèmes d'oppositions comme celui qui l'établit en antithèse
avec l'artifice et l'affectation.

Pour Boileau et les gens de son milieu, le naturel est d'abord une
notion mondaine et aristocratique, un signe de reconnaissance sociale
lié à la maîtrise des codes. Il repose sur un processus de civilisation, la
prise en compte d'un espace-temps donné et la perception d'un seuil
différentiel. Ne perçoit le naturel, dans un groupe social donné, que
celui qui a la maîtrise des codes. Le naturel mondain repose sur la
connivence et la complicité, un art de l'allusion et de l'ellipse. Il induit
l'appartenance à une caste. Il se traduit par la conscience et la jouissance
de valeurs partagées en sorte qu'il procure un sentiment d'aisance et de
liberté. Il rend possible la *sprezzatura*, la nonchalance, l'impertinence.
Furetière définit le naturel comme « ce qui est libre, qui n'est point
forcé ». Le naturel est donc en fait, d'un point de vue social, une valeur
paradoxalement et intensément culturelle : c'est la nature qui trouve son
épanouissement dans la culture, qui révèle grâce à la médiation de la
culture la beauté de la nature. Il donne à la caste des nobles, mais aussi
à la classe bourgeoise, un sentiment d'appartenance et de supériorité.

Pour le moraliste d'obédience janséniste qu'est Boileau, le terme Nature
revêt aussi un sens éthique et religieux. Dévoiler la Nature, c'est aussi faire

---

49 *Satire X*, éd. citée, p. 62-63.

apparaître le « siècle de fer[50] », le fond corrompu de la nature humaine, le monde d'après la Chute, en proie au péché sous toutes ses formes et sans autre issue que de s'en remettre à Dieu. « Car la foi chrétienne, écrit Pascal, ne va presque qu'à établir ces deux choses : la corruption de la nature, et la rédemption de Jésus-Christ[51] ». C'est ce monde crépusculaire que décrivent la *Satire XII*, l'*Épître III* et l'*Épître XII*. L'être humain est fondamentalement corrompu parce qu'Adam a commis le péché originel : « Et n'osant soupçonner sa femme d'imposture, / Au Démon, par pudeur, il vendit la Nature[52] ». La rime *imposture/Nature* révèle le pessimisme foncier du chrétien janséniste, conscient de la noirceur du monde et du tragique de la nature humaine. La réflexion éthique chez Boileau oscille entre le renforcement de l'idéal socio-esthétique de l'honnête homme et la méditation chrétienne.

Qu'il s'agisse d'exprimer un idéal normatif, conforme aux exigences mondaines, ou une réalité anthropologique, inspirée par le christianisme, la Nature et le naturel, comme l'honneur, ne sont jamais mieux perçus qu'au moment où ils font défaut. Manquer au naturel en société, c'est commettre un impair ou une faute de goût, c'est déroger au code de civilité qui cimente les valeurs d'un microcosme social. C'est aussi cacher la Nature, qui, même avec ses défauts, vaut toujours mieux :

> Le faux est toujours fade, ennuyeux, languissant :
> Mais la Nature est vraie, et d'abord on la sent.
> C'est elle seule en tout qu'on admire et qu'on aime.
> Un Esprit né chagrin plaît par son chagrin même.
> Chacun pris dans son air est agréable en soi.
> Ce n'est que l'air d'autrui qui peut déplaire en moi[53]...

Le satirique, en quête de naturel, se fixe dès lors pour mission de démasquer les hypocrites et les imposteurs, de contrecarrer l'opiniâtreté des hommes à se dissimuler :

> Sans cesse on prend le masque, et quittant la Nature,
> On craint de se montrer sous sa propre figure.
> Par là le plus sincère assez souvent déplaît.
> Rarement un Esprit ose être ce qu'il est[54]...

---

50 *Satire I*, v. 63 ; *Satire XI*, v. 180, p. 14 et 85.
51 *Pensées*, éd. Ph. Sellier, Paris, Classiques Garnier, frag. 681, p. 515.
52 *Épître III*, v. 53-54, p. 111.
53 *Épître IX*, v. 85-90, p. 135.
54 *Épître IX*, v. 71-74, p. 134.

Mais le satirique est là, il guette, il est prêt à dévoiler ce qui est caché,
à le désigner comme une faute morale :

> Le Naturel toujours sort, et sait se montrer.
> Vainement on l'arrête, on le force à rentrer,
> Il rompt tout, perce tout, et trouve enfin passage[55].

Dans cette optique, la satire boilévienne, à l'instar de la comédie
moliéresque, combat l'affectation, la faute de goût, l'extravagance, car
elles altèrent la fluidité des échanges et l'harmonie du corps social. De
même qu'elle prolifère sur les décombres d'une épopée impossible, elle
s'emploie à suggérer une éthique et une esthétique de la Nature en
dénonçant avec énergie tout ce qui cherche à tromper et à faire illusion,
ou bien encore ce qui marque l'effort pesant et laborieux. Comme la
vérité, la Nature est cachée, elle nécessite l'action décapante et salutaire
du poète qui fournit les moyens de l'appréhender ou de la retrouver :
« L'esprit avec plaisir reconnaît la nature[56] ». Plus encore que l'épique et
le tragique, le comique, en prise avec la réalité quotidienne, doit refléter
la Nature dans un langage qui allie la justesse et l'efficacité, sur une
scène de théâtre, mais aussi bien sûr dans la satire :

> Que la Nature donc soit votre étude unique,
> Auteurs qui prétendez aux honneurs du Comique.
> Quiconque voit bien l'Homme, et d'un esprit profond,
> De tant de cœurs cachés a pénétré le fond :
> Qui sait bien ce que c'est qu'un Prodigue, un Avare,
> Un Honnête homme, un Fat, un Jaloux, un Bizarre,
> Sur une scène heureuse il peut les étaler. [...]
> Jamais de la Nature il ne faut s'écarter[57]...

Le problème esthétique que le naturel pose à Boileau est celui de sa
représentation. Tel est l'un des enjeux de *L'Art poétique*. Dans l'absolu,
l'expression du naturel suppose une identité entre l'être et le paraître,
l'intention et sa réalisation. Mais souvent il y a décalage, divorce entre

---

55   *Satire XI*, v. 43-45, p. 82.
56   *L'Art poétique*, Chant III, v. 108, p. 171.
57   *L'Art poétique*, Chant III, v. 359-365 et 414, p. 177 et 179. *Cf.* Mme de Sévigné : « Ne
     quittez jamais le naturel : votre tour s'y est formé, et cela compose un style parfait » (À
     Madame de Grignan, 18 février 1671, in *Correspondance*, éd. R. Duchêne, Paris, Gallimard,
     La Pléiade, 1972, t. I, p. 161).

le naturel en tant qu'expérience intérieure et la représentation en tant qu'extériorité. Le décalage est d'autant plus criant que la représentation procure un sentiment de malaise et sonne faux. Boileau s'en prend ainsi à ce qu'il appelle « l'ambitieuse emphase[58] » ou « l'enflure de paroles[59] », qui consistent en un gonflement inapproprié de la forme par rapport au sens. Elles caractérisent le style épique de Brébeuf :

> Mais n'allez point aussi, sur les pas de Brébeuf,
> Même en une Pharsale, entasser sur les rives,
> De morts et de mourants cent montagnes plaintives[60].

Il en va de même pour le poème de Georges de Scudéry intitulé *Alaric, ou Rome vaincue* :

> N'allez pas dès l'abord, sur Pégase monté,
> Crier à vos Lecteurs, d'une voix de tonnerre :
> *Je chante le Vainqueur des Vainqueurs de la terre.*
> Que produira l'Auteur après tous ces grands cris ?
> La montagne en travail enfante une souris[61].

Le naturel, dans le domaine poétique, ne peut se passer de la représentation. C'est là tout le paradoxe : il y a l'expérience intime du *naturel* et l'*effet de naturel*. Comment exprimer le naturel dans la représentation, sans être piégé par elle ? Comment formuler un rapport singulier au monde dans les codes sociaux et littéraires sans être aliéné par les systèmes de représentation ? Boileau répond à ces questions en s'attaquant aux œuvres médiocres qui apparaissent comme des excroissances qui choquent le bon goût, mais aussi en affichant sa sincérité, sa probité, sa « candeur[62] ». À propos de ses œuvres, il écrit :

> Si quelque Esprit malin les veut traiter de fables,
> On dira quelque jour, pour les rendre croyables
> Boileau qui dans ses vers pleins de sincérité
> Jadis à tout son siècle a dit la vérité[63]...

---

58 *L'Art poétique*, Chant I, v. 203, p. 161.
59 *Discours sur le style des inscriptions*, in *OC*, éd. citée, p. 612.
60 *L'Art poétique*, Chant I, v. 100, p. 159.
61 *L'Art poétique*, Chant III, v. 270-273, p. 175.
62 *Épître X*, v. 86, p. 143.
63 *Épître I*, v. 185-190, p. 107.

Il veut prouver, par sa pratique de la satire, qu'il n'a pas cherché à dissimuler sa nature mélancolique et bilieuse, qu'il n'a pas non plus manqué
au naturel en s'efforçant de dire aussi exactement que possible ce qu'il
pense et ressent, dans les bornes de la civilité.

BOILEAU ET ALCESTE

Un mythe littéraire permet d'éclairer la personnalité complexe de Boileau et sa difficulté à imposer un *éthos* de satirique qui soit compatible avec l'évolution des mœurs et les attentes du public en matière de comique. Il s'agit d'Alceste, le héros du *Misanthrope* de Molière. Ce personnage emblématique pousse à l'extrême les données qui caractérisent traditionnellement le poète satirique tout en formulant l'impasse à laquelle il est finalement réduit.

L'*ÉTHOS* MOLIÉRESQUE DU *PATER IRATUS*

La parole satirique fait ressurgir une violence que l'économie de la louange, à la cour et dans les salons, a justement pour but de réprimer. La paix civile, assurée par le Prince et les espaces de civilité des salons, repose sur un pacte social où les pulsions agressives sont contenues et sublimées au profit de l'harmonie collective. L'homme de cour, l'honnête homme doivent avoir étouffé en eux ce qui peut signaler le fanatique zélé, le spécialiste au langage technique et pédant, mais aussi le satyre à l'*éros* brutal et au verbe injurieux. Les rapports *honnêtes*, policés par la conversation, impliquent un sacrifice des *ego*, qui garantit un commerce de bonne compagnie. La situation du satirique devient dès lors vite intenable. Il a besoin de la protection du roi et des Grands, mais en même temps il ne veut pas renoncer aux prérogatives de son jugement. Il ne veut pas non plus endurer le mépris dont peuvent être victimes les thuriféraires prolixes et maladroits, sous la forme de ce que Jean Starobinski appelle un « retour agressif » : ceux qui rampent devant leur maître ne manquent pas d'en éprouver une honte qui peut se convertir en désir de vengeance, mais avec le risque que le maître s'en aperçoive

et n'exerce sa violence ou du moins son mépris[1]. Comment louer sans
flatter? Comment « de l'Ami discerner le Flatteur[2] » ?

Tel est le dilemme que Boileau s'efforce de résoudre en indexant la
louange sur la vérité, autrement dit en affirmant les droits du jugement
individuel. La violence et l'intrépidité de la satire se trouvent ainsi jus-
tifiées dans un « système de *dénégation*[3] » – je te loue, mais sache que je
n'aime pas louer – qui permet au poète d'échapper au mépris du loué et
de conserver sa fierté ainsi que l'indépendance de son for intérieur. Mais
ce faisant, le satirique s'exclut du jeu social et courtisan qui implique la
concession et la réciprocité permanentes. Il n'échappe pas à l'isolement
du misanthrope qui maintient l'intégrité de sa conscience, mais au prix
d'une marginalisation. Son entreprise éthique et poétique aboutit ainsi
à une impasse. Et de fait, il se révèle au bout du compte impossible de
« louer au sein de la Satire[4] ». Le destin du satirique semble fatalement
celui du Damon de la *Satire I*, la retraite et la solitude, loin de Paris et
de ses turpitudes. Même le changement de tonalité dans les *Épîtres* ne
permet pas à Boileau de rendre acceptables les conditions d'un éloge
véritable.

Le théâtre de Molière absorbe largement l'esprit de la satire classique
en vers et l'on comprend pourquoi Boileau se montre si envieux des
talents comiques de son contemporain. Non seulement les cibles de ses
pièces sont aussi celles des poèmes luciliens, mais son apologie de la
comédie se confond avec celle de la satire : « Le Devoir de la Comédie
étant de corriger les hommes en les divertissant, j'ai cru que, dans
l'emploi où je me trouve, je n'avais rien de mieux à faire que d'attaquer
par des peintures ridicules les vices de mon siècle[5] ». Comédie et satire,
en tant qu'œuvres comiques semblent obéir au même dessein – produire
des sensations fortes par la représentation des vices – et recourir aux
mêmes éléments apologétiques. Mais alors que la comédie correspond
exactement à l'horizon d'attente des sujets de Louis XIV, la vieille satire

---

1   Jean Starobinski, « Sur la flatterie », in *Le Remède dans le mal*, Paris, Gallimard, 1989,
     p. 81-90. Jean Starobinski rappelle à cet égard la fable de La Fontaine, *La Cour du Lion*,
     où l'on voit le roi des animaux punir de mort le « parleur trop sincère » et le « fade
     adulateur » (Livre VII, VI, v. 35).
2   *L'Art poétique*, Chant I, v. 190, p. 161. Voir aussi *Satire VII*, v. 86-88, p. 40.
3   Jean Starobinski, art. cité, p. 82.
4   *Épître VIII*, v. 70, p. 131.
5   *Premier placet présenté au Roi sur la comédie du « Tartuffe »*, in *OC*, éd. G. Forestier et
     Cl. Bourqui, Paris, Gallimard, La Pléiade, 2010, t. II, p. 191.

romaine apparaît obsolète. Si Molière a capté l'imaginaire et même les formes d'expression de la satire, il a en revanche pris ses distances avec la figure du poète indigné qui vitupère contre ses contemporains. Il va même jusqu'à mettre en scène et ridiculiser l'*éthos* du satirique à l'ancienne ainsi que les impasses d'une forme d'écriture qui ne peut plus avoir cours à son époque.

Ses personnages de pères autocrates et grincheux, à la fois bilieux et mélancoliques, retranchés égoïstement sur leurs intérêts personnels et surtout coupés du monde extérieur et des évolutions de leur époque, réinventent à chaque fois la *persona* du satirique, du poète ombrageux, censeur des temps modernes, des femmes, de la ville. Arnolphe lance contre les maris trompés une diatribe qui pourrait figurer dans *Satire X* de Boileau contre les femmes :

> L'un amasse du bien, dont sa femme fait part
> À ceux qui prennent soin de le faire cornard ;
> L'autre un peu plus heureux, mais non pas moins infâme,
> Voit faire tous les jours des présents à sa femme,
> Et d'aucun soin jaloux n'a l'esprit combattu,
> Parce qu'elle lui dit que c'est pour sa vertu.
> L'un fait beaucoup de bruit qui ne lui sert de guère ;
> L'autre en toute douceur laisse aller les affaires,
> Et voyant arriver chez lui le damoiseau,
> Prend fort honnêtement ses gants et son manteau[6]…

Le langage des *Satires* et des *Épîtres* de Boileau rappelle ainsi celui des figures paternelles du théâtre moliéresque, bourrues, culpabilisantes, ennemies de la jeunesse et du temps présent.

Molière, le plus grand poète comique de son temps avec La Fontaine, prend ses distances avec le discours satirique à la manière de Boileau, monologue d'un homme solitaire qui inculpe ses contemporains au nom d'un idéal héroïque. Il a compris que cette forme d'expression est devenue impossible à une époque où ce n'est pas l'épopée, mais le théâtre qui est le genre majeur. Uranie, dans *La Critique de L'École des femmes*, a beau définir l'esthétique des comédies de Molière en des termes qui pourraient convenir à l'œuvre boilévienne, en expliquant qu'elles sont des « miroirs publics[7] », la connexion ne peut se faire, car

---

6   *L'École des femmes*, I, 1, v. 25-34.
7   *La Critique de L'École des femmes*, sc. 6.

la satire est de plus en plus perçue comme un mode d'expression qui
vise à détruire la réputation de quelqu'un ou à donner libre cours à des
impulsions agressives. Brécourt souligne nettement ce discrédit dans
L'Impromptu de Versailles. Il suggère à Molière de répondre aux « invec-
tives » et aux « injures » de ses adversaires par une « pièce nouvelle »
plutôt que par des « satires qu'on pourrait faire de leurs personnes[8] ».
Dans *Le Bourgeois gentilhomme*, le « Maître de philosophie », offensé par
les autres professeurs de Monsieur Jourdain, promet de « composer contre
eux une satire du style de Juvénal, qui les déchirera de belle façon », ce
qui le rend encore plus ridicule[9]. Dans *Les Femmes savantes*, pièce qui
tourne en dérision Vadius et Trissotin, deux pédants insupportables et
prétentieux, les *Satires* de Boileau sont directement évoquées comme
des textes d'attaques personnelles qui *déchirent* la réputation des gens :
« TRISSOTIN : Ma gloire est établie : en vain tu la déchires. / VADIUS :
Oui, oui, je te renvoie à l'auteur des *Satires*. / TRISSOTIN : Je t'y renvoie
aussi[10] ». Molière, comme beaucoup de ses contemporains, ne tient pas
en haute estime la satire dans « le style de Juvénal », qui sert précisément
de modèle aux poèmes de son ami Boileau.

ALCESTE,
AVATAR BOILÉVIEN DU POÈTE SATIRIQUE[11]

La satire est l'un des enjeux majeurs du *Misanthrope* de Molière.
Célimène discrédite le genre par la pratique de la satire mondaine,
qui vise à faire se récrier d'admiration un cénacle d'amis complices.
Elle use d'un rire méchant et cruel, comme en témoigne Alceste, son
amant : « Les rieurs sont pour vous, Madame, c'est tout dire, / Et vous
pouvez pousser contre moi la satire[12] ». Molière se fait ici le témoin de
la confusion sémantique qui s'installe entre satire et médisance, satire

---

8   *L'Impromptu de Versailles*, sc. 5.
9   *Le Bourgeois gentilhomme*, II, 4.
10   *Les Femmes savantes*, III, 3, v. 1025-1027.
11   Voir nos analyses sur le personnage d'Alceste dans *Molière aux éclats, Le rire de Molière et
     la joie*, Paris, L'Harmattan, 2018, p. 137-146.
12   *Le Misanthrope*, II, 4, v. 681-682.

et méchanceté. Mais la pièce va plus loin. Elle concentre son analyse des pouvoirs et des limites de la satire sur Alceste, le personnage principal. Dans cette optique, on peut avancer que la pièce du *Misanthrope* signe le constat de décès du genre lucilien à l'Âge classique.

Par son comportement et ses discours, Alceste a beaucoup des traits du *pater iratus* de comédie et du poète satirique tel qu'il apparaît à la même époque dans les poèmes de Boileau. Ce dernier d'ailleurs rappelle qu'il fut l'un des modèles du personnage. Dans une de ses lettres, il rapporte comment à l'occasion d'une séance de l'Académie, il se met en colère contre le poème d'un auteur qu'il juge médiocre :

> Quelque bien qu'on m'eût dit de lui, j'avoue que je ne pus m'empêcher d'entrer dans une vague colère contre l'auteur d'un tel ouvrage. Je le portai à l'Académie où je le laissai lire à qui voulut ; et quelqu'un s'étant mis en devoir de le défendre, je jouai le vrai personnage du Misanthrope dans Molière ou plutôt j'y jouai mon propre personnage, le chagrin de ce Misanthrope contre les méchants vers ayant été, comme Molière me l'a confessé plusieurs fois lui-même, copié sur mon modèle[13].

On peut aussi rappeler que la pièce du *Misanthrope* est créée en 1666, l'année même de parution des *Satires* de Despréaux. Sous l'emprise de la bile noire et de la colère, Alceste vitupère contre ses contemporains au nom d'un passé idéalisé. Ses tirades pourraient être écrites par l'auteur des *Satires* :

> Mes yeux sont trop blessés, et la cour et la ville
> Ne m'offrent rien qu'objets à m'échauffer la bile :
> J'entre en une humeur noire, et un chagrin profond,
> Quand je vois vivre entre eux les hommes comme ils font ;
> Je ne trouve partout que lâche flatterie,
> Qu'injustice, intérêt, trahison, fourberie.
> Je n'y puis plus tenir, j'enrage, et mon dessein
> Est de rompre en visière à tout le genre humain[14]…

La complexité du personnage d'Alceste appelle des interprétations diverses, voire opposées, comme l'attestent les mises en scène si différentes dont il fait l'objet. Si l'on adopte notre optique, celle de l'*éthos* satirique de Boileau, le personnage est susceptible de deux approches, qui ne sont

---

13 Lettre *Au marquis de Mimeure*, 4 août, 1706, in *OC, Lettres à divers*, XLIV, p. 831.
14 *Le Misanthrope*, I, 1, v. 89-96.

pas forcément contradictoires. Il peut symboliser une forme de *parrêsia*, de parole libre et franche, devenue difficile, voire impossible, sous un monarque absolu qui ne tolère pas la contestation et ne laisse aucune place à la critique directe. Le seul moyen pour les auteurs d'énoncer un propos transgressif est alors de disqualifier l'énonciateur. C'est ainsi qu'Alceste est décrit comme un être dont la « franchise » et le « grand courroux contre les mœurs du temps » le tournent « en ridicule auprès de bien des gens ». Il est l'« homme aux rubans verts » et « son chagrin bourru » le rend « le plus fâcheux du monde[15] ». Le vert est avec le jaune la couleur que portent les fous aux XVIᵉ et XVIIᵉ siècles[16]. De même, le cadre enfantin et pédagogique des *Fables* de La Fontaine est doté d'une fonction stratégique : il vise à atténuer la portée de la critique. La pathologie mélancolique et atrabilaire fait d'Alceste un fou ridicule et déphasé, auquel Célimène et ses amis ne peuvent s'adapter. Mais à travers ses diatribes indignées, Molière exprimerait – et c'est là toute la richesse et l'ambivalence du personnage – un désir de franchise et de liberté qui n'a plus cours dans une société où tout le monde ment et se déguise, où la Nature est constamment fardée, où la sincérité des sentiments est assimilée à un manque de tact qui rompt le pacte mondain et blesse les manières élaborées de l'honnête homme. On peut noter que l'époque dont le misanthrope a la nostalgie est le règne du bon roi Henri IV, époque des amours simples et franches, mais aussi de la grande satire à la manière de Mathurin Régnier[17].

Molière montre, en faisant la caricature de son personnage, les impasses de l'*éthos* satirique de son ami Boileau. Coupé de ses contemporains, méprisant à l'égard des femmes, incapable de se faire aimer de Célimène, l'être le plus opposé à son caractère, inculpant sans cesse le présent au nom des prestiges d'un passé idéalisé, il n'a pas d'autre issue finalement que de se retirer du jeu social et de s'exiler. La société mondaine du XVIIᵉ siècle, celle où règnent Célimène et les petits marquis, mais dans laquelle évoluent aussi des êtres de qualité comme Philinte, ne peut que sacrifier un personnage acariâtre et déplaisant, un donneur de leçons qui ne cesse de vitupérer et refuse

---

15 *Le Misanthrope*, I, 1, v. 73 et 74 ; I, 1, v. 106 et 107 ; V, 4.
16 Voir *Le Médecin malgré lui*, I, 4. Voir Michel Pastoureau, « Formes et couleurs du désordre : le jaune avec le vert », in : *Médiévales*, n° 4, 1983, p. 62-73.
17 *Le Misanthrope*, I, 2, v. 390-413.

de consentir aux évolutions du temps présent. Dans cette pièce étonnante, Molière enterre le poète satirique à la mode d'Horace et de
Juvénal que Boileau tente vainement de continuer à faire vivre. Soit
donc on considère Alceste-Boileau comme une voix irrémédiablement
étouffée par un régime politique écrasant et despotique, mais aussi
par une société de pur paraître où les sentiments véritables et sincères
sont reçus comme des marques de rustrerie et d'incivilité. Soit on le
condamne comme un attardé, un déphasé, qui ne sait pas se fondre
avec souplesse et grâce dans les nouveaux espaces de civilité ouverts
par le retour de la paix civile, après les guerres de Religion et l'épisode
dramatique de la Fronde.

Le dialogisme théâtral, qui instaure une distance, tout comme les
personnages de raisonneur et d'honnête homme – Chrysalde dans *L'École
des femmes* et Philinte dans *Le Misanthrope* –, met pour ainsi dire la
satire et la figure du satirique en procès. Chrysalde explique à Arnolphe
que sa vision satirique des maris et des femmes est une impasse qui
ne fait qu'exprimer son isolement et son infirmité à se comporter en
être humain normal, réceptif aux autres et à leurs désirs. Son attitude,
fondée sur l'absence d'échange et de réciprocité, ne peut que susciter un
« revers de satire[18] ». Quant à la scène première du *Misanthrope* qui met
aux prises Alceste et son ami Philinte, elle confronte l'honnête homme
qui se veut moraliste, mais aussi intégré à la vie sociale, et le satirique à
l'ancienne mode, atrabilaire et indigné, posant au maître de vertu et au
censeur impitoyable. Toutes les interventions de Philinte démontrent les
impasses de l'*éthos* satirique à la manière de Boileau. Il fait une apologie
de la civilité et de la vie en société qui ruine la franchise et la rusticité
revendiquée par les disciples de Lucilius :

> Il est bien des endroits où la pleine franchise
> Deviendrait ridicule et serait peu permise ;
> Et parfois, n'en déplaise à votre austère honneur,
> Il est bon de cacher ce qu'on a dans le cœur.
> Serait-il à propos et de la bienséance
> De dire à mille gens tout ce que d'eux on pense ?
> Et quand on a quelqu'un qu'on hait ou qui déplaît,
> Lui doit-on déclarer la chose comme elle est[19] ?

---

18   *L'École des femmes*, I, 1, v. 56.
19   *Le Misanthrope*, I, 1, v. 73-80.

Philinte met en garde Alceste contre le « revers de satire », qui transforme le contempteur hautain en cible de la moquerie :

> Ce chagrin philosophe est un peu trop sauvage,
> Je ris des noirs accès où je vous envisage... [...]
> Non : tout de bon, quittez toutes ces incartades.
> Le monde par vos soins ne se changera pas ;
> Et puisque la franchise a pour vous tant d'appas,
> Je vous dirai tout franc que cette maladie,
> Partout où vous allez, donne la comédie,
> Et qu'un si grand courroux contre les mœurs du temps
> Vous tourne en ridicule auprès de bien des gens[20]...

À la bile et à l'atrabile du satirique, Philinte oppose le flegme de l'honnête homme, celui que les pièces de Molière s'efforcent aussi de représenter et d'accréditer :

> Mon Dieu, des mœurs du temps mettons-nous moins en peine,
> Et faisons un peu grâce à la nature humaine.
> Ne l'examinons point dans la grande rigueur,
> Et voyons ses défauts avec quelque douceur.
> Il faut, parmi le monde, une vertu traitable ;
> À force de sagesse, on peut être blâmable ;
> La parfaite raison fuit toute extrémité,
> Et veut que l'on soit sage avec sobriété.
> Cette grande raideur des vertus des vieux âges
> Heurte trop notre siècle et les communs usages[21]...

Au moyen de la forme théâtrale, Molière adapte la satire aux temps modernes. Il lui confère une allure plus pragmatique et dialogique dans la mesure où sont relativisés les points de vue dominants et monologiques sur la vérité.

---

20 *Ibid.*, v. 97-98, 102-108.
21 *Ibid.*, v. 145-154.

L'IMPASSE DU MARTYRE DE LA VÉRITÉ

Boileau nous apparaît donc comme un double d'Alceste et inversement. Tous deux veulent arracher les masques et révéler la vérité derrière l'imposture des apparences. Leur mot d'ordre commun est le « *mentiri nescio*[22] » de Juvénal :

> Être franc et sincère est mon plus grand talent ;
> Je ne sais point jouer les hommes en parlant[23]…
>
> Je ne sais ni tromper, ni feindre, ni mentir,
> Et quand je le pourrais, je n'y puis consentir[24]…

Ils croient à la fonction salutaire et purgative de la colère et de la franche critique. Conformément à l'esprit de la satire, ils exhibent l'écart à leurs yeux insupportable entre l'être et le paraître, car ils se fixent pour mission de redonner à la parole et au sentiment leur authenticité et leur crédibilité. Ils célèbrent le franc-parler et le courage de proclamer la vérité, même si leur *parrêsia* doit les exposer au risque de représailles, voire de l'exclusion sociale. La vérité exige en effet qu'on la dévoile. Elle n'apparaît jamais directement, car la plupart des gens mentent et la dissimulent. C'est pourquoi son expression fait mal, quand elle éclate aux yeux de ceux qui ne veulent pas la voir. Elle n'est jamais bonne à dire et sa formulation est souvent blessante : « Chacun voit qu'en effet la Vérité les blesse[25] ». Elle implique la violence et parfois une rupture fracassante avec l'opinion commune et le consensus social :

> Un discours trop sincère aisément nous outrage.
> Chacun dans ce miroir pense voir son visage,
> Et Tel, en vous lisant admire chaque trait,
> Qui, dans le fond de l'âme, et vous craint et vous hait[26].

---

22 *Satura III*, v. 41 : « je ne sais pas mentir ».
23 Molière, *Le Misanthrope*, III, 5, v. 1087-1088.
24 Boileau, *Satire I*, v. 43-44, p. 14.
25 *Discours au roi*, v. 98, p. 11.
26 *Satire VII*, v. 17-20, p. 38.

L'analyse du personnage d'Alceste apporte ainsi un éclairage fécond sur l'*éthos* boilévien. L'idéalisme radical d'Alceste envisage le monde et les individus de façon binaire et réductrice. Il n'y a pas de juste milieu entre les bons et les méchants, le blanc et le noir. Boileau adopte, lui aussi, une démarche péremptoire qui laisse peu de place à la bienveillance et au compromis. Il n'y pas d'intermédiaire entre les hautes vertus et la bassesse morale, entre la perfection en matière poétique et la médiocrité. Leur exigence de sincérité et de vérité rend difficile la possibilité d'un espace social acceptable, mais par définition imparfait et soumis au jeu contradictoire des passions. Ils refusent la tiédeur du neutre, qu'ils interprètent comme de la fadeur et de la lâcheté. Tel est le reproche majeur qui est fait à Boileau et que Molière fait indirectement à son ami, en faisant d'Alceste un personnage asocial et infréquentable. « Aimer les satires » est pour Mlle de Scudéry la marque d'un esprit naturellement envieux et malveillant[27]. La Marquise de Rambouillet et sa fille voient dans ce genre littéraire « une espèce de poésie [...] odieuse[28] ». L'Abbé Cotin considère que celui qui s'y adonne devrait se fixer absolument pour objectif de ne « pas désespérer son prochain[29] ». Brienne, dans ses *Mémoires*, écrits sous le règne de Louis XIV, résume cette tendance qui prévaut chez les mondains : « les satires ne furent jamais du goût des honnêtes gens[30] ».

Pour ces derniers, la sincérité et le dire vrai, exprimés avec véhémence et sans médiations, aboutissent à la tyrannie des *ego* et au morcellement de la société en clans. Amplifiés par la satire, ils rappellent trop le zèle partisan des extrémistes religieux et celui des ennemis de la couronne au temps de la Fronde. La vie sociale suppose la négociation et la mise en retrait des passions individuelles. L'idéal de l'honnêteté mondaine implique un devoir de réserve et le consentement à des espaces de neutralité. Alceste paie de son exclusion et de son exil sa volonté de pureté absolue.

Les moralistes, au nombre desquels on peut compter Molière, ne sont pas dupes de celui qui s'indigne avec ostentation au nom de la vérité et de la vertu. Sa colère publique, nourrie de bile et de mélancolie, n'est peut-être que la marque d'un donneur de leçons grincheux.

---

27 *La Clélie, Histoire romaine*, Paris, A. Courbé, 1654-1660, t. VI, p. 1080-1081 ; t. IX, p. 119-120.
28 L'Abbé d'Olivet, *Histoire de l'Académie française*, Paris, Jean-Baptiste Coignard, 1729, t. II, p. 157.
29 Charles Cotin, *Lettre à Monsieur Tuffier sur la Satyre et principalement sur le madrigal, Œuvres galantes en prose et en vers*, Paris, E. Loyson, 1663, p. 452-453.
30 *Mémoires*, Paris, Ponthieu, 1828, t. I, p. 248.

Par sa mauvaise humeur et ses reparties hargneuses, il veut faire payer au monde son amertume et ses déconvenues. Molière, à l'instar de La Rochefoucauld et de La Bruyère, montre à quel point l'ostentation dans la colère, soi-disant vertueuse, révèle plutôt « la fureur de l'orgueil et de l'amour-propre[31] ». Alceste et Boileau ne cessent de vitupérer contre les mœurs de leurs congénères, mais on ne peut manquer de les suspecter d'être surtout mus par un désir de reconnaissance et un complexe de supériorité. Dans le sillage des moralistes français, Nietzsche nous a appris à nous méfier du *pathos* de l'indignation, à douter de l'individu en colère qui fait profession de vertu, prétend détenir la vérité et passe son temps à culpabiliser les autres : « personne ne *ment* autant que l'homme indigné[32] ». Les prétentions au martyre de la vérité, accompagnées de gesticulations ostentatoires, dissimulent, selon lui, un profond ressentiment, un narcissisme maladif, voire un vulgaire désir de vengeance[33].

Il importe néanmoins de souligner des différences notables entre Alceste et Boileau. Alceste, à force de refuser les compromissions, s'exile dans « un désert[34] » afin de ressasser sa haine du genre humain. Toujours grave et sérieux, il est dénué d'humour. Il ne sait pas interposer entre les autres et lui une zone intermédiaire qui permet de désamorcer les conflits. Il ne parvient pas à créer avec son ami Philinte un espace tiers et surplombant de complicité, susceptible de mettre à distance la comédie sociale afin de moins en souffrir. Boileau en revanche, comme en témoignent sa correspondance et les dédicaces de ses poèmes, n'est pas isolé, en dépit de son mauvais caractère. Il est soutenu par le roi et des amis fidèles. Il jouit en outre de la reconnaissance de ses pairs à l'Académie française. La comédie humaine le désole, mais il lui oppose une foi chrétienne inébranlable et une passion pour la littérature qui le rédiment de ses déceptions et de son pessimisme foncier. Bon compagnon, il aime rire et se moquer. Il sait compenser les accès de sa mélancolie grâce au plaisir d'un bon mot et de son ironie féroce.

---

31 La Rochefoucauld, *Manuscrit de Liancourt*, 25, in *Maximes suivies des réflexions diverses*, éd. J. Truchet, Paris, Classiques Garnier, 2014, p. 405.
32 *Par-delà le bien et le mal*, I, § 26, trad. H. Albert, revue par M. Sautet, Paris, Le Livre de Poche, 2000, p. 96.
33 *Ibid.* Voir aussi I, § 25 : « l'indignation morale […] est, chez un philosophe, le signe infaillible que l'humour philosophique l'a quitté. Le martyre du philosophe, son sacrifice pour la vérité, fait venir au jour ce qu'il recelait de l'agitateur, du comédien, au fond de lui-même » (trad. H. Albert, revue par M. Sautet, p. 92).
34 *Le Misanthrope*, V, 4, v. 1770.

LE DÉVOILEMENT ÉPIPHANIQUE
DE LA VÉRITÉ

Boileau affirme sa loyauté à l'égard du Prince, mais il ne veut pas transiger sur la vérité :

> Rien n'est beau que le Vrai. Le Vrai seul est aimable...
> Rien n'est beau, je reviens, que par la vérité[1]...

Or il constate que la plupart des gens s'emploient à la dissimuler. La dialectique de l'éloge et du blâme, constamment exhibée sous la forme d'un métadiscours envahissant, est le moyen dont il use pour convaincre que, lui, il dit vrai. Reprenons les termes du dilemme qu'il s'efforce de résoudre. La vérité est cachée ; nous n'avons pas d'accès direct à elle, parce que trop de gens mentent, dissimulent, manipulent. Comment dès lors l'arracher à l'erreur, à l'ignorance et surtout au mensonge ? Comment, une fois qu'on a la conviction de la détenir, persuader les autres qu'on dit vrai ? Boileau sort de ce dilemme par la pratique systématique du métadiscours, par une forme d'expression constamment réflexive, une représentation continuelle du sujet et de l'objet. Le métadiscours n'a donc pas seulement pour fonction chez lui de légitimer le genre problématique de la satire ; il s'agit aussi de consolider une appréhension crédible du vrai.

L'ŒIL ET LA LUMIÈRE

Soucieux de différencier la satire lucilienne de la pure médisance, Boileau commence par la définir à partir d'un désir ardent de dire la vérité que garantissent la sincérité et le courage de descendre dans l'arène

---

1 *Épître IX*, v. 43 et 102, p. 134 et 135.

publique : « Ma pensée au grand jour partout s'offre et s'expose[2] ».
Ce désir implique une dimension combative et guerrière, mais aussi
une volonté épiphanique : « L'ardeur de se montrer, et non pas de
médire, / Arma la Vérité du vers de la Satire[3] ». La parole satirique,
intimidante et blessante, fait surgir la vérité, la montre, la *fait voir*.
Elle est monstration, assortie d'une déchirure, d'un démasquage.
Elle met en scène une irruption véhémente. Ce dévoilement épiphanique s'appuie sur une omniprésence du champ lexical de l'*œil* et de
la *lumière*. Dans le sillage des théoriciens humanistes et de grands
poètes comme l'Arioste ou Régnier, Boileau reprend la métaphore du
« miroir » qui sert aussi pour la comédie, définie traditionnellement
comme *speculum vitae*. Mais cette métaphore spéculaire signifie surtout
le désir d'exprimer la totalité du réel, y compris sa part d'ombre. Le
regard perçant du satirique reflète la comédie sociale, mais de manière
à montrer ce que tout le monde fait mine de ne pas voir. La vérité se
confond avec l'exhibition courageuse des vices : « Lucile le premier
osa la faire voir : / Aux vices des Romains présenta le miroir[4] ». Le
poème boilévien s'organise ainsi à partir d'un complexe oculaire, où
la référence au regard et à la lumière se veut une garantie de la vérité
du jugement. Il s'agit d'ouvrir les yeux du lecteur d'une manière
forcément violente, puisqu'il s'agit « d'ôter le masque aux vices[5] » et
de contrecarrer la couarde inertie ambiante :

> En vain par sa grimace, un Bouffon odieux
> À table nous fait rire, et divertit nos yeux.
> Ses bons mots ont besoin de farine et de plâtre.
> Prenez-le tête à tête, ôtez-lui son théâtre,
> Ce n'est plus qu'un cœur bas, un Coquin ténébreux.
> Son visage essuyé n'a plus rien que d'affreux[6]…

La satire est ajustement du regard, mise au point douloureuse qui
braque le projecteur sur le mal, mais aussi sur le processus de projection
de la lumière qui démasque l'objet menteur et vicieux. La parole de

---

2   *Épître IX*, v. 59, p. 134.
3   *L'Art poétique*, Chant II, v. 145-146, p. 166.
4   *Ibid.*, v. 147-148. Pour la métaphore du « miroir », *cf.* la définition de la comédie, Chant III,
     v. 353, p. 177.
5   *Satire IV*, v. 96, p. 28 ; *Satire VII*, v. 76, p. 39.
6   *Épître IX*, v. 105-110, p. 135.

vérité se fait discours sur sa genèse. La vérité n'est pas donnée immédiatement, elle doit le plus souvent percer la gangue du mensonge.
Prenons ce passage de la *Satire XI*, qui développe le motif diogénique
de la lampe allumée en plein jour et celui du *theatrum mundi* :

> Cependant, lorsqu'aux yeux leur portant la lanterne,
> J'examine au grand jour l'esprit qui les gouverne,
> Je n'aperçois partout que folle Ambition [...]
> Le Monde, à mon avis, est comme un grand Théâtre,
> Où chacun en public l'un par l'autre abusé,
> Souvent à ce qu'il est joue un rôle opposé.
> Tous les jours on y voit, orné d'un faux visage,
> Impudemment le Fou représenter le Sage [...]

La vie sociale est une comédie des apparences, où l'être et le paraître
ne coïncident pas. L'on *paraît* ce qu'on *n'est pas* tandis que ce que l'on
est vraiment *ne paraît pas*. C'est ce clivage que le satirique observe et
qu'il s'emploie à dénoncer en dédoublant ce qui semble uni, de façon à
dévoiler la nature véritable de l'être. Il exhibe donc un double niveau,
avec deux effets : – montrer la nature corrompue de celui qui se cache
derrière un masque ; – dénoncer l'usurpation d'identité qui consiste à se
donner une belle apparence alors qu'on triche. Boileau met en évidence
deux mouvements opposés qui finissent par se rejoindre : le regard
perforant du satirique et la résurgence du « Naturel », qui se trahit à
un moment ou à un autre :

> Mais, quelque fol espoir dont leur orgueil les berce,
> Bientôt on les connaît et la Vérité perce.
> On a beau se farder aux yeux de l'Univers :
> À la fin sur quelqu'un de nos vices couverts
> Le Public malin jette un œil inévitable ;
> Et bientôt la Censure, au regard formidable,
> Sait, le crayon en main, marquer nos endroits faux
> Et nous développer avec tous nos défauts. [...]
> Et jamais quoi qu'il fasse un mortel ici-bas
> Ne peut aux yeux du monde être ce qu'il n'est pas. [...]
> Le Naturel toujours sort et sait se montrer :
> Vainement on l'arrête, on le force à rentrer ;
> Il rompt tout, perce tout, et trouve enfin passage[7]...

---

7   *Satire XI*, v. 13-15, 18-22, 25-32, 35-36, 43-45, p. 81-82.

Cet « œil inévitable », ce « regard formidable » évoquent le Dieu de colère et de vengeance, qui, dans l'Ancien Testament, « sonde les reins et les cœurs » et fait trembler d'effroi celui qui se sent coupable. Comment par ailleurs, sous l'effet d'un inconscient satirologique, ne pas entendre dans le verbe « perce », répété deux fois, le nom du poète Perse dont la satire est justement descente cruelle et térébrante dans l'âme aveuglée sur elle-même ? « Personne, s'exclame le poète romain, n'ose descendre en soi-même, non personne ! » ; « *nemo in sese temptat descendere, nemo*[8] ». Vers ceux qu'il radiographie sans pitié, il s'avance le scalpel aux doigts : « *Ego te intus et in cute novi* » ; « Moi je te connais par le dedans et sous la peau[9] ». Boileau veut avoir, avec la même volonté, l'œil du Censeur, l'œil de Dieu ; « le crayon en main », il marque les « défauts » de ceux qu'il agresse, comme au fer rouge.

La satire *fait voir*, elle « fait paraître[10] », avec le rayonnement de la vérité qui terrasse le mensonge. De même que l'éloge a besoin du blâme, la lumière a plus d'éclat lorsqu'elle se découpe sur un fond ténébreux : « La Satire ne sert qu'à rendre un Fat illustre : / C'est une ombre au tableau, qui lui donne du lustre[11] ». C'est dans ce moment de passage des ténèbres à la clarté que Boileau éprouve ses plus grandes jouissances de poète et de moraliste, dans ce moment d'épiphanie triomphante et jubilatoire :

> J'aime un Esprit aisé, qui se montre, qui s'ouvre,
> Et qui plaît d'autant plus, que plus il se découvre.
> Mais la seule Vertu peut souffrir la clarté,
> Le Vice toujours sombre aime l'obscurité[12]...

Le satirique fait jaillir la lumière dans un geste dramatisé qui fait écho au « *Fiat lux* ! », au « Que la lumière soit ! », de la *Genèse*. Le Pseudo-Longin, traduit par Boileau, fait de cette parole l'un des exemples de la « sublimité dans les pensées » : « Ce tour extraordinaire d'expression [...] est véritablement sublime, et a quelque chose de divin[13] ». L'incarnation du Christ équivaut aussi à une épiphanie de la vérité, censée donner aux hommes un critère indubitable pour dénoncer l'imposture :

---

8   *Satura IV*, v. 23.
9   *Satura III*, v. 30.
10   *L'Art poétique*, v. 147, p. 166 ; *Satire IX*, v. 195, p. 53.
11   *Satire IX*, v. 199-200, p. 54.
12   *Épître IX*, v. 111-114, p. 135.
13   *Traité du sublime*, Préface, p. 338 et ch. VII, p. 353.

Pour tirer l'homme enfin de ce désordre extrême,
Il fallut qu'ici-bas Dieu, fait homme lui-même,
Vint du sein lumineux de l'éternel séjour,
De tes dogmes trompeurs dissiper le faux jour[14].

Boileau dramatise à l'extrême le geste du dévoilement parce que la vérité n'apparaît jamais immédiatement. Elle n'est pas donnée, elle est extirpée. Elle est toujours cachée *au fond du puits*[15]. La lumière de la vérité nécessite un arrachement aux ténèbres qu'il faut répéter inlassablement, car l'homme, depuis la Chute, souffre d'un « horrible aveuglement [...] en punition de ce que [Adam] leur premier père [a] prêté l'oreille aux promesses du Démon[16] ». La condition de l'homme, comme le rappelle aussi Pascal dans les *Pensées*, c'est d'être « aveuglé[17] ». Le rôle du satirique est alors de le désaveugler, de lui « dessiller les yeux[18] ».

RYTHMES ET ANTITHÈSES

Autant qu'il le peut Boileau travaille à rendre son expression univoque, à donner le sentiment de la transparence et de la clarté, à écarter tout soupçon d'ambiguïté[19]. À la grisaille incertaine des équivoques, il oppose une vision fortement bipolaire, en « blanc » et « noir[20] », où le regard,

---

14 *Satire XII*, v. 158-160, p. 95.
15 Cette expression proverbiale est inspirée d'un apophtegme de Démocrite : « Nous ne savons rien, car la vérité est au fond d'un abîme » (Diogène Laërce, *Vies et doctrines des philosophes illustres*, liv. IV, 72, Paris, La Pochothèque, 1999, p. 1109).
16 *Satire XII*, *Discours de l'Auteur*, p. 89.
17 *Satire VII*, v. 5, p. 38. Sur ce motif janséniste, voir Pascal, *Pensées*, frag. 229 : « En voyant l'aveuglement et la misère de l'homme, en regardant tout l'univers muet et l'homme sans lumière abandonné à lui-même, et comme égaré dans ce recoin de l'univers sans savoir qui l'y a mis, ce qu'il y est venu faire, ce qu'il deviendra en mourant, incapable de toute connaissance, j'entre en effroi » (éd. Ph. Sellier, Paris, Classiques Garnier, 2010, p. 260).
18 *Satire IV*, v. 96, p. 28.
19 Voir Allen G. Wood, « Boileau, l'équivoque, et l'œuvre ouverte », in *Ordre et contestation au temps des classiques*, Biblio 17, 73, Paris-Seattle-Tübingen, 1992, t. I, p. 275-285. A. G. Wood met en évidence cinq procédés stylistiques qui « tendent à réduire l'équivoque en renforçant le lien entre pensée et parole » : « l'invective, la nomination, l'antithèse, la réduction et la répétition » (p. 279).
20 *Satire I*, v. 122, p. 16. Voir aussi *Discours au Roy*, v. 84, p. 11.

confondu souvent avec l'*éthos* du poète, s'emploie à séparer, à scinder, à détacher le paraître avenant de l'être corrompu. Les mêmes antithèses reviennent. Elles scandent la dynamique épidictique du poème : vertu/vice, être/paraître, un/multiple, raison/folie, lumière/ombre, haut/bas... L'alexandrin, que le théâtre cornélien a musclé et charpenté, devient une machine binaire qui déploie son martèlement assertif en s'appuyant sur la symétrie des deux hémistiches :

> Du Mensonge toujours / le Vray demeure maître,
> Pour paraître honnête homme / en un mot, il faut l'être[21]...

Le tourniquet satirique s'emballe en exhibant à l'envi un *monde renversé*, où les majuscules, dont Boileau fait un usage constant dans une perspective allégorique, contribuent à souligner les jeux d'opposition :

> Tous les jours on y voit, orné d'un faux visage,
> Impudemment le Fou / représenter le Sage ;
> L'Ignorant s'ériger / en Savant fastueux,
> Et le plus vil Faquin / trancher du Vertueux[22]...

L'« univocité juridique[23] » de l'expression, à laquelle tend Boileau, lui permet de stigmatiser un *mundus inversus*, où l'*un* devient *double*, où la transparence se transforme en eau trouble. L'« équivoque » brouille en effet la perception des signes : un même comportement est susceptible d'être interprété à « double sens[24] », c'est-à-dire en sens contraire. Elle apparaît comme le ressort fondamental du fonctionnement de la société et du langage :

> [...] ton adroit artifice
> Fit à chaque vertu prendre le nom d'un vice :
> Et par toi de splendeur faussement revêtu
> Chaque vice emprunta le nom d'une vertu.
> Par toi l'humilité devint une bassesse :
> La candeur se nomma grossièreté, rudesse.

---

21 *Satire XI*, v. 33-34, p. 82.
22 *Ibid.*, v. 21-24, p. 81. Certaines éditions modernes, comme celle de Jean-Pierre Collinet (Paris, Poésie/Gallimard, 1985), suppriment les majuscules que l'on trouve dans les éditions manuscrites et originales. L'univers allégorisé de la satire boilévienne s'en trouve dès lors gravement mutilé.
23 Allen G. Wood, art. cité, p. 278.
24 *Satire XII*, v. 103, p. 93.

> Au contraire, l'aveugle et folle ambition
> S'appela des grands cœurs la belle passion :
> Du nom de fierté noble on orna l'impudence,
> Et la fourbe passa pour exquise prudence[25]...

Tel est l'un des reproches majeurs que le poète adresse aux jésuites, qui sont passés maîtres dans l'art de dissocier l'être du paraître de manière à disculper les mauvaises actions. S'adressant à l'équivoque, il écrit :

> Tu sus, dirigeant bien en eux l'intention,
> De tout crime laver la coupable action. [...]
> C'est alors qu'on trouva, pour sortir d'embarras,
> L'art de mentir tout haut en disant vrai tout bas[26].

La satire veut redonner au « nom » galvaudé sa transparence originelle, en rétablissant la hiérarchie des valeurs, autrement dit en renversant « les contenus des rapports antithétiques[27] ». Il s'agit pour le satirique d'opérer un *renversement du renversement*, de remettre à l'endroit le monde renversé. Ce geste critique préfigure la *réversion* religieuse que produira le Jugement dernier : tandis que les imposteurs seront punis, les justes retrouveront leur dignité originelle.

Le caractère binaire et antithétique de l'alexandrin est accentué par l'importance que Boileau accorde à la césure. Dans le sillage de Malherbe et conformément à la métrique de l'époque classique, il fait en sorte que chaque hémistiche constitue une unité de sens. Il s'efforce en outre de faire culminer le premier hémistiche sur une sonorité forte, ce qui donne au vers une allure énergique et puissante. La césure joue ainsi un rôle déterminant dans le rythme à deux temps du poème ; elle tombe avec régularité comme une hache qui coupe et sépare avec force les vers en deux éléments :

> Mais c'est qu'en eux le Vrai / du Mensonge vainqueur
> Partout se montre aux yeux, / et va saisir le cœur :
> Que le Bien et le Mal / y sont prisez au juste,
> Que jamais un Faquin / n'y tint un rang auguste,
> Et que mon cœur toujours / conduisant mon esprit,
> Ne dit rien aux Lecteurs, / qu'à soi-même il n'ait dit.

---

25 *Satire XII*, v. 113, 9-118, p. 93-94.
26 *Satire XII*, v. 287-288 et 295-296, p. 98.
27 Allen G. Wood, art. cité, p. 283.

> Ma pensée au grand jour / partout s'offre et s'expose,
> Et mon vers, bien ou mal, / dit toujours quelque chose.
> C'est par là quelquefois / que ma rime surprend[28]...

L'accent net à la césure est souvent renforcé par un autre trait de l'écriture boilévienne : l'*inversion*. Elle accroît encore la vision critique du monde, fondée sur l'antithèse et le heurt frappant de l'être et du paraître, du bien et du mal, de la vertu et du vice :

> Des sottises du temps je compose mon fiel...
> Faut-il d'un sot parfait montrer l'original ?...
> Mais c'est qu'en eux le Vrai, du Mensonge vainqueur[29]...

La métrique et la rhétorique musclent et durcissent une vision manichéenne de la société. Cette écriture tendue et symétrique vise constamment à la maxime, à l'énoncé pur et transparent qui édicte le vrai de manière imparable, tout en fusant comme un projectile[30].

L'ENJEU EXISTENTIEL DE LA RIME

La rime joue dans cette bipolarisation dramatisante un rôle primordial. Plate, suivie, elle exploite pleinement l'*accord/discord* du sens et des sonorités. Boileau confond même l'activité poétique avec une recherche compulsive de la rime, à quoi il semble réduire l'art de composer des vers. Écrire un poème, c'est avant tout pour lui « rimer[31] ». La « rime » n'est pas seulement une synecdoque qui symbolise la poésie, elle est bien l'obsession fondamentale de Boileau. Le problème est que, par définition, la rime implique une homophonie, en sorte qu'elle peut prendre la forme d'un jeu de mots, d'une ambiguïté, voire d'un calembour ou d'une équivoque, comme en témoignent les prouesses verbales des rhétoriqueurs de la Renaissance, les pointes des précieux ou les équivoques

---

28 *Épître IX*, v. 53-61, p. 134.
29 *Discours au Roy*, v. 76, p. 10 ; *Satire VII*, v. 39, p. 39 ; *Épître IX*, v. 53, p. 134.
30 Voir Louis Van Delft, « Sur le statut de la maxime au XVIIᵉ siècle : esthétique et éthique dans *L'Art poétique* », in *L'Esprit créateur*, Fall, XXIII, nᵒ 3, 1982, p. 39-44.
31 *Satire II*, v. 68, p. 18.

des burlesques[32]. Boileau fait tout quant à lui pour établir un rapport d'univocité entre les mots et les choses, de manière à créer des signifiés transparents qui créent une impression d'évidence. Il combat autant les pointes à la manière de Cotin, alias Trissotin chez Molière[33], que les *turlupinades*, autrement dit les grossiers calembours[34]. Mais les mots et les choses lui résistent. Il a du mal à dissiper l'opacité et l'ambiguïté des signes. Il ne peut éviter la contrainte de la rime, mais il lui en coûte, car elle est une « quinteuse », une « bizarre », toujours « contraire[35] » à son désir de transparence et d'absolu, toujours encline à le ramener à la terre, à l'affliction, à la médiocrité. À chaque instant, elle risque de brouiller l'énonciation. N'est-il pas illusoire en effet de vouloir faire de la rime, qui suppose un tremblé de sens et de son, « un instrument *non équivoque*, une arme dans la lutte contre l'équivoque sémantique, esthétique, idéologique[36] » ? Cette recherche douloureuse finit par représenter l'enjeu même de la satire, que Boileau conçoit comme l'expression d'un désaccord et d'une discordance. Elle est bien ce lieu poétique où la « rime » se dérobe et ne peut coïncider avec la « raison » :

> Maudit soit le premier dont la verve insensée
> Dans les bornes d'un vers renferma sa pensée,
> Et donnant à ses mots une étroite prison,
> Voulut avec la rime enchaîner la raison[37]...

Boileau sait bien cependant que la louange en poésie est une représentation magnifiante dont l'efficacité est accrue par les pouvoirs de la

---

32 Sur les enjeux verbaux, idéologiques et poétiques de la rime, voir les pages très stimulantes de François Cornilliat, « *Or ne mens* », *Couleurs de l'Éloge et du blâme chez les « Grands Rhétoriqueurs »*, Paris, Honoré Champion, 1994, p. 27-84.

33 Voir par exemple le poème de Charles Cotin intitulé *Sur un carrosse de couleur amarante, donné à une dame de ses amies* : « L'Amour si chèrement m'a vendu son lien, / Qu'il m'en coûte déjà la moitié de mon bien, / Et quand tu vois ce beau carrosse / Où tant d'or se relève en bosse, / Qu'il étonne tout le pays, / Et fait pompeusement triompher ma Laïs, / Ne dis plus qu'il est amarante, / Dis plutôt qu'il est de ma rente » (in *Poésies galantes en prose et en vers*, Paris, Estienne Loyson, 1663, p. 443-444). Ce poème, exaspérant aux yeux de Boileau à cause notamment de ses équivoques à la rime, est ridiculisé par Molière dans *Les Femmes savantes*, où il est récité par Trissotin (III, 2, v. 851-864).

34 *L'Art poétique*, Chant II, v. 130-138, p. 166.

35 *Satire II*, v. 16 et 22, p. 17.

36 François Cornilliat, *op. cit.*, p. 41. Sur l'équivocité fondamentale de la rime, voir Paul Zumthor, *Le Masque et la lumière*, Paris, Seuil, 1978, p. 270.

37 *Satire II*, v. 53-56, p. 18.

rime. Une rime encomiastique procure la jouissance d'un accord parfait.
Elle fait résonner, l'un par rapport à l'autre, deux termes qui s'exaltent
mutuellement et offrent le spectacle d'un monde harmonieux. Elle crée un
sentiment d'unité grâce au reflet majorant des syllabes qui se répondent.

On ne peut parler du roi qu'avec des rimes dont les termes se font
face en miroir en sorte qu'ils démultiplient l'effet énergétique du sens :

> Mais lorsque je Te vois, d'une si noble ardeur,
> T'appliquer sans relâche aux soins de Ta grandeur,
> Faire honte à ces Rois que le travail étonne,
> Et qui sont accablés du faix de leur Couronne ;
> Quand je vois Ta sagesse, en ses justes projets,
> D'une heureuse abondance enrichir Tes sujets ;
> Fouler aux pieds l'orgueil et du Tage et du Tibre,
> Nous faire de la mer une campagne libre,
> Et tes braves Guerriers, secondant Ton grand cœur,
> Rendre à l'Aigle éperdu sa première vigueur[38]...

L'héroïsme en poésie appelle des rimes qui exaltent et amplifient les
sonorités :

> Condé, dont le seul nom fait trembler les murailles,
> Force les escadrons, et gagne les batailles...
> Condé même, Condé, ce Héros formidable,
> Et non moins qu'aux Flamands aux Flatteurs redoutable[39]...

Ces rimes nobles, qui amplifient l'effet de célébration, Boileau les
emprunte notamment au théâtre de Corneille. La rime *muraille/bataille*
figure dans *Le Cid*[40]. Quant aux rimes *ardeur/grandeur* et plus encore
cœur/vigueur, elles reviennent fréquemment sous la plume du dramaturge.
Les éloges du monarque les utilisent à l'envi en sorte qu'elles deviennent
des lieux obligés de la célébration.

Or Boileau répugne à se servir d'un langage dont usent et abusent les
auteurs de panégyriques. À force d'être sollicitées, ces rimes finissent par
perdre leur vertu entraînante. Sa réticence à pratiquer la poésie d'éloge se
traduit ainsi par une crise ouverte de la rime. Il refuse les rimes atten-
dues au profit d'une quête du sens qui se traduit par un langage aussi

---

38 *Discours au Roy*, v. 115-124, p. 66.
39 *Épître IV*, v. 133-134, p. 116 ; *Épître IX*, v. 162-163, p. 137.
40 *Le Cid*, I, 3, v. 181-182 ; II, 8, v. 661-662.

imprédictible que possible : « Et mon vers, bien ou mal, dit toujours quelque chose. / C'est par là quelquefois que ma rime surprend[41] ». La rime *batailles/murailles* fait les frais de sa défection dans le domaine enco-miastique : « Oui, grand roi, laissons là les sièges, les batailles. / Qu'un autre aille en rimant renverser des murailles[42] ». Il ne veut pas non plus céder au mythe du Roi-Soleil. Il ne rendra pas le roi « pareil » au « Soleil » :

> L'Autre en vain, se lassant à polir une rime,
> Et reprenant vingt fois le rabot et la lime,
> Grand et nouvel effort d'un esprit sans pareil !
> Dans la fin d'un sonnet Te compare au Soleil[43]...

La phraséologie encomiastique des poèmes d'amour suscite chez lui un écœurement tout aussi intense. Les rimes dont les oreilles de ses contemporains sont rebattues, il en exhibe avec jubilation la platitude et la fadeur, le caractère convenu et délavé à force de répétition. La perversion du langage amoureux, comme dans la poésie héroïque, se reconnaît au retour de sonorités, qui finissent par sonner faux et creux :

> Si je louais Philis, *En miracles féconde,*
> Je trouverais bientôt, *À nulle autre seconde.*
> Si je voulais vanter un objet *Nonpareil,*
> Je mettrais à l'instant, *Plus beau que le Soleil.*
> Enfin parlant toujours d'*Astres* et de *Merveilles,*
> De *Chefs-d'œuvre des Cieux,* de *Beautés sans pareilles*[44]...

Le ressassement de ces clichés relève de l'« insipide », terme boilévien qui dénote l'absence de saveur et d'originalité[45]. Il pose la question de la sincérité. Si la célébration appelle machinalement des lieux communs et les rimes qui les illustrent, alors il est facile de fabriquer un texte qui a toutes les apparences d'un sentiment véritable alors qu'il n'est qu'un pur jeu littéraire. On peut donner à froid et sans être engagé l'illusion de l'admiration et de la passion :

41 *Épître IX*, v. 60-61, p. 134.
42 *Épître I*, v. 53-54, p. 104.
43 *Discours au Roy*, v. 25-28, p. 9.
44 *Satire II*, v. 36-42, p. 18.
45 Voir notamment *Satire II*, v. 51, p. 18 ; *Satire IX*, v. 49, p. 50 ; *Satire XI*, v. 55, p. 82 ; *Satire XII*, v. 42, p. 92 ; *Épître I*, v. 9, p. 103 ; *Épître VI*, v. 70, p. 123 ; *Épître VII*, v. 103, p. 129 ; *Épître IX*, v. 169, p. 137 ; *L'Art poétique*, Chant II, v. 131, p. 166 ; Chant III, v. 192, p. 173.

> Encor, si pour rimer, dans sa verve indiscrète,
> Ma muse au moins souffrait une froide épithète,
> Je ferais comme un autre, et, sans chercher si loin,
> J'aurais toujours des mots pour les coudre au besoin[46].

Boileau considère qu'il s'agit là d'une falsification et d'une dénaturation de la poésie. C'est pourquoi il englobe les faiseurs d'éloges dans la catégorie des hypocrites et des manipulateurs. « Vérité » rime chez lui avec « sincérité[47] ». Autrement dit l'écriture poétique ne se justifie qu'à la condition de répondre à une nécessité, celle du génie créateur, comme chez Corneille et Molière, ou bien celle d'un sujet authentiquement engagé par sa prise de parole. Le langage abrasif et parfois déroutant de la satire devient ainsi une marque d'authenticité et de sincérité, en même temps que le gage d'une vraie *saveur* poétique :

> Mais mon esprit, tremblant dans le choix de ses mots,
> N'en dira jamais un, s'il ne tombe à propos,
> Et ne saurait souffrir qu'une phrase insipide
> Vienne à la fin d'un vers remplir la place vide[48]…

Sa quête de la vérité se heurte cependant à la résistance des faits et à celle des mots. La société dans laquelle il vit ne répond pas à ses idéaux et à ses attentes. Il en va de même pour le langage, matériau ingrat et très imparfait, car il ne correspond jamais exactement aux réalités qu'il est censé exprimer. L'originalité de Boileau est de faire de sa difficulté à écrire un thème de son inspiration. Cette difficulté n'est en l'occurrence pas la preuve d'un manque de talent ou d'inspiration. Elle revêt une valeur éthique et ontologique. Boileau ne peut faire rimer le réel avec son rêve de transparence et d'harmonie, mettre en phase son désir et son expérience. C'est pourquoi il avoue ne pas trouver des rimes qui le satisfont. Il est donc condamné à « lier des mots si mal s'entr'accordants[49] ». La satisfaction désirée lui est constamment refusée. Il ne connaît pas la rime qui traduit la jouissance amoureuse dans la fusion avec l'être aimé ou la rime cornélienne qui donne de l'éclat à l'individu métamorphosé en héros. Elle se transforme chez lui

---

46 *Satire II*, v. 33-36, p. 17-18.
47 *Épître I*, v. 185-186, p. 107.
48 *Satire II*, v. 47-50, p. 18.
49 *Épître XI*, v. 63, p. 146.

en malaise existentiel et donc en dissonance comique. L'accord se fait discord, l'euphonie stridence :

> Quand je veux dire *blanc*, la quinteuse dit *noir*.
> Si je veux d'un Galant dépeindre la figure,
> Ma plume pour rimer trouve l'Abbé de Pure,
> Si je pense exprimer un Auteur sans défaut,
> La raison dit Virgile, et la rime Quinaut.
> Enfin quoi que je fasse, ou que je veuille faire,
> La bizarre toujours vient m'offrir le contraire[50]…

La rime satirique sera donc antithétique et déceptive, basse ou burlesque :

> Comme on voit au printemps la diligente abeille
> Qui du butin des fleurs va composer son miel,
> Des sottises du temps je compose mon fiel…
> Un éloge ennuyeux, un froid panégyrique,
> Peut pourrir à son aise au fond d'une boutique[51]…

Boileau ne se laisse pas aller longtemps à la mauvaise conscience de ne pouvoir être un bon auteur d'éloge. Si la louange montre vite ses limites, c'est parce que le sublime et l'absolu se rencontrent rarement. La langue du sublime nécessite le génie de Corneille ou de Racine, sinon elle dégénère en expressions fades et répétitives. Le champ du comique et de la critique en revanche est infini, parce que la bêtise, le vice et le mauvais goût sont sans fond. Boileau s'abandonne donc à la rime comique pour dire son amertume et rappeler son désir de grandeur. Indice d'une déchirure intérieure et d'un malaise face au monde qu'il ne parvient pas complètement à conjurer, elle devient une source de compensation et de délectation. Incapable de louer pour ne pas courir le risque de l'insincérité, il endosse l'*éthos* du *railleur* qui convertit sa souffrance à rimer en autodérision et qui ne manque jamais d'inspiration dès qu'il s'agit de critiquer ses contemporains.

> Mais, quand il faut railler, j'ai ce que je souhaite ;
> Alors certes alors, je me connais Poète.
> Phébus, dès que je parle, est prêt à m'exaucer.
> Mes mots viennent sans peine et courent se placer. […]

---

50 *Satire II*, v. 16-22, p. 17.
51 *Discours au Roy*, v. 74-76, p. 10 ; *Satire VII*, v. 9-10, p. 38.

> Mais tout Fat me déplaît et me blesse les yeux ;
> Je le poursuis partout, comme un chien fait sa proie,
> Et ne le sens jamais qu'aussitôt je n'aboie.
> Enfin sans perdre temps en de si vains propos,
> Je sais coudre une rime au bout de quelques mots[52]…

La rime burlesque devient un lieu de châtiment qui cite les noms de contemporains, un pilori qui les expose à la risée. La prosodie tend alors au distique, à l'épigramme cinglante qui fait mouche :

> Faut-il peindre un fripon fameux dans cette Ville ?
> Ma main, sans que j'y rêve, écrira Raumaville.
> Faut-il d'un sot parfait montrer l'original ?
> Ma plume au bout du vers d'abord trouve Sofal[53].

Désertant les cimes de l'idéal, la rime est infectée par l'évocation de gens médiocres, principalement des écrivains qui ne sont pas à la hauteur de leurs prétentions. L'impossibilité de dire l'absolu et l'éternel se fait jouissance de désigner le nom propre, incarnation du relatif et du transitoire :

> […] à moins d'être au rang d'Horace ou de Voiture
> On rampe dans la fange avec l'Abbé de Pure…
> Perrin a de ses vers obtenu le pardon :
> Et la Scène Française est en proie à Pradon[54]…

Le primat d'un réel dégradé faute de pouvoir atteindre l'idéal, l'impossibilité congénitale de s'adonner à la poésie noble, le désir d'en découdre avec le cynisme et l'imposture, au risque de se mettre au niveau de ceux que l'on dénonce, le manque d'élévation consternant des individus et de leurs actions, se traduisent par une diction proche de la prose et par des rimes en prise avec la réalité quotidienne : « Souvent j'habille en vers une maligne prose : / C'est par là que je vaux, si je vaux quelque chose[55] ». Boileau se conforme en l'occurrence au *sermo cotidianus*, au *sermo pedestris*, qui selon les humanistes, depuis Josse Bade, définissent le caractère comique de la satire lucilienne. Ce style

---

52 *Satire VII*, v. 33-40 et 56-60, p. 38-39.
53 *Satire VII*, v. 37-40, p. 39.
54 *Satire IX*, v. 27-28, p. 49 ; *Épître VIII*, v. 59-60, p. 131.
55 *Satire VII*, v. 61-62, p. 39.

en phase avec le réel et l'actuel s'apparente à la diction des pièces en vers de Molière dont il admire l'aisance et la facilité à trouver la rime juste et naturelle :

> Enseigne-moi, Molière, où tu trouves la rime.
> On dirait quand tu veux, qu'elle te vient chercher :
> Jamais au bout du vers on ne te voit broncher ;
> Et, sans qu'un long détour t'arrête ou t'embarrasse,
> À peine as-tu parlé, qu'elle-même s'y place[56].

Boileau se distingue néanmoins de son ami par son obsession de la grandeur, par sa volonté de faire entendre ce que ses rimes comiques dénient. Tel est le paradoxe de son écriture : donner une forme poétique au non poétique, à ce qui ne mérite pas habituellement les honneurs de la poésie, faire sentir que l'expression versifiée demeure un espace gratifiant en dépit d'un contenu prosaïque, bref conjuguer comique et noblesse.

SATIRE, PURISME ET RAISON

Boileau développe un « style ami de la lumière[57] » qu'il associe à François de Malherbe dont il admire le sens de l'héroïsme et l'amour des Anciens. Il apprécie surtout qu'il ait discipliné la poésie en l'assujettissant davantage encore à la rhétorique et qu'il ait accordé la primauté plus au jugement qu'à l'imagination et à la fantaisie. Il reprend à son compte son idéal de *netteté*, de *clarté* et de *pureté*[58] :

> Enfin Malherbe vint, et le premier en France,
> Fit sentir dans les vers une juste cadence :
> D'un mot mis en sa place enseigna le pouvoir,
> Et réduisit la Muse aux règles du devoir.
> Par ce sage Écrivain la Langue réparée
> N'offrit plus rien de rude à l'oreille épurée. [...]

---

56 *Satire II*, v. 6-10, p. 17.
57 *Satire XII*, v. 14, p. 91.
58 Sur ces trois notions clés de la poétique malherbienne, voir Ferdinand Brunot, *La Doctrine de Malherbe d'après son commentaire sur Desportes*, Paris, A. Colin, 1969, p. 82.

122 BOILEAU ET LA SATIRE NOBLE

Marchez donc sur ses pas ; aimez sa pureté,
Et de son tour heureux imitez la clarté[59]…

Malherbe fournit à Boileau des outils critiques pour formuler sa conception
de la « raison », autrement dit du « bon sens » et du bon goût, pour établir des
jugements de valeur et des hiérarchies. Beaucoup d'auteurs du XVIIIᵉ siècle,
comme Marmontel ou Sébastien Mercier[60], puis les romantiques ont voulu
faire de Boileau un apôtre du rationalisme, un théoricien qui dessèche le
monde en isolant des structures abstraites au service de la machine absolutiste de l'État, bref un anti-poète, sans cœur et sans imagination. Telle
est l'image qu'a retenue la tradition scolaire et universitaire. Mais avant
d'être influencée par Descartes, la « raison » est d'abord chez lui un terme
critique au sens mouvant. Il l'utilise comme une arme pour combattre
ceux qui ont à ses yeux une conception fausse de la littérature[61]. S'il s'agit
d'ailleurs d'humilier la présomption de l'homme, il n'hésite pas, dans le
sillage de Montaigne, de Régnier et de Pascal, à critiquer l'usage pervers
ou illusoire qu'on fait d'elle : « Souvent de tous nos maux la Raison est
le pire[62] ». En fait les termes « raison », « bon sens » ou « jugement », lui
servent surtout à méditer sur le *goût*, le *bon goût*. Ces termes ont d'abord au
XVIIᵉ siècle une signification sociale en relation avec l'idéal de l'honnêteté,
mais ils s'appliquent aussi au domaine des beaux-arts. Curieusement Boileau
n'en fait pas un critère majeur de son esthétique[63] comme La Bruyère[64] ou
comme le feront les poéticiens et les philosophes au XVIIIᵉ siècle comme
Montesquieu dans son *Essai sur le goût*[65] et Kant dans sa *Critique de la
faculté de juger*[66]. Il insiste plutôt sur la « raison ». Elle est un instrument
de discernement moral et esthétique ; elle permet de reconnaître le vrai
et le beau. Au service de la critique littéraire, elle désigne le *bon goût*, la
justesse du jugement, l'harmonie de la pensée et de l'expression. Boileau,

59 *L'Art poétique*, Chant I, v. 131-134 et 141-142, p. 160.
60 Voir John R. Miller, *Boileau en France au XVIIIᵉ siècle*, Baltimore, The Johns Hopkins Press,
    1942, p. 175-176 et 403-407.
61 Sur la difficulté à définir le sens du mot « raison » chez Boileau, voir Joseph Pineau,
    op. cit., p. 94-95 ; Delphine Reguig, *op. cit.*, p. 115-139.
62 *Satire IV*, v. 114, p. 28.
63 Voir lettre au comte d'Ericeyra, in *Lettres à divers*, XVIII, p. 801.
64 *Les Caractères*, « Des ouvrages de l'esprit », 10, éd. E. Bury, Paris, Le Livre de Poche, 1995,
    p. 126.
65 *L'Essai sur le goût* parut en 1757 dans le volume VII de l'*Encyclopédie*.
66 Voir notamment la Première partie, Paris, Gallimard, 1985, p. 129-181.

à l'instar des humanistes, ne fait que reprendre les préceptes de la rhétorique cicéronienne, qui repose sur la *ratio dicendi*, et ceux de la poétique horatienne fondée sur la « raison » (« *mens* »), le « jugement » (« *judicium* ») et la nécessité d'avoir du « bon sens » (« *sapere* »)[67].

De la doctrine cartésienne, il retient surtout la puissance active de la raison. Plus qu'un état ou une substance, la raison est d'abord une faculté dynamique. Elle est un instrument de séparation, de partage, de hiérarchisation. Elle permet de discerner, de distinguer, de discriminer ; « elle est un principe de critique et de liberté[68] ». Boileau rejoint Descartes, quand ce dernier définit la raison comme « la puissance de bien juger », mais aussi de « distinguer le vrai d'avec le faux[69] », de manière à mettre en évidence la Nature et la vérité. Elle se confond avec ce qu'on appelle au XVIIᵉ siècle la « faculté judiciaire », autrement dit « la faculté de juger[70] », d'apprécier avec justesse. Pour le satirique en outre, la raison revêt un caractère impératif ; elle impose un « devoir », elle dicte des maximes dont l'évidence doit parfois être rappelée avec fermeté, voire avec véhémence. Faire preuve de bon goût, émanation de cette raison à la fois horatienne et cartésienne, ce sera donc d'abord traquer et pourfendre le mauvais goût. Dans cette optique, mais aussi sous l'influence du stoïcisme et, dans son âge mûr, du jansénisme, Boileau est conduit à se faire l'apôtre d'une exigence totale de *pureté* et d'*exactitude* dans l'expression. L'idéal éthique de *justice* s'accompagne d'une exigence littéraire de *justesse*. Cet idéal rejoint l'idéologie politique du Roi-Soleil fondée sur l'*ordre*, la *clarté*, l'*efficacité*, bref sur la recherche de l'*unité*. Et la fameuse règle des trois unités – « Qu'en un Lieu, qu'en un jour, un seul Fait accompli / Tienne jusqu'à la fin le Théâtre rempli[71] » – énonce autant un précepte dramaturgique qu'elle fait écho à l'exigence d'unité propre à l'absolutisme louis-quatorzien : « Un roi, une loi, une foi ». Ce qui importe dans les deux formules, c'est la répétition des articles *un* et *une*. Il s'agit dans une optique théologico-politique de contraindre le réel centrifuge à l'unité, de réduire le multiple, signe d'imperfection, de déchéance et de discorde, à l'Un, chiffre de Dieu incarné par le monarque.

---

67   Voir Cicéron, *De Oratore*, I, 2 ; Horace, *De Arte poetica*, v. 386 et 309.
68   Antoine Adam, *Histoire de la littérature française au XVIIᵉ siècle*, t. II, p. 529.
69   *Discours de la méthode*, Première partie, éd. J.-M. Beyssade, Paris, Le Livre de poche, 1973, p. 91.
70   Furetière, *Dictionnaire universel*.
71   *L'Art poétique*, Chant III, v. 45-46, p. 170.

Boileau développe donc une doctrine dominée par la *raison*, la *clarté* et le *discernement*, habitée par un désir obsessionnel de transparence et de pureté. Mais il définit cet idéal le plus souvent de manière négative par un combat contre le désordre et l'obscurité. Le culte du soleil et de la lumière implique la volonté de traquer l'ombre et le recoin. Les jardins à la française de Le Nôtre tiennent à distance et encadrent les forêts profondes et les ombrages écartés. À l'image de l'absolutisme solaire du roi, ennemi des ténèbres où Phèdre s'enfonce, la poésie doit figurer le plaisir de la raison, mais d'une raison qui domine le chaos, hiérarchise, établit des plans clairs et des classifications, d'une raison qui construit une harmonie articulée autour d'un centre illuminant et subsumant chacune des parties. Bannir les ombres pour mieux exalter la lumière, tel est le mot d'ordre de la poétique boilévienne :

> Il est certains Esprits dont les sombres pensées
> Sont d'un nuage épais toujours embarrassées.
> Le jour de la raison ne le saurait percer.
> Avant donc que d'écrire apprenez à penser.
> Selon que notre idée est plus ou moins obscure,
> L'expression la suit, ou moins nette, ou plus pure ;
> Ce que l'on conçoit bien s'énonce clairement,
> Et les mots pour le dire arrivent aisément[72]…

Dans la *Préface* à ses *Œuvres* en 1701, Boileau écrit avec le même vocabulaire à résonance cartésienne : « L'Esprit de l'Homme est naturellement plein d'un nombre infini d'idées confuses du Vrai, que souvent il n'entrevoit qu'à demi ; et rien ne lui est plus agréable que lorsqu'on lui offre quelqu'une de ces idées bien éclaircie, et mise dans un beau jour[73] ». Penser, raisonner, c'est d'abord éprouver le sentiment de sortir de la confusion et des ténèbres ; c'est jouir du moment où la Nature et la vérité sont découvertes.

C'est à force de proclamer cette exigence que Boileau finit par incarner l'équilibre apollinien et solaire du classicisme. Mais on ne souligne pas assez à quel point son œuvre n'exprime pas tant l'apothéose de la lumière qu'un arrachement à la nuit. Elle combat contre les puissances ténébreuses. Elle formule des angoisses nourries par la crainte de la discorde politique et religieuse, par les risques d'une liberté qui peut aboutir à l'anarchie, comme en ont témoigné les guerres civiles ou le développement du libertinage.

---

72 *L'Art poétique*, Chant I, v. 147-154, p. 160.
73 *Préface*, p. 1.

Boileau redoute la pression des forces centrifuges qui menacent le fragile équilibre social, mais aussi la cohérence de son moi, toujours en butte à la dissolution. Or c'est par cet aspect que son œuvre devient si prenante. Elle est moins l'énoncé catégorique d'un système que l'expression parfois douloureuse d'une lutte pour dominer le désordre. La violence de la satire ne fait que transcrire la panique devant la division. Comme Louis XIV, Boileau vit avec la hantise des guerres de Religion et le mauvais souvenir de la Fronde. Ces périodes de discorde et de désolation représentent la menace d'une dissolution toujours possible de l'État et de l'Église. L'Édit de Nantes, en 1598, et les États généraux de 1614 l'ont conjurée. Ils ont conforté l'absolutisme des rois du XVIIe siècle. Mais cette menace demeure. Elle resurgit dans la *Satire XII sur l'Équivoque*, œuvre testamentaire écrite entre 1705 et 1707. Au cœur de cette pièce, une évocation des guerres de Religion et de la Saint-Barthélemy rappelle à quel point l'exigence de classicisme, de paix et d'harmonie est moins volonté de s'installer dans un état durable que nécessité de surmonter les traumatismes liés à l'horreur des guerres civiles. En évoquant l'extrémisme catholique, Boileau résume le combat d'une vie consacrée à vanter les mérites d'un régime politique stabilisé et d'une conception de l'art fondée sur la domination des pulsions et des passions, car il considère qu'elles conduisent la société au brouillage des valeurs, au chaos, à la discorde :

> La Discorde au milieu de ces sectes altières,
> En tous lieux cependant déploya ses bannières ; [...]
> L'Europe fut un champ de massacre et d'horreur. [...]
> Au signal tout à coup donné pour le carnage,
> Dans les Villes, partout, théâtres de leur rage,
> Cent mille faux zélés le fer en main courants,
> Allèrent attaquer leurs amis, leurs parents ;
> Et, sans distinction, dans tout sein hérétique,
> Pleins de joie, enfoncer un poignard catholique.
> Car quel Lion, quel Tigre, égale en cruauté
> Une injuste fureur qu'arme la Piété[74] ?

La « Discorde » est la hantise que *Le Lutrin* s'efforce, du début à la fin, de conjurer sur un mode comique[75].

---

74 *Satire XII*, v. 237-238, 243 et 249-256, p. 97.
75 Voir Chant I, p. 191 et 192 ; Chant II, p. 199 ; Chant III, p. 203 ; Chant IV, p. 209 ; Chant V, p. 215 ; Chant VI, p. 219 et 221.

Le refus de la division et de la discorde dans le domaine politique et religieux se traduit en poésie par une recherche de la bonne rime et de la « juste cadence[76] », autrement dit par une volonté d'*articulation*. Il s'agit d'échapper à la *désarticulation* du sens et des passions mortifères. Travailler à la paix et à la beauté qui rassemblent, c'est d'abord pour Boileau, comme pour son maître Malherbe, *articuler*, créer les conditions d'un langage *clair, net* et *pur*. C'est pourquoi il faut simplifier la syntaxe, atteindre à l'euphonie, à un équilibre satisfaisant entre les voyelles et les consonnes qui plaise à « l'oreille ». La poésie est d'abord une éducation de « l'oreille ». La poétique se fait politique de l'ouïe :

> Ayez pour la cadence une oreille sévère…
> Le vers le mieux rempli, la plus noble pensée
> Ne peut plaire à l'esprit quand l'oreille est blessée…
> Mais il est des objets que l'Art judicieux
> Doit offrir à l'oreille et reculer des yeux…
> Auteurs, prestez l'oreille à mes instructions[77]…

Cette poétique de l'articulation phonique ne fait qu'exprimer chez Boileau une exigence de fluidité et de transparence du sens, dont témoigne l'importance qu'il attache aux *transitions* de manière à éviter la rudesse et la confusion dans le déroulement de la pensée : les « transitions, écrit-il, […] sont à mon sens le plus difficile chef-d'œuvre de la Poésie[78] ». Sa critique vigoureuse de l'*équivoque* va dans le même sens. Elle fait l'objet de la *Satire XII*, dirigée contre la casuistique des jésuites[79]. L'équivoque désigne à ses yeux « une ambiguïté de paroles », mais aussi « toutes sortes d'ambiguïtés, de sens, de pensées, d'expressions, […] tous ces abus et ces méprises de l'esprit humain qui font qu'il prend souvent une chose pour une autre[80] ». Elle pousse au quiproquo, à la confusion grammaticale, au brouillage des genres et des sexes, au chaos sémantique porteur de fanatisme politique et religieux :

> Du langage Français bizarre Hermaphrodite,
> De quel genre te faire, Équivoque maudite ?

---

76 *L'Art poétique*, Chant I, v. 131, p. 160.
77 *L'Art poétique*, Chant I, v. 104 et v. 111-112, p. 159 ; Chant III, v. 53-54, p. 170 ; Chant IV, v. 85, p. 182. Voir Paul Joret, *op. cit.*, p. 40-42.
78 *Lettres à Racine*, 7 octobre 1692, XIII, in *OC*, p. 754.
79 Voir *Chant I*, v. 206, p. 162 ; *Chant III*, v. 424, p. 179.
80 *Discours de l'Auteur pour servir d'apologie à la Satire XII sur l'Équivoque*, p. 89.

> Ou maudit : car sans peine, aux Rimeurs hasardeux
> L'usage encor, je crois, laisse le choix des deux[81]…

L'équivoque naît avec le péché originel. Elle constitue le péché originel du langage. C'est elle qui par « l'éclat trompeur d'une funeste pomme » et par les « mots ambigus » du « serpent », fit chuter Adam et Ève[82]. Le monde de l'Équivoque se confond dès lors avec l'histoire de l'humanité après la Chute, avec le développement d'une nuit mentale et métaphysique où s'inversent toutes les valeurs :

> Ainsi, loin du vrai jour, par toi toujours conduit,
> L'homme ne sortit plus de son épaisse nuit.
> Pour mieux tromper ses yeux, ton adroit artifice
> Fit à chaque vertu prendre le nom d'un vice :
> Et par toi de splendeur faussement revêtu
> Chaque vice emprunta le nom d'une vertu. […]
> Tout sens devint douteux, tout mot eut deux visages. […]
> Le vrai passa pour faux, et le bon droit eut tort.
> Voilà comment déchu de sa grandeur première,
> Concluons, l'homme enfin perdit toute lumière,
> Et par tes yeux trompeurs se figurant tout voir,
> Ne vit, ne sut plus rien, ne put plus rien savoir[83]…

Non seulement la *Satire XII* révèle le ressort profondément janséniste et pessimiste des œuvres de Boileau, mais elle offre une clef à sa conception de l'inspiration satirique, autrement dit à son combat pour épurer le langage à la fois euphoniquement et sémantiquement, pour trier à partir du haut les bons auteurs des mauvais, pour remettre à l'endroit le *mundus inversus* régi par les impostures et les faux-semblants, bref pour sortir le monde de ses ténèbres morales et le ramener à la clarté originelle. Voilà qui définit le style de Boileau, un « style ami de la lumière[84] ». La faute esthétique est toujours à ses yeux une faute morale, politique ou religieuse. Elle peut devenir un ferment de discorde et de chaos si l'on manque de vigilance et de courage. C'est donc à cette mission qu'il se voue.

---

81 *Satire XII*, v. 1-4, p. 91.
82 *Ibid.*, v. 57, 58 et 78, p. 92 et 93.
83 *Ibid.*, v. 107-112, 130 et 136-140, p. 93-94.
84 *Ibid.*, v. 14, p. 91.

L'HÉROÏ-COMIQUE
ET LA SATIRE NOBLE

Habité par une haute exigence morale et littéraire, doté d'un orgueil aristocratique, Boileau s'est forgé un idéal de *satire noble*, de *satire apollinienne*, qui voudrait concilier comique et noblesse. La satire lucilienne, dès les origines, peut être définie comme un *envers de l'épopée*[1]. Elle dénigre les temps actuels de décadence ou d'indignité à travers l'idéal grandiose des grandes épopées classiques. Le contenu est bas, mais la diction est élevée. Il s'agit pour le poète de pourfendre la médiocrité, mais en faisant passer le souffle des hauteurs. Boileau s'efforce d'inventer une forme d'expression qui satisfasse à la fois le plaisir de faire tomber les masques sur une mode comique et celui de rester en osmose avec la haute poésie héroïque.

LE RÊVE ÉPIQUE

L'énergie et le courage du poète satirique, Boileau les décrit volontiers en parallèle avec l'idéal aristocratique et louis-quatorzien du « noble guerrier[2] ». Il conçoit naturellement sa véhémence et son agressivité contre les vices dans un rapport d'analogie avec la puissance guerrière du roi, qui allie la force et l'effroi :

> Et tandis que Ton bras des peuples redouté,
> Va, la foudre à la main, rétablir l'équité,

---

1 Voir notre article « *Epos* et *satura*, Calliope et le masque de Thalie », in *La Satire en vers au XVIIᵉ siècle*, *Littératures classiques*, n° 24, 1995, p. 147-166.

2 Joseph Pineau, *L'Univers satirique de Boileau, L'ardeur, la grâce et la loi*, Genève, Droz, 1990, p. 75.

> Et retient les Méchants par la peur des supplices,
> Moi, la plume à la main, je gourmande les vices[3]…

La satire boilévienne se veut une expression de l'idéal guerrier qui prévaut à la cour de Louis XIV. Avatar de l'épopée, elle s'efforce, avec les moyens du comique et du réalisme, de faire miroiter un idéal de gloire fondé sur la violence guerrière et sur le panache[4]. En cela il se distingue de ses prédécesseurs comme Vauquelin, Régnier ou Furetière, dont l'*éthos* satirique s'ancrait davantage dans le monde de la bourgeoisie ou de la petite noblesse de robe, très critiques à l'égard de la guerre et des valeurs aristocratiques fondées sur la bravoure.

La satire est notamment animée par le désir d'épopée propre aux poètes de la Renaissance et de l'Âge classique, par le rêve jamais réalisé d'une *Louisiade* qui témoigne à sa juste valeur de la gloire du Roi-Soleil : « Mais quel heureux Auteur, dans une autre Énéide, / Aux bords du Rhin tremblant conduira cet Alcide[5] ? ». Elle prolifère parce que l'épopée est, à cette époque, une « case vide[6] » ou plutôt une case mal remplie, selon Boileau, par des œuvres médiocres comme le *Clovis* de Desmarets de Saint-Sorlin ou *La Pucelle* de Chapelain. *La Pharsale* de Lucain traduite par Georges de Brébeuf[7] le fait sortir de ses gonds à cause de sa boursouflure, de ses vers ampoulés et de son « fatras obscur[8] ». Tous ces poèmes relèvent de l'extravagance et du défaut de bon sens poétique :

> La licence partout règne dans les écrits.
> Déjà le mauvais Sens, reprenant ses esprits,
> Songe à nous redonner des Poèmes Épiques[9]…

La satire incarne le rêve épique, mais à l'envers, comme son échec ou son désir inassouvi.

---

3   *Discours au Roy*, v. 67-70, p. 10.
4   Sur l'idéologie guerrière chez Boileau, voir Joseph Pineau, *op. cit.*, p. 113-126.
5   *L'Art poétique*, Chant IV, v. 203-204, p. 185.
6   Voir Siegbert Himmelsbach, *L'Épopée ou La « Case vide ». La Réflexion poétologique sur l'épopée nationale en France*, Tübingen, Max Niemeyer Verlag, 1988.
7   *La Pharsale de Lucain ou les guerres civiles de César et Pompée*, Paris, Antoine de Sommainville, 1656.
8   *Parodie burlesque de la première ode de Pindare à la louange de M. Perrault*, in *OC*, éd. citée, p. 264.
9   *Épître VIII*, v. 55-57, p. 131.

Boileau ne supporte pas non plus l'abâtardissement des héros épiques dans les tragédies galantes de Quinault ou dans les romans à la mode de La Calprenède ou de Mlle de Scudéry. Dans le *Dialogue des héros de roman*, texte écrit en 1666 dans « un esprit satirique[10] », l'année même où il publie son premier recueil de *Satires*, il se gausse des romans modernes qui représentent les grands héros de l'histoire de Rome en « Bergers très frivoles », uniquement soucieux de conter leur amour à leur maîtresse : ils ne s'occupent « qu'à tracer des Cartes Géographiques d'Amour, qu'à se proposer les uns aux autres des questions et des Énigmes galantes ; en un mot qu'à faire tout ce qui paraît le plus opposé au caractère et à la gravité héroïque de ces premiers Romains ». Il se désole de voir la tragédie et le roman héroïque remplis d'un « long verbiage d'Amour » qui dissout les valeurs guerrières et viriles de l'épopée et de la tragédie antiques[11]. La haute littérature épique est pour Boileau dégradée par la vie mondaine, l'influence émolliente des femmes et une importance démesurée accordée à la passion amoureuse.

Son itinéraire poétique est exemplaire des métamorphoses et des impasses du rêve épique au XVIIᵉ siècle. Pourquoi un prince aussi grand et aussi puissant que Louis XIV n'a pas rencontré un Virgile pour célébrer sa gloire et ses hauts faits ? Telle est sans doute la question qui inspire en profondeur sa poétique de la satire. Comme Du Bellay, Ronsard ou Régnier, il s'emploie, autant qu'il le peut, à capter l'attention du monarque par la promesse d'une épopée, l'éloge suprême. Mais il comprend vite qu'il a le souffle trop court. Malgré ses efforts, il peine, dans l'*Épître IV*, à emboucher la trompette héroïque pour décrire le passage du Rhin par Louis XIV et ses troupes. Son impuissance, il la traduit par un argument joliment fallacieux : il y a une disconvenance entre les noms des villes conquises par le roi, aux sonorités répulsivement flamandes, et l'armature de l'alexandrin français. Notre prosodie serait inapte à chanter des exploits que nos rimes et nos hémistiches ne peuvent intégrer sans susciter le comique :

> Ce pays, où cent murs n'ont pu Te résister,
> Grand Roi, n'est pas en vers si facile à dompter.
> Des Villes que tu prends, les noms durs et barbares

---

10   *Discours* (1710) sur le *Dialogue des héros de romans*, p. 445.
11   *Ibid.*, p. 444 et 445.

> N'offrent de toutes parts que syllabes bizarres. [...]
> Oui, partout de son nom chaque Place munie
> Tient bon contre le vers, en détruit l'harmonie. [...]
> Quelle Muse à rimer en tous lieux disposée
> Oserait approcher des bords de Zuiderzée ?
> Comment en vers heureux assiéger Doësbourg,
> Zutphen, Wageninghen, Hardervic, Knotzembourg ? [...]
> Le vers est en déroute, et le Poète à sec[12]...

L'armée hollandaise est commandée par le feld-maréchal Paul de Wurts, nom propre qui excite la verve comique du poète et dont le caractère imprononçable justifie sa déclaration d'incompétence épique :

> Wurts l'espoir du pays, et l'appui de ses murs,
> Wurts... ah ! Quel nom, Grand Roi ! Quel Hector que ce Wurts !
> Sans ce terrible nom mal né pour les oreilles,
> Que j'allais à Tes yeux étaler de merveilles[13] !

Boileau réduit l'événement militaire à sa dimension onomastique, mettant en parallèle, avec drôlerie, la défaite du Hollandais et la sienne en tant que chantre des exploits royaux, comme si c'était les noms propres et non les faits qui conditionnaient la création poétique[14]. Alors qu'il lui faudrait adapter sa Muse au monde, il veut, avec impertinence, soumettre le monde à sa Muse, le réel à son désir, les événements et les noms propres à la carrure spécifique de l'alexandrin. Il refuse plaisamment de se conformer à l'une maximes principales de la sagesse selon Descartes : « plutôt [...] changer [ses] désirs que l'ordre du monde[15] ».

L'image humoristique du « Poète à sec » ainsi que l'impossibilité d'adapter la cadence et la rime de l'alexandrin à l'épopée hollandaise du monarque sont surtout révélatrices d'un échec plus général de la parole épique. Boileau conclut avec espièglerie ce poème étrange en invitant Louis XIV à conquérir plutôt les contrées où eut lieu la guerre

---

12 *Épître IV*, v. 3-6, 9-10, 13-16 et 20, p. 113.

13 *Ibid.*, v. 143-146, p. 116.

14 Boileau pensait dédier la *Satire V* à La Rochefoucault. Finalement, il la dédie au marquis de Dangeau. Voici son explication : « J'avais dessein d'abord de la dédier à M. de La Rochefoucault que j'avais l'honneur de connaître, mais il me parut que ce nom de trop de syllabes gâterait mes vers, et ainsi je la dédiais à M. Dangeau » (*OC*, éd. citée, p. 902, note 1).

15 *Discours de la méthode*, Troisième partie.

de Troie, ce qui lui permettrait de réécrire *L'Iliade*[16]. Il ne peut mener
à bien l'épopée des guerres royales, mais il veut faire entendre sa voix.
La satire, genre bas, lui offre une alternative, qu'il voudrait cependant
infléchir de manière à maintenir la tension héroïque.

UNE DRAMATURGIE DE LA COLÈRE
ET DE L'INDIGNATION

Boileau cherche à imposer une poésie comique et satirique qui garde
en ligne de mire l'épopée. Or l'épopée est le lieu du combat guerrier et
de la colère magnanime. La colère est la passion épique par excellence.
Elle ouvre l'*Iliade*. Agamemnon fait un affront à Achille en lui prenant
sa captive, Briséis. Achille, furieux, se retire du champ de bataille. Il
entre de nouveau en fureur au moment de la mort de son ami Patrocle,
tué par Hector. Son courroux grandiose suscite l'enthousiasme et confère
au poème d'Homère son pouvoir d'entraînement. Il donne le goût du
combat et de la noble fierté. Il provoque l'admiration, l'émulation et
le désir de s'affirmer. Boileau fait d'Achille en fureur le symbole de la
poésie héroïque[17]. Il se veut animé de la même passion lorsqu'il écrit
des satires. Voilà pourquoi son maître est Juvénal, dont la *vis comica*,
à base d'indignation grandiose et « d'affreuses vérités », transforme la
satire en combat passionné : « Ses écrits pleins de feu partout brillent
aux yeux[18]. » À l'humour souvent bonhomme et conciliant d'Horace
ou de Régnier, il préfère la « mordante plume » de l'Aquinois, « Faisant
couler des flots de fiel et d'amertume[19] ».

La *Satire V*, où il imite la *Satura VIII* du poète romain consacrée à
la vraie noblesse, est dominée par cet *éthos* colérique. Usant du grand
style de la *saeva indignatio* propre à Juvénal, il agresse le grand seigneur
bouffi d'arrogance, mais qui ne fait preuve d'aucune grandeur morale :

---

16   *Ibid.*, v. 153-172, p. 116-117.
17   Voir *L'Art poétique*, v. 105 et 254-255, p. 171 et 175.
18   *L'Art poétique*, Chant II, v. 158-160 et 167, p. 166 et 167. Sur l'influence de Juvénal sur les
     Satires de Boileau, voir Gilbert Highet, *Juvenal the Satirist, a Study*, Oxford, Clarendon Press,
     1954, p. 215-216 et 328 ; Robert E. Colton, *Juvenal and Boileau*, Hildesheim, Olms, 1987.
19   *Satire VII*, v. 77-78, p. 39.

> Mais, fussiez-vous issu d'Hercule en droite ligne,
> Si vous ne faites voir qu'une bassesse indigne,
> Ce long amas d'aïeux que vous diffamez tous,
> Sont autant de témoins qui parlent contre vous ;
> Et tout ce grand éclat de leur gloire ternie
> Ne sert plus que de jour à votre ignominie.
> En vain, tout fier d'un sang que vous déshonorez,
> Vous dormez à l'abri de ces noms révérés ;
> En vain vous vous couvrez des vertus de vos Pères,
> Ce ne sont à mes yeux que de vaines chimères[20]…

Boileau pousse en l'occurrence l'expression de sa colère jusqu'à l'invective et au mépris, avec l'espoir de provoquer un choc et une prise de conscience :

> Je ne vois rien en vous qu'un lâche, un imposteur,
> Un traître, un scélérat, un perfide, un menteur,
> Un Fou dont les accès vont jusqu'à la furie,
> Et d'un tronc fort illustre une branche pourrie[21].

Cette violente diatribe fait écho à la tirade de Dom Louis dans le *Dom Juan* de Molière et aux sermons emportés de Bossuet ou de Bourdaloue. Le ton grandiose et véhément élève la critique au niveau du poème héroïque. La moquerie fait ici place à la colère de celui qui ne peut se taire face au scandale et à l'injustice. Boileau a conscience qu'il sort des limites habituellement réservées à la satire :

> Je m'emporte peut-être, et ma Muse en fureur
> Verse dans ses discours trop de fiel et d'aigreur[22]…

Mais il assume la pente de cette inspiration véhémente qui fait de la colère, dans le sillage d'Aristote et contrairement aux recommandations stoïciennes[23], une vertu nécessaire dans certaines circonstances. Toute l'œuvre de Juvénal, bouillante et emportée, est un vaste mouvement d'indignation contre ce qui blesse impunément le bon sens et la vertu. Lire Juvénal pour Boileau, comme pour Scaliger, Casaubon ou Rigault, c'est remonter à cette indignation originelle. Juvénal « l'épée dégainée »,

---

20 *Satire V*, v. 53-62, p. 31.
21 *Ibid.*, v. 63-66, p. 31.
22 *Satire V*, v. 67-68, p. 31.
23 Voir le *De ira* de Sénèque.

« *ense* [...] *stricto*[24] » (I, v. 165) veut remédier à « la lenteur de la colère des dieux », « *lenta ira deorum*[25] », qui permet aux imposteurs et aux vicieux de prospérer impunément. Boileau lui emboîte clairement le pas pour dénoncer la décadence des élites. Juvénal lui insuffle une ardeur guerrière portée par un désir de vraie noblesse et fortifiée par un langage altiloque : « La Colère est superbe et veut des mots altiers[26] ». Prenant la satire au sérieux et cherchant, comme l'a fait Régnier, à la doter d'une pleine légitimité poétique, il tente de conférer à sa fougue vengeresse un élan comparable à celui qui émeut un public surtout sensible aux beautés de la tragédie cornélienne. Pour intensifier et justifier cet élan, il allègue son courage, son engagement et sa sincérité. En un mot, il voudrait que son amertume et son indignation atteignent au *sublime*.

L'HORIZON DU SUBLIME

Le sublime est la qualité principale que Boileau reconnaît à Juvénal. Ce qu'il aime dans « Ses ouvrages », c'est qu'ils « Étincellent [...] de sublimes beautés[27] ». Une lettre à Brossette le confirme on ne peut mieux : « J'ai su, dans mes Écrits, docte, enjoué, sublime, / Rassembler en moi Perse, Horace et Juvénal. Supposé que cela fut vrai, *docte* répondant admirablement à Perse, *enjoué* à Horace et *sublime* à Juvénal[28] ».

Sa traduction du *Traité du sublime*, attribué au rhéteur Longin, peut à cet égard être considérée comme l'art poétique qui préside en partie à l'esprit et à l'esthétique de son œuvre critique en général, et notamment de ses poèmes satiriques. Le « sublime », est-il dit dans cette traduction, « ravit, il transporte [...]. Il donne au Discours une certaine vigueur noble, une force invincible qui enlève l'âme ». « Il n'y a peut-être rien, lit-on encore, qui relève davantage un Discours, qu'un beau mouvement et une Passion poussée à propos. En effet c'est comme une

---

24   Juvénal, *Satura I*, v. 165.
25   *Satura XIII*, v. 100.
26   *L'Art poétique*, Chant III, v. 133, p. 172.
27   *L'Art poétique*, Chant II, v. 160, p. 166.
28   *Lettre XLVIII* du 6 mars 1705, p. 694.

espèce d'enthousiasme et de fureur noble qui anime l'Oraison, et qui lui donne un feu et une vigueur toute divine[29] ».

Ces phrases définissent on ne peut mieux l'effet produit par l'indignation juvénalienne, que Boileau tente de susciter avec ses propres poèmes. Il affectionne le terme « vigueur », car il lui permet de synthétiser l'idée de force et celle d'élévation. Associée à la noblesse du cœur et au « juste courroux[30] », la « vigueur » est une force concentrée sur son objet et sûre d'elle-même. Elle s'oppose à la mollesse, au doute, à la dispersion. De même que le sublime puise une part de sa force dans le désir de « *dire la vérité*[31] », « L'ardeur de se montrer, et non pas de médire, / Arma la Vérité du vers de la Satire[32] ». Quand il se fait le vengeur de « l'humble Vertu[33] », Boileau veut nous communiquer une énergie comparable à celle que ses contemporains peuvent puiser dans les tragédies de Corneille. Certes les objets de son indignation sont bas et médiocres, mais l'important est qu'il provoque un mouvement de passion, un élan d'agressivité que le poète convertit en « fierté noble et généreuse[34] ».

LA VEINE HÉROÏ-COMIQUE

Mû par le désir de montrer que la satire est bien un avatar de la poésie héroïque, autrement dit de l'épopée, Boileau rencontre naturellement l'*héroï-comique*, qui associe de manière complexe la trivialité du monde bourgeois et les valeurs guerrières de la noblesse. Ce registre comique, qui à l'inverse du burlesque, décrit la médiocrité du réel, mais avec l'aplomb des cimes et de l'idéal, satisfait son désir de descendre dans l'arène du quotidien sans déchoir tout à fait des hauteurs épiques. Il lui apparaît comme un pis-aller, une concession au temps présent, indigne d'une épopée véritable, mais susceptible

---

29   Chap. I, *op. cit.*, p. 341-342 ; chap. VI, p. 350.
30   *Le Lutrin*, Chant I, v. 91, p. 193.
31   *Ibid.*, chap. I, p. 341.
32   *L'Art poétique*, Chant II, v. 145-146, p. 166.
33   *Ibid.*, v. 146, p. 166.
34   *Traité du sublime*, chap. VII, p. 351.

d'en capter le reflet et d'en retrouver le goût. À l'inverse, il tire vers le haut et vers le merveilleux un monde bourgeois réputé laborieux et trivialement réaliste.

Le style, dans *Le Lutrin*, mais aussi dans les *Satires* et les *Épîtres*, peut ainsi être qualifié d'héroï-comique. Il réalise en partie le rêve de conjuguer *comique* et *noblesse*, de faire vraiment de la satire, comme le souhaitait Isaac Casaubon, une « *oratio nobilis*[35] ». En dépit des apparences, le genre héroï-comique n'est pas une inversion machinale du burlesque qui rabaisse les hauteurs épiques au niveau du quotidien afin de les dégrader et de les tourner en dérision. Boileau distingue vigoureuse-ment l'héroï-comique, dont les intentions sont nobles, du burlesque à la manière de Paul Scarron, qui n'est à ses yeux que bassesse :

> C'est un Burlesque nouveau, dont je me suis avisé en notre Langue. Car au lieu que dans l'autre Burlesque Didon et Énée parlaient comme des Harengères et des Crocheteurs ; dans celui-ci une Horlogère et un Horloger parlent comme Didon et Énée[36].

Le style héroï-comique correspond à la volonté bourgeoise de s'élever socialement, de rehausser, au moins sur le plan formel, la banalité du quotidien, de dire « sans s'avilir les plus petites choses[37] ». Envisager le réel, même sordide, avec un langage châtié, c'est déjà l'arracher à sa bassesse. Il s'agit avant tout d'éviter le langage trivial, car le plaisir qu'il peut causer interrompt le processus d'élévation morale : « Il n'y a rien qui avilisse davantage un discours que les mots bas. On souffrira plutôt, généralement parlant, une pensée basse exprimée en termes nobles, que la pensée la plus noble exprimée en termes bas[38] ».

John Dryden publie en 1693 un remarquable *Discours concerning the Original and Progress of Satire* qui est un hommage à Boileau et qu'on

---

35 *De Satyrica Graecorum Poesi et Romanorum Satira*, Paris, A. et H. Drouard, 1605, p. 349.

36 *Préface pour la première édition du Lutrin* (Paris, Denis Thierry, 1674), in éd. citée, p. 1006. Boileau n'est pas l'inventeur du style héroï-comique comme il veut nous le faire croire. Il suffit de penser à la *Batrachomyomachie* (*Le Combat des rats et des grenouilles*), attribuée à Homère, ou à *La Secchia rapita* (*Le Seau enlevé*), poème d'Allesandro Tassoni publié en 1622. Voir Gérard Genette, *Palimpsestes, La littérature au second degré*, Paris, Gallimard, 1982, p. 147-157 ; Maria Cristina Cabani, *La pianella di Scarpinello, Tassoni e la nascita dell'eroï-comico*, Lucques, Fazzi, 1999 ; Marc Fumaroli, art. cité, p. 52-59. Sur *Le Lutrin*, voir Joseph Pineau, *op. cit.*, p. 247-252.

37 *Épître XI*, v. 49, p. 146.

38 *Réflexions critiques sur quelques passages du rhéteur Longin*, IX, in *OC*, p. 532.

peut considérer comme un exposé détaillé de sa poétique de la satire[39].
Il considère que l'expression « héroï-comique », qui sert de sous-titre au
Lutrin définit la spécificité de son écriture et de sa vision du monde. La
satire en vers, telle que Boileau la conçoit, lui apparaît même comme
l'une des formes que peut prendre « la poésie héroïque[40] ». Certes les
sujets qu'il traite sont le plus souvent bas, mais ils sont relevés par « le
caractère sublime de l'expression » : « *His Subject is Trivial, but his Verse
is Noble*[41] ». À la différence du burlesque scaronnien qui abaisse et avilit,
l'écriture héroï-comique répond à un désir d'élévation : « *[Boileau] per-
petually raises the Lowness of his Subject by the Loftiness of his words*[42] ». Ce
qui compte, c'est l'énergie ascensionnelle, quel que soit le sujet traité.

Contrairement au burlesque, qui repose sur le désir de rire à tout prix
par la transgression et le renversement carnavalesque, l'héroï-comique
est un comique de connivence et de nostalgie, entre gens du même
monde qui partagent les mêmes références culturelles et les mêmes
admirations. Le burlesque dégrade l'épopée et fait de la reine Didon
« une grosse dondon[43] ». L'héroï-comique est un hommage à l'épopée ;
il reste sur les hauteurs. Il maintient l'exigence épique, bien qu'il ne se
console point de ne pouvoir être une épopée authentique. Il en garde
la forme et la tension, mais sans le contenu. Il est vidé de sa substance
héroïque, mais non du désir d'épopée. Il met pour ainsi dire l'épopée
en attente. Le poète héroï-comique est plus que tout autre un lecteur
et un amoureux des grands poèmes antiques, dont il voudrait voir la
résurrection. Mais il pense que ce genre n'est désormais possible que
sous la forme non pas tant de la parodie, qui tourne en ridicule le texte
source, que du pastiche satirique, qui au contraire lui rend hommage.
Il n'est de genre héroï-comique que si existe le désir passé ou présent
d'écrire une épopée véritable.

---

39 Ce discours sert de préambule à une traduction des œuvres de Juvénal et de Perse : *The
    Satires of Decimus Junius Juvenalis translated into English Verse. Together with the Satires of
    Aulus Persius Flaccus*, Londres, Jacob Tonson, 1693, p. i-xxxix. Voir l'édition moderne in
    The Works of John Dryden, Berkeley-Los Angeles-London, University of California Press,
    1974, t. IV, p. 3-90. Nos citations proviennent de cette édition.

40 *Ibid.*, p. 84.

41 *Ibid.*, p. 83.

42 *Ibid.*, p. 83 : « [Boileau] relève constamment la bassesse du sujet par la hauteur de son
    langage ».

43 Paul Scarron, *Le Virgile travesti*, liv. I, v. 2734, éd. J. Serroy, Paris, Classiques Garnier,
    1988, p. 143.

Au-delà du désir de faire rire et de distraire, le poète héroï-comique nourrit son texte des émotions que suscite la lecture d'Homère et de Virgile. Il cherche toujours à donner ou à redonner le goût des grandes œuvres épiques et donc du sublime. C'est ainsi que la première édition du *Lutrin*, qui paraît la même année que la traduction du *Traité du sublime*, porte comme sous-titre *Poème héroïque*. Ce n'est que dans la dernière édition de ses œuvres que Boileau l'intitule *Poème héroï-comique*. À l'instar des satires elles-mêmes, présentées comme des exercices préparatoires à la poésie épique, le poème héroï-comique apparaît comme un genre de transition en attendant de vrais poètes qui réactivent de façon convaincante l'inspiration homérique et virgilienne.

Le *Lutrin*, né d'une conversation enjouée avec Guillaume de Lamoignon, est un « défi » que Boileau se propose de relever[44]. Il veut prouver qu'on peut ennoblir, grâce à la poésie, une matière pauvre et vulgaire. Le poème raconte comment « la Discorde » sème la zizanie dans l'église de la Sainte-Chapelle à Paris. Elle fait naître un conflit ridicule entre le « Trésorier » et le « Chantre », dignitaire chargé des chants qui accompagnent la liturgie. Le Trésorier installe dans le chœur un énorme lutrin[45] derrière lequel le Chantre disparaît au cours des offices, ce qui l'humilie. Les premiers vers du poème donnent le ton en imitant l'*incipit* de l'*Iliade* et celui de l'*Énéide* :

> Je chante les combats, et ce Prélat terrible
> Qui, par ses longs travaux et sa force invincible,
> Dans une illustre Église exerçant son grand cœur,
> Fit placer à la fin un Lutrin dans le Chœur[46].

Les deux ennemis rassemblent des partisans qui se retrouvent dans la boutique du libraire Claude Barbin. Ils se battent alors en s'envoyant des livres à la figure et sur le corps. Boileau se régale à pasticher le style homérique. L'un des combattants :

> [...] entre chez Barbin, et, d'un bras irrité,
> Saisissant du Cyrus un volume écarté,

---

44 *Le Lutrin, Avis au Lecteur*, éd. citée, p. 189.
45 Furetière définit ainsi le terme « lutrin » dans son *Dictionnaire* : « Pupitre sur lequel on met les Livres d'Église, auprès duquel les Chantres s'assemblent. On le dit principalement de celui qui est au milieu du Chœur ».
46 *Le Lutrin*, Chant I, v. 1-4, p. 191.

> Il lance au sacristain le tome épouvantable.
> Boirude fuit le coup : le volume effroyable
> Lui rase le visage, et, droit dans l'estomac,
> Va frapper en sifflant l'infortuné Sidrac.
> Le vieillard, accablé de l'horrible Artamène,
> Tombe aux pieds du prélat, sans pouls et sans haleine.
> Sa troupe le croit mort, et chacun empressé
> Se croit frappé du coup dont il le voit blessé[47].

Outre *Artamène ou le Grand Cyrus*, roman de Mlle de Scudéry, Boileau fait défiler nombre de livres qu'il déteste :

> Marineau, d'un Brébeuf à l'épaule blessé,
> En sent partout le bras une douleur amère,
> Et maudit la Pharsale aux Provinces si chère.
> D'un Pinchêne *in-quarto* Dodillon étourdi
> A longtemps le teint pâle et le cœur affadi.
> Au plus fort du combat le Chapelain Garagne,
> Vers le sommet du front atteint d'un Charlemagne,
> (Des vers de ce Poème effet prodigieux) !
> Tout prêt à s'endormir, bâille, et ferme les yeux.
> À plus d'un combattant la Clélie est fatale[48]...

Finalement le président de Lamoignon, sous le nom d'Ariste, met fin à la querelle et ramène la paix.

Cet « Ouvrage de pure plaisanterie[49] » est un haut lieu de la jouissance boilévienne. Le poète y donne libre cours à sa fascination pour le genre épique. Sous couvert du jeu et de la gageure poétique, il s'abandonne au plaisir du style et de la prosodie héroïques, tout en conservant l'esprit mordant de la satire. *Le Lutrin* est un ouvrage clef pour comprendre sa relation complexe au comique et à l'épopée. Il nous montre un poète ravi de s'adonner aux hyperboles grandioses, aux allégories, aux hypotyposes, dont il critique l'abus chez les auteurs qu'il dénigre.

Il formule aussi indirectement l'impasse où il se trouve ainsi que ses contemporains : personne n'est capable de chanter les campagnes militaires de Louis XIV, notamment en Allemagne et en Hollande, à la manière d'Homère et de Virgile. Cette épopée qui n'a pas encore

---

47 Chant V, v. 123-132, p. 215.
48 *Ibid.*, v. 160-169, p. 215-216.
49 *Avis au Lecteur*, p. 190.

trouvé un poète de génie, Boileau la suggère et l'appelle de ses vœux dans les comparants des images dont il orne sa narration. Par une sorte d'aberration littéraire, il renoue avec le pur style héroïque dans le second degré de son poème, dans un espace présenté comme la norme, mais en même temps relégué, voire dénié par l'inspiration comique. Tout se passe comme si le réel le plus trivial se reflétait dans un miroir agrandissant et magnifiant. Le Chantre réveille les chanoines au moyen d'une « Crécelle », pour aller abattre le Lutrin installé contre sa volonté par le Trésorier. C'est l'occasion pour Boileau d'une comparaison qui fait intervenir Louis XIV en personne et qui pourrait donc figurer comme telle dans une épopée authentique :

> Il dit. Du fond poudreux d'une armoire sacrée
> Par les mains de Girot la crécelle est tirée. [...]
> Le quartier alarmé n'a plus d'yeux qui sommeillent ;
> Déjà de toutes parts les chanoines s'éveillent
> L'on croit que le tonnerre est tombé sur les toits,
> Et que l'église brûle une seconde fois ; [...]
> Ainsi, lorsque tout prêt à briser cent murailles,
> LOUIS la foudre en main abandonnant Versailles,
> Au retour du Soleil et des Zéphyrs nouveaux,
> Fait dans les champs de Mars déployer ses drapeaux :
> Au seul bruit répandu de sa marche étonnante,
> Le Danube s'émeut, le Tage s'épouvante,
> Bruxelle attend le coup qui la doit foudroyer,
> Et le Batave encor est prêt à se noyer[50]...

Cette comparaison au style élevé fait miroiter dans le poème ce que serait une épopée véritable. Au cœur d'un récit exposant des réalités basses et triviales, apparaît tout d'un coup une échappée de soleil. Voici, dans un éblouissement qu'il faut lire au premier degré, l'avers idéal qui sert de mesure à l'envers banal qui constitue la substance du quotidien populaire et bourgeois. Telle est sans doute en profondeur la formule de l'inspiration satirique de Boileau.

Cette esthétique suppose que le poète est imprégné des textes-sources qui lui servent de référence et d'objectif. Dryden montre comment *Le Lutrin* décalque l'épopée homérique et virgilienne, non pour s'en moquer,

---

50 Chant IV, p. 209. *Cf.* l'*Épître IV*, où est décrit le passage du Rhin par Louis XIV et son armée, le 12 juin 1672.

mais pour amplifier les comparaisons et donner ainsi de la hauteur au
propos. Dans *L'Énéide*, on peut lire les vers suivants :

> *Nec tibi diva parens generis nec Dardanus auctor,*
> *Perfide, sed duris genuit te cautibus horrens*
> *Caucasus Hyrcanaeque admorunt ubera tigres*[51].

Ce passage est réécrit dans *Le Lutrin* en sorte que la bassesse de la situation de départ est élevée au rang d'une scène homérique :

> Non, ton Père à Paris ne fut point Boulanger :
> Et tu n'es point du sang de Gervais l'Horloger :
> Ta Mère ne fut point la maîtresse d'un Coche :
> Caucase dans ses flancs te forma d'une roche.
> Une Tigresse affreuse, en quelque antre écarté,
> Te fit avec son lait sucer sa cruauté[52].

La dérision dans les *Satires*, les *Épîtres* et *L'Art poétique*, comme dans *Le
Lutrin*, prend constamment de la hauteur. La trivialité du propos est
transcendée par la dynamique altiloque. Voici une critique du poète
Saint-Amant, auteur d'une épopée biblique, *Moïse sauvé*, que Boileau
trouve extravagante :

> Ainsi Tel autrefois qu'on vit avec Faret
> Charbonner de ses vers les murs d'un cabaret,
> S'en va mal à propos, d'une voix insolente,
> Chanter du peuple Hébreu la fuite triomphante,
> Et, poursuivant Moïse au travers des déserts,
> Court avec Pharaon se noyer dans les mers[53].

Le grave et le léger se mêlent ici en un jeu subtil où se télescopent le
« cabaret » et les « déserts » où fuit le « peuple Hébreu ». Saint-Amant
piètre poète pour narrer la geste du peuple juif ne peut pas finir autrement
que noyé dans la Mer Rouge « avec Pharaon ». L'élargissement biblique
vient ici ennoblir sa médiocrité littéraire et pour ainsi dire la rédimer.

---

51 *L'Énéide*, chant IV, v. 365-367 : « Non, tu n'as point une déesse pour mère, ni Dardanus
    pour auteur de ta race, perfide ! mais c'est le Caucase, hérissé de durs rochers, qui t'a
    engendré ; ce sont les tigresses de l'Hyrcanie qui t'ont allaité de leurs mamelles » (trad.
    Maurice Rat, Paris, Garnier-Flammarion, 1965, p. 98-99).
52 *Le Lutrin*, Chant II, éd. citée, p. 1011. Ces vers, qui figuraient dans les éditions de 1674,
    1675 et 1682, furent ensuite supprimés.
53 *L'Art poétique*, Chant I, v. 21-26, p. 157.

Pas plus que dans les *Satires*, Boileau ne parvient cependant, avec *Le Lutrin*, à imposer de manière convaincante son idéal de la satire noble. Il échoue à créer un sublime d'essence comique, autrement dit, grâce à la satire de personnages petits et méprisables, à donner le goût de la grandeur et du dépassement de soi. Le genre épique, phagocyté par le théâtre et le roman, est en fait moribond. Le public éprouve de moins en moins d'émotions face à un style de poème dans lequel il ne se reconnaît plus. La fascination de Boileau pour l'épopée, dévoyée dans le comique, traduit un désir inassouvi d'héroïsme qui est peut-être aussi l'indice d'une crise de l'idéologie guerrière de la haute noblesse. Son projet de satire noble n'a plus de sens quand la culture épique a perdu sa vigueur et sa prédominance dans la culture des générations nouvelles.

Boileau pouvait-il être à la hauteur de ses ambitions sans pouvoir aborder les grands sujets à la manière de Juvénal dont la colère est suscitée largement par des thèmes politiques et religieux ? Certes il aborde avec fougue la question de la « noblesse » de sang, qui perd tout crédit quand on est dépourvu de noblesse morale, et celle de l'« honneur » que dévoient l'ambition et la comédie des apparences[54]. Il souscrit à ces propos du Longin dans le *Traité du sublime* : « il n'y a peut-être rien qui élève davantage l'âme des grands hommes que la liberté, ni qui excite et réveille plus puissamment en nous ce sentiment naturel qui nous porte à l'émulation ; et cette noble ardeur de se voir élevé au-dessus des autres[55] » ; le sublime, poursuit Longin, implique qu'on refuse « la servitude » et qu'on cherche à « lever les yeux pour regarder au-dessus de soi[56] ». Boileau a beau par ailleurs faire de la « liberté » la condition de la « vérité », deux termes qu'il associe dans une rime du *Discours au Roi*[57], il ne parvient pas à faire passer vraiment le frisson du sublime, à associer noblesse et liberté, noblesse et colère, comme Juvénal et plus tard comme Chénier dans les *Iambes* ou encore Victor Hugo dans *Les Châtiments*. Dryden fait remarquer, à propos de Juvénal, qu'un individu apparaît d'autant plus noble qu'il se fait le vengeur de la liberté outragée, *libertatis vindex*[58]. Ce n'est pas le cas de notre poète

---

54 *Satire V* et *Satire XI.*
55 *Traité du sublime*, ch. **XXV**, éd. citée, p. 399.
56 *Ibid.*, p. 400 et 401.
57 *Discours au Roi*, v. 87-88, p. 11.
58 *Op. cit.*, p. 65.

qui vit bourgeoisement sous un monarque qu'il admire et dont il est un serviteur confiant et docile. Il n'est pas dans une situation où la liberté se traduit par un désir intense de libération, ce qui peut être un moteur du sublime dans la satire. Le siècle de Louis XIV n'était pas propice à la grande satire juvénalienne dont rêve Boileau. *Le Lutrin*, œuvre matricielle pour comprendre la poétique boilévienne de la satire, nous apparaît finalement comme une coque vide qui nous procure un plaisir essentiellement formel et intertextuel.

LE LYRISME SATIRIQUE

Nicolas Boileau est un poète lyrique. Il illustre ce que nous appelons un *lyrisme comique*, un *lyrisme satirique*. Ces expressions peuvent paraître oxymoriques, tellement nous sommes habitués, depuis le romantisme et le symbolisme, à conjuguer la notion de lyrisme avec l'expression du sérieux et de la gravité. On a du mal à associer lyrisme et satire, lyrisme et comique. Or la grande satire lucilienne repose sur la vie et les passions d'un sujet singulier. Elle affirme la figure de l'auteur. De Lucilius à Pope, elle est fondée sur un *je* qui fait irruption avec véhémence dans l'espace public, sans mandat officiel, muni de sa seule énergie et de la volonté d'exhiber ce qu'il estime être la décadence des mœurs et la trahison des idéaux nobles. Quand elle arrive à conjuguer violence et beauté, quand elle fait miroiter l'éclat de l'absolu au milieu de ses attaques virulentes ou burlesques, elle devient profondément lyrique. Boileau, comme Horace, l'Arioste ou Du Bellay, fait de ses poèmes satiriques, un miroir de sa vie. Pour peu qu'on abandonne les préjugés qui pèsent sur lui, on découvre la ferveur et les passions d'un poète intensément présent dans son œuvre. La satire est d'ailleurs depuis Lucilius, le premier type de poème où émerge un *auteur* au plein sens du terme, à la fois une auto-rité qui rappelle le sens de l'idéal et des valeurs, mais aussi un sujet au sens moderne, une conscience blessée qui fait de son for intérieur une instance de jugement primordiale et souveraine.

L'AFFIRMATION DU MOI

Si l'on excepte La Fontaine, l'époque de Louis XIV ne fut guère propice au lyrisme personnel. La nécessité de se soumettre au monarque, le sacrifice du moi dans la louange hyperbolique et l'idéal de l'honnête homme obligent tout un chacun à freiner ses désirs et ses passions, à éviter de parler de soi, à privilégier l'échange et la conversation entre personnes de bonne compagnie. Les œuvres de Boileau, bilieuses et atrabilaires, contredisent ce double idéal de sujet courtisan et d'honnête homme. Elles font preuve d'une violence dans l'écriture, d'une brutalité péremptoire dans les jugements, d'une tendance permanente à se mettre en avant, y compris de manière autobiographique, qui ne pouvaient que rendre encore plus insupportable le genre de la satire, déjà passablement suspect. Le dissensus fait courir au fauteur de troubles le risque de l'exclusion. L'ombre d'Alceste pèse sur Boileau. À une époque où la poésie non théâtrale s'est affadie, où règne l'impersonnalité écœurante de l'éloge, la satire boilévienne, avec son humeur chagrine, son réalisme décapant, son obsession du jugement fondé sur le for intérieur, retrouve le chemin d'un grand lyrisme comique dans le sillage de Juvénal, de l'Arioste et de Régnier. Même s'il revêt le masque du satirique et ne manque pas de traiter des thèmes traditionnels depuis Lucilius, Boileau peut être considéré comme l'un des rares poètes lyriques au temps de Louis XIV. C'est d'ailleurs par cet aspect qu'il nous semble le plus attachant. Ses colères, ses hantises, ses sautes d'humeur, sa façon continuelle de revenir à lui, de réfléchir sur sa manière d'écrire, nous le rendent très présent, au-delà des conventions littéraires et du projet d'universalisme. Boileau n'est pas un poète impersonnel : il entre en poésie, avec la ferveur prosélyte d'un engagement et d'une vocation. À défaut de s'imposer dans les grands genres, il vise au moins, par les moyens du comique, à exprimer, avec une haute exigence, de véritables jugements personnels qui rendent pleinement justice aux valeurs généreuses et aux chefs-d'œuvre authentiques. Il a cherché la gloire littéraire et il lui a fallu édulcorer son tempérament fougueux de manière à mieux séduire Louis XIV, mais il n'a pas transigé sur ses idéaux en matière morale et esthétique. On peut faire crédit au monarque de lui avoir permis d'accéder aux honneurs sans s'effaroucher de son tempérament frondeur. Il a su percevoir les hautes exigences du poète, propres à renforcer l'éclat de son règne.

Même lorsqu'il traite de sujets traditionnels, comme l'honneur véritable ou la noblesse vraiment digne de ce nom dans la *Satire VI* et la *Satire XI*, on sent la présence de l'auteur, sa ferveur combative pour faire admettre la dignité de l'humaniste et du métier de poète, pour inciter le monarque à un partage plus judicieux de la reconnaissance publique, pour doter les poètes et lui-même d'une dignité comparable à celle des grands seigneurs. Mais ce qui rend son œuvre passionnante, c'est la façon avec laquelle il s'efforce de tracer les contours d'un idéal en matière littéraire, tout en utilisant l'écriture comique comme un exutoire à l'angoisse, au découragement, à la mélancolie. Boileau n'est pas seulement « le chevalier de l'évidence » que décrit Joseph Pineau[1]. Nous ne pensons pas que son œuvre ne comporte « aucune trace d'angoisse morale ou métaphysique », ni qu'elle manifeste « un sentiment de sécurité plus qu'une propension à la mélancolie[2] ». Une telle approche perpétue la figure d'un Boileau académique et froid. Elle méconnaît la nature profonde du comique et de son fonctionnement. Pineau considère Boileau uniquement sous l'angle théorique. Il oublie qu'il s'agit d'un auteur comique qui use du rire et de la gaieté pour dédramatiser sa relation au réel, pour conjurer ses peurs et ses incertitudes. Le rire a partie liée avec la peur, il est une régression ludique, voire infantile, qui permet de donner une issue à des tensions et des expériences dysphoriques. Nous plaidons quant à nous pour un Boileau insécure. Il finit par jouir du pouvoir et du prestige qu'il acquiert peu à peu, mais il témoigne aussi, par ses satires et son goût du rire, des obstacles et des angoisses qu'il a dû surmonter.

Ses œuvres déploient une face solaire, dévolue au culte de la raison, de la clarté, de l'équilibre. Mais elles comprennent aussi une face nocturne où le poète exprime ses doutes, remonte au chaos et à la confusion angoissante d'où il lui a fallu s'extraire pour accéder à la lumière et au « bon sens » qui garantissent la réussite de la beauté. Le classicisme est d'abord victoire sur le désordre, chaos dompté, maîtrise de la dispersion centrifuge. Boileau écrit sous l'égide d'Apollon, le dieu de la lumière, de l'ordre et de la poésie. Ce dieu est l'une des pièces maîtresses de la mythologie louis-quatorzienne. Le jeune roi aime qu'on le représente en Apollon, en dieu du soleil et des beaux-arts. Cette figure divine sert aussi de soubassement à la construction du mythe personnel de Boileau. Il l'invoque sept fois dans les *Satires*, six dans les *Épîtres* et six dans *L'Art poétique*. La satire dont il rêve, c'est bien la *satire apollinienne*.

La tradition scolaire et universitaire fait de Boileau l'incarnation d'une stabilité marmoréenne et apollinienne, posée comme un idéal qui ne peut être dépassé. On fait de lui le paradigme de l'évidence

---

1   *L'Univers satirique de Boileau, L'ardeur, la grâce et la loi*, Genève, Droz, 1990, p. 43-90.
2   *Ibid.*, p. 43 et 49.

et de l'équilibre. C'est pourquoi les romantiques n'auront de cesse de déboulonner sa statue. Dans leur sillage, on fait du classicisme boilévien un départ et un socle. Or ce classicisme, comme l'absolutisme louis-quatorzien, est d'abord résolution, arrachement à de longues périodes de trouble et d'angoisse. Avant d'être affirmation de l'ordre et de la loi, il est neutralisation des conflits et de la division.

Si Boileau ne manque pas de nous indiquer, notamment dans *L'Art poétique*, les voies de la perfection en matière poétique, il ne dissimule pas le dur chemin qu'il a dû parcourir pour donner à ses idées et à sa poésie une allure nette. Il utilise la satire pour se laisser aller à son humeur noire, lâcher la bride à ses peurs, figurer son propre désordre intérieur. Il démontre en acte comment, avec l'aplomb de l'héroï-comique et l'usage maîtrisé de l'alexandrin, on peut non seulement s'arracher au chaos, mais aussi frayer le chemin de l'idéal. Sa poésie, fondamentalement héroï-comique, postule le surplomb noble de l'épopée pour inculper la bassesse et la médiocrité, mais aussi pour rappeler, si nous parvenons à nous en extraire, que nous courons toujours le risque d'y retomber. Boileau n'a pas, comme les burlesques, une conception du comique qui part du corps et qui rabaisse le haut au nom du bas. Cette vision du monde, qui est celle de Montaigne, de Régnier et de Scarron, suppose un consentement épicurien à la vie et à nos imperfections. Pour Boileau, une telle attitude relève de la complaisance et du manque de courage. Il refuse la nonchalance, la mollesse et la résignation. Son rire tombe des cimes de la beauté épique et tragique, non pour les dégrader, mais pour y revenir. Il garde en ligne de mire le sublime et la grandeur.

C'est pourquoi il muscle ses vers, il leur donne une armature solide, nette, lumineuse. Il veut donner à sa diction une allure puissante et déci-dée. Ce point de vue héroï-comique, ce travail herculéen sur l'alexandrin et la « rime », qu'il ne cesse de commenter et d'exhiber, ont pour fonction de venir à bout des ténèbres et des démons qui menacent toujours de submerger son esprit et son cœur. La prose connote trop à ses yeux le relâchement de l'énergie, le consentement à la vie morne et quotidienne, bref le prosaïsme. Il vit quant à lui pour et par la poésie, parce qu'elle est la vie en haute tension, la vie perçue en conscience. L'héroï-comique n'est pas seulement l'expression d'une position de supériorité permettant de maintenir l'exigence d'absolu, il est aussi le révélateur d'un écartè-lement entre le réel et l'idéal, entre la prose et la poésie.

LE LYRISME BOILÉVIEN

Les grandes satires romaines ne répondent pas à la définition antique du lyrisme, qui se définit par ses rapports avec la musique, ce qui implique le traitement de thèmes privilégiés et l'usage spécifique de certains mètres. Le lyrisme n'est pas compris alors comme un mode d'expression personnelle du poète. Il en va de même au cours de la Renaissance et de l'Âge classique. Dans l'œuvre d'Horace par exemple, les humanistes opposent au poète *lyricus* des *Odes* le poète *ethicus* des textes satiriques en hexamètres dactyliques. La satire classique en vers relève cependant pleinement selon nous du lyrisme au sens moderne. Le lyrisme, tel qu'on l'appréhende à partir du romantisme, repose sur l'expression d'une émotion personnelle, d'un étonnement, d'une extase ou d'une angoisse. Il se traduit par une parole en excès, une écriture de l'exhaussement et de l'hyperbole, où un individu singulier considère le réel à partir du point de vue restreint de sa conscience et de sa sensibilité. Il rayonne à partir d'une expérience personnelle qui puise beaucoup dans la vie du poète. « Le lyrisme, écrit Paul Valéry, est le développement d'une exclamation[3] ».

C'est bien sur le mode intensif de l'exclamation ou de l'interrogation que s'ouvre volontiers la satire boilévienne. Elle ne prétend pas exposer une argumentation logique. Elle se propose plutôt de formuler une émotion et de l'amplifier. Elle nous plonge donc *in medias res* :

> Quel sujet inconnu vous trouble et vous altère,
> D'où vous vient aujourd'hui cet air sombre et sévère, [...]
> Qui vous a pu plonger dans cette humeur chagrine[4] ?

> D'où vient, cher Le Vayer, que l'Homme le moins sage
> Croit toujours seul avoir la sagesse en partage,
> Et qu'il n'est point de Fou, qui, par belles raisons,
> Ne loge son voisin aux Petites-Maisons[5] ?

> Qui frappe l'air, bon Dieu ! de ces lugubres cris[6] ?

---

3 *Tel quel*, 1, Paris, Gallimard, 1941, p. 179.
4 *Satire III*, v. 1-2 et 9, p. 20.
5 *Satire IV*, v. 1-4, p. 26.
6 *Satire VI*, v. 1, p. 34.

Oui, Lamoignon, je fuis les Chagrins de la ville,
Et contre Eux la Campagne est mon unique asile.
Du Lieu qui m'y retient veux-tu voir le tableau[7] ?

Que tu sais bien, Racine, à l'aide d'un Acteur
Émouvoir, étonner, ravir un Spectateur[8] !

Les œuvres des grands satiriques latins donnaient l'exemple de ces entrées en matière sous forme interrogative et exclamative. « *O curas hominum ! o quantum est in rebus inane*[9] ! » : telle est l'attaque de la première satire de Perse, qui reprend ici un vers matriciel de Lucilius. Juvénal fait aussitôt éclater sa colère devant la médiocrité des poètes de son temps : « *Semper ego auditor tantum ? Numquamne reponam / Vexatus toties rauci Theseide Codri*[10] ? » Horace débute aussi par une interrogation : « *Qui fit, Maecenas, ut nemo, quam sibi sortem / seu ratio dederit seu sors obiecerit, illa / contentus vivat, laudet diversa sequentis*[11] ? ».

Les poètes satiriques, nous dit Josse Bade, se mettent à écrire parce qu'ils ne peuvent plus se taire face au scandale, à l'imposture ou à la bêtise : « *perinde ac si multitudine vitiorum lacessiti et provocati ad scribendum non possint amplius tacere*[12] ». La Muse indignée de Boileau, comme celle de Juvénal ou de Luigi Alamanni[13], « Nomme tout par son nom, et ne saurait rien taire[14] ». Elle répond passionnellement, mais aussi éthiquement, à l'impossibilité de garder le silence, sous peine d'une lâche résignation. La colère est une passion épique qui pousse au sublime. Dans la satire, elle émane d'un sujet qui se révolte face à l'étendue des scandales et à la prolifération de l'imposture. La colère d'Achille est répercutée par

---

7   *Épître VI*, v. 1-4, p. 123.
8   *Épître VII*, v. 1-2, p. 127.
9   *Satura I*, v. 1 : « O vains soucis des humains ! Que de néant dans leurs occupations ! »
10 *Satura I*, v. 1-2 : « Alors, moi, je ne serai qu'auditeur, toujours ? Ne pourrai-je jamais prendre une revanche ? J'ai tant de fois été excédé par la *Théséide* d'un Cordus enroué ? »
11 *Sermones*, I, 1, v. 1-3 : « Comment se fait-il, Mécène, que l'homme ne vit jamais content de son sort, qu'il le doive à un choix motivé ou au hasard des circonstances ? pourquoi juge-t-il heureux les gens qui mènent une vie opposée à la sienne ? »
12 *Sermonum Horatii familiaris explanatio* (1500), éd. Venise, J. Gryphius, 1584, fo 154 vᵒ : « comme si, à cause de la multitude des vices, ils se sentaient exaspérés et poussés à écrire, et ne pouvaient demeurer plus longtemps dans le silence ».
13 *Satira III*, in *Opere toscane*, Lyon, Sébastien Gryphius, Florence, Giunta, 1532, p. 363-364 : « *Non posso più tacer, chi tanto o quanto / Tacer porria ?* » ; « Je ne peux plus me taire. Qui pourrait un tant soit peu se taire ? ».
14 *Discours au Roi*, v. 82, p. 11.

un rhapsode qui la représente sous la forme le récit. Celle de Boileau, à l'instar de ses modèles, est portée par une voix qui veut absolument se faire entendre. Elle est une « ardeur » qui s'empare de son corps et enflamme sa conscience :

> On le veut, j'y souscris, et suis prêt de me taire.
> Mais que pour un modèle on montre ses écrits,
> Qu'il soit le mieux renté de tous les beaux Esprits,
> Comme Roi des Auteurs qu'on l'élève à l'Empire :
> Ma bile alors s'échauffe, et je brûle d'écrire[15]...

Boileau passe pour un poète ennuyeux, l'austère régent du Parnasse, qu'on lit pour mieux comprendre ce qu'est l'essence du classicisme et jamais pour lui-même. Il est d'ailleurs acquis que ce n'est pas un poète ! Mais ce qui vaut pour Boileau vaut aussi pour la majorité des poètes satiriques. On les considère comme de froids déclamateurs, des donneurs de leçons écrivant dans une forme désuète. Pour Hegel, la satire classique ne saurait être considérée comme un genre poétique, car y dominent l'abstraction, la loi morte, la décadence de la beauté et de la sereine moralité. Bref elle relève du plus terne prosaïsme et de la morne poésie didactique ! Les œuvres de Lucilius et de ses disciples ne sont pour lui que de creuses déclamations[16]. L'idée de poésie morale apparaît même comme une contradiction dans les termes. Un satirique ne peut pas être lyrique !

Il nous semble au contraire que Boileau et les satiriques peuvent être pleinement lus sous l'angle du lyrisme. Victor Hugo, n'est pas moins lyrique dans *Les Châtiments*, qu'il écrit en pensant à Juvénal, que dans le reste de son œuvre. La satire, c'est d'abord une indignation face à ce qui contrarie, puis le courage d'en rire : « le courage veut rire », écrit Nietzsche[17]. Aimer lire Boileau, c'est remonter à la source de cet affect. L'indignation n'est que l'une des formes de l'*étonnement* qui fonde le questionnement philosophique et l'émerveillement poétique[18]. Elle est une douleur qui s'étonne de ce que le bien, la justice et la beauté fassent défaut. Elle repose en outre sur un besoin de reconnaissance.

---

15 *Satire IX*, v. 216-220, p. 54.
16 *Esthétique*, éd. S. Jankélévitch, Paris, Flammarion, 1979, t. II, p. 254 et 255.
17 *Ainsi parlait Zarathoustra*, I, « Du lire et de l'écrire », trad. M. de Gandillac, Paris, Gallimard, 2015, p. 57.
18 Jean-François Mattéi, *De l'indignation*, Paris, La Table Ronde, 2005, p. 49-50.

Boileau se met en colère pour que soit au moins reconnue la justesse de son combat. Peter Sloterdijk définit la colère des héros de l'*Iliade*, leur passion thymotique, comme une « volonté élevée d'affirmation de soi et de combativité », comme « le foyer d'excitation du Soi fier[19] ». C'est dans la colère que l'individu prend naissance dans la littérature[20]. Achille s'oppose à Agamemnon, Antigone à Créon. La montée de la colère boilévienne soutient un mouvement de fierté personnelle dont le goût du combat sans peur est l'indice.

Certes les satires de Boileau mettent en jeu ce que Dominique Maingueneau appellerait une « scénographie énonciative[21] » où le *je* du poète – sa *persona* –, ne doit pas être systématiquement confondu avec l'individu dans sa dimension personnelle et historique. Dans le sillage de Malherbe, Boileau a une conception d'abord rhétorique de la poésie et il a conscience que la première personne dans un poème est un *éthos*, une pose, un personnage qui ne correspondent pas forcément avec l'individualité de celui qui parle. Mais on ne saurait exclure par principe, comme chez L'Arioste, Aubigné ou Hugo, la composante personnelle et biographique de son œuvre[22]. La théorie de la *persona*, omniprésente dans les études actuelles sur la rhétorique, contribue par ailleurs à dépoétiser l'œuvre de Boileau[23]. Elle empêche d'apprécier la richesse de son lyrisme comique et l'ancrage intime de son inspiration. On ne saurait les réduire à une fiction purement rhétorique. Beaucoup de spécialistes de la satire, notamment anglo-saxons, la considèrent comme un genre impersonnel et un jeu de rôles. Le poète, à partir de thèmes et de masques conventionnels, crée artificiellement des instances de contestation[24]. Kirk Freudenburg écrit par exemple : « le poète [satirique] choisit de créer et de projeter une image spécifique de

---

19   *Colère et temps*, trad. Olivier Mannoni, Paris, Hachette, 2011, p. 22-25, p. 22 et 30.

20   *Ibid.*, p. 22-25.

21   *Le Discours littéraire. Paratopie et scène d'énonciation*, Paris, Armand Colin, 2004, p. 192-193 et 201.

22   Sur ce type de lecture, voir par exemple Alain Deremetz, « La scénographie énonciative dans la poésie lyrique latine », in *La Circonstance lyrique*, dir. Cl. Millet, Bruxelles, Peter Lang, 2011, p. 293-305.

23   Sur la réduction purement rhétorique ou dramaturgique de la notion de *persona*, voir Charles Guérin, *Persona. L'élaboration d'une notion rhétorique au Iᵉʳ siècle av. J.-C.*, Paris, Vrin, 2009 et 2011 ; Guillaume Navaud, *Persona, Le Théâtre comme métaphore théorique de Socrate à Shakespeare*, Genève, Droz, 2011.

24   Voir les remarques très judicieuses de Louis Lecocq, in *La Satire en Angleterre de 1588 à 1603*, Paris, Didier, 1969, p. 23-28 et 276-279.

lui-même comme locuteur, exactement comme s'il créait un personnage nouveau pour jouer un rôle dans la fiction de son monde poétique ; [...] le locuteur qui émet ses critiques à la première personne n'est pas le poète lui-même, mais le poète sous un déguisement[25] ». Ce radicalisme finit par dévitaliser les œuvres. Il les transforme en collections de *topoï* et de stéréotypes, en purs actes de communication, dénués d'émotion et de vitalité authentiques. Il tue l'enthousiasme. Il galvaude le plaisir de la lecture. Il interpose entre les œuvres et nous un écran glacial. Boileau pâtit de ce formalisme poussé à l'extrême au point qu'on le considère, à l'instar parfois de son maître Juvénal, seulement comme un rhéteur et un déclamateur.

Il nous semble au contraire qu'il faut envisager l'œuvre de Boileau dans une temporalité longue. On peut en effet questionner, dans son évolution et ses avatars, le rapport entre son moi historico-empirique et la fiction discursive à travers laquelle il s'exprime, entre la singularité de son être intime et sa posture énonciative. Chez lui, comme chez ses prédécesseurs, opère pleinement le *principe d'individuation*, autrement dit le mécanisme psychologique grâce auquel l'individu se distingue du collectif[26]. Il s'agit d'un enjeu crucial de la littérature jusqu'aux temps modernes, car il définit le processus d'autonomisation progressive du sujet vis-à-vis de la tutelle familiale, politique et religieuse. La puissance d'émotion, que dégagent selon nous les *Satires* et les *Épîtres*, découle de ce mouvement de bascule complexe entre fiction et réel, entre la jouissance du masque et la sincérité attachante d'un cœur mis à nu.

---

25 *The Walking Muse, Horace on the theory of satire*, Princeton, Princeton UP, 1993, p. 3.

26 Sur l'expression « principe d'individuation » que nous empruntons à Arthur Schopenhauer, voir *Le Monde comme volonté et comme représentation*, principalement liv. IV, sections 60-68. Voir aussi Friedrich Nietzsche, *La Naissance de la tragédie*, 1, 2, 4, in *Œuvres*, Paris, R. Laffont, 1993, t. I, p. 35-41 et 44-47 ; Carl Gustav Jung, *Types psychologiques*, Genève, Georg éditeur, 1993, p. 61 et 449-451.

L'ANCRAGE EXISTENTIEL

Dans son combat pour la vérité, Boileau se met en scène à chaque instant. Il rapporte à son *je* la plus grande partie des jugements qu'il profère, même lorsqu'il délègue sa parole. Son engagement individuel garantit même le degré de véridicité de ses prises de position. Son implication éthique est cautionnée par l'enthousiasme lyrique, et inversement. Son *je* est une instance énonciative codée – on ne saurait le nier –, mais aussi le point d'ancrage existentiel d'un tempérament dont Lucilius, puis Horace ont revendiqué dès les origines le caractère « privé[27] ». Qu'il utilise le registre de l'indignation ou celui du rire, Boileau fait vivre sous nos yeux une personnalité originale qui n'est pas réductible à la forme poétique qui lui sert de support. Ses accès de colère, son goût de la dérision relèvent d'un tempérament, d'un rapport singulier à la voix, au corps, à l'environnement historico-empirique. La dénonciation des vices, des illusions et des impostures s'inscrit dans un rapport dialectique avec des idéaux, mais elle engage aussi une vision subjective de la réalité.

Dès Lucilius, la satire tend à ancrer son efficacité éthique dans le biographique. La description minutieuse des temps actuels s'effectue à partir d'une instance d'énonciation qui se confond en partie avec l'auteur en personne. Lucilius, rappelle Horace, considérait ses satires comme un journal intime[28]. À son exemple, Horace n'hésite pas à se représenter au jour le jour, à nous familiariser avec sa vision épicurienne et humoristique de la vie, à brosser de lui des autoportraits. Boileau, comme très peu de poètes à son époque, se confie lui aussi, établit un lien entre son engagement poétique, ses origines et son environnement. Ses poèmes ont la saveur de la vie et de l'air du temps. Ils témoignent de ses combats continuels pour défendre ses amis Molière et Racine, de son engagement dans les querelles littéraires de son époque. Les *Épîtres*, dont l'inspiration demeure fondamentalement satirique, mais d'une tonalité

---

27 Voir Horace, *Sermones*, I, 3, v. 142.

28 *Sermones*, II, 1, v. 30-34 : « *ille velut fidis arcana sodalibus olim / credebat libris neque, si male cesserat, usquam / decurrens alio neque, si bene ; quo fit ut omnis / votiva pateat veluti descripta tabella / vita senis* » ; « Celui-ci jadis confiait ses secrets à ses écrits comme à des amis fidèles ; et, dans les traverses comme dans le succès, jamais il ne cherchait d'autre recours ; de sorte que la vie du vieillard s'y déploie toute, tracée comme sur un tableau votif ».

plus horatienne que dans les *Satires* proprement dites, nous livrent des
confidences sur ses origines et sa vocation littéraire :

> Que si quelqu'un, mes Vers, alors vous importune,
> Pour savoir mes parents, ma vie et ma fortune ;
> Contez-lui, qu'allié d'assez hauts Magistrats,
> Fils d'un Père Greffier, né d'aïeux Avocats,
> Dès le berceau perdant une fort jeune Mère,
> Réduit seize ans après à pleurer mon vieux Père,
> J'allai d'un pas hardi, par moi-même guidé,
> Et de mon seul génie en marchant secondé,
> Studieux amateur, et de Perse, et d'Horace,
> Assez près de Régnier m'asseoir sur le Parnasse[29]…

Boileau est l'un des écrivains les plus attaqués de son époque. Il répond
à ses détracteurs en se justifiant sous la forme d'un autoportrait :

> Et surtout, prenez soin d'effacer bien les traits
> Dont tant de Peintres faux ont flétri mes portraits.
> Déposez hardiment qu'au fond cet Homme horrible,
> Ce Censeur qu'ils ont peint si noir et si terrible,
> Fut un Esprit doux, simple, ami de l'équité,
> Qui cherchant dans ses vers la seule vérité,
> Fit sans être malin ses plus grandes malices,
> Et qu'enfin sa candeur seule a fait tous ses vices[30].

L'*Épître XI* est un hommage, plein d'humour et d'amitié, à Antoine
Riquié, son jardinier, qui s'occupe de sa maison à Auteuil :

> Antoine, Gouverneur de mon jardin d'Auteuil,
> Qui diriges chez moi l'if et le chèvrefeuil,
> Et sur mes espaliers, industrieux génie,
> Sais si bien exercer l'art de la Quintinie,
> Ô ! que de mon esprit triste et mal ordonné,
> Ainsi que de ce champ par toi si bien orné,
> Ne puis-je faire ôter les ronces, les épines,
> Et des défauts sans nombre arracher les racines ? […]
> Chez moi poussant la bêche, ou portant l'arrosoir,
> Tu fais d'un sable aride une terre fertile[31]…

---

29 *Épître X*, v. 93-102, p. 143.
30 *Épître X*, v. 79-86, p. 143.
31 *Épître XI*, v. 3-10 et 12-13, p. 145.

Boileau établit un parallèle entre « langage » et « jardinage[32] », aboutissant à la conclusion qu'il est plus facile de cultiver une terre aride que d'écrire un poème. Ce badinage satirise une fois encore, sur le mode de l'autodérision, ses difficultés à créer. Le jardin d'Auteuil devient le lieu comique d'où l'inspiration prend son envol. Boileau y aiguise son sens de l'observation et de la précision :

> Ma foi, le plus sûr est de finir ce sermon.
> Aussi bien, j'aperçois ces Melons qui t'attendent,
> Et ces Fleurs qui là-bas entre Elles se demandent,
> S'il est fête au village, et pour quel Saint nouveau,
> On les laisse aujourd'hui si longtemps manquer d'eau[33].

Le lyrisme comique de Boileau est fondé sur l'*éthique* au sens fort, sur un engagement personnel, hautement réitéré. Le combat pour les valeurs morales, la critique des mœurs, prennent la forme d'une implication prédominante de celui qui parle. La satire boilévienne n'est donc pas impersonnelle. Son comique, où l'indignation se mêle à la dérision, résulte d'un compromis entre des expériences personnelles, la réflexion morale et le plaisir de revêtir des masques. Boileau établit un lien nécessaire et organique entre son point de vue moral et sa posture d'énonciation, entre son œuvre et son autobiographie[34]. Il met son corps, ses humeurs, son environnement immédiat au cœur et au fondement de sa démarche réflexive et littéraire. Son point de vue comique arrime sa parole au réel le plus concret. Il confronte les événements extérieurs et les individus qu'il juge ridicules aux préceptes de la sagesse, mais aussi aux humeurs d'un corps saisi dans un milieu précis et particularisé[35].

Le dévoilement de la vérité, dans cette optique, est corrélé à la vigueur assertive de l'énonciateur ainsi qu'à son histoire. Le discours sentencieux

---

32 *Ibid.*, v. 45-46, p. 146.

33 *Ibid.*, v. 116-120, p. 148.

34 Voir Emily Gowers, « Fragments of Autobiography in Horace *Satires* I », in *Classical Antiquity*, vol. 22, No. 1, 2003, p. 55-91. Voir aussi Mikhaïl Bakhtine : il montre à propos d'Horace que « la représentation satirico-ironique ou humoristique de sa propre personne et de sa vie » marque « le début du processus de privatisation de l'homme et de son existence » ; elle préfigure les « formes d'expression autobiographique d'une *conscience solitaire* » (*Esthétique et théorie du roman*, Paris, Gallimard, 1987, p. 289).

35 Sur le corps d'Horace à l'intérieur des *Sermones*, voir Alessandro Barchiesi et Andrea Cucchiarelli, « Satire and the poet : the body as self-referential symbol », in *The Cambridge Companion to Roman Satire*, Cambridge, UP, 2005, p. 207-223.

de la tradition et de la morale n'est pas seulement reçu et reproduit, il n'est pas seulement le résultat d'une autorité transcendante. Il est mis à l'épreuve par un individu singulier. La vérité n'est pas uniquement « recueillie et transmise », elle fait l'objet d'une discussion et d'une construction à la première personne[36]. L'*éthos* de nature rhétorique du poète satirique engage l'individu particulier. Il conforte sa légitimité en soumettant le réel et les lieux communs de la pensée morale à « l'énonciation subjective[37] ». L'expression de la vérité s'articule au *je* qui l'énonce, à l'affirmation d'un engagement autant philosophique et citoyen que personnel. La vérité n'est jamais donnée objectivement, elle suppose un arrachement. Elle est, chez Boileau, une construction personnelle qui confronte à un idéal une réalité vécue de façon dysphorique. Nous en prendrons pour preuves ses deux satires les plus célèbres, celle qu'il consacre aux embarras de Paris et celle qui attaque les femmes.

LE CAUCHEMAR URBAIN

Boileau est un Parisien. Il a vécu toute sa vie dans la capitale, célèbre depuis toujours en France pour sa liberté de mœurs et d'expression, pour son impertinence et sa parrhésie. Comme pour tous les satiriques depuis Horace et Juvénal, la ville est un lieu privilégié d'observation et de critique. Horace la parcourt en flâneur qui guette le ridicule et l'extravagance. Juvénal voit en elle un lieu de perdition où il étouffe. Pour eux comme pour leurs successeurs, elle nourrit une opposition cardinale : la *ville*, où pullulent les vices, les illusions et les folies, fait contraste avec la *campagne*, où règnent la paix et l'harmonie. Tandis que la campagne est associée à la simplicité, la ville se caractérise par le grouillement, le désordre, l'encombrement. Elle symbolise par excellence l'univers de la *satura*, qui induit l'idée de mélange et de disparate. La campagne alimente la poésie pastorale et l'élégie. La ville au contraire pousse à la satire et à l'épigramme. On y assiste à la dégradation et à

---

36 Philippe Lacoue-Labarthe et Jean-Luc Nancy, *L'Absolu littéraire, Théorie de la littérature du romantisme allemand*, Paris, éditions du Seuil, 1978, p. 189.

37 *Ibid.*

l'inversion des valeurs. Sa fréquentation, qui use et démoralise, pousse au départ et à la fuite, au désir de se ressourcer dans la nature. Mais la ville est aussi un objet de fascination et de jubilation esthétiques. Elle est naturellement le décor de la comédie[38]. Avant Baudelaire, les satiriques sont les premiers poètes qui décrivent la ville avec une exaltation créatrice. Ils la convertissent en fête des sens et en prouesses littéraires. Après Horace et Juvénal, qui font de Rome la source inépuisable de leur inspiration, Régnier nous immerge dans le Paris du début du XVIIᵉ siècle avec ses fâcheux, ses pédants, ses filles de mauvaise vie[39]. Jacques Du Lorens, sur les pas de Juvénal et de Régnier, nous présente lui aussi, dans sa neuvième *Satyre*, un tableau pittoresque et bouillonnant de Paris[40]. Captivante ou anxiogène, la ville stimule leur imagination et leur verve comique. Elle est bien le *topos*, le lieu privilégié de la satire, anti-naturel et anti-pastoral.

Boileau, comme ses prédécesseurs, ne manque pas, dans l'*Épître VI*, d'opposer à Paris une campagne bucolique :

> Oui, Lamoignon, je fuis les Chagrins de la ville,
> Et contre Eux la Campagne est mon unique asile.
> Du Lieu qui m'y retient veux-tu voir le tableau ?
> C'est un petit Village, ou plutôt un Hameau,
> Bâti sur le penchant d'un long rang de collines,
> D'où l'œil s'égare au loin dans les plaines voisines[41].

Tandis que la campagne est propice à la méditation, à la tranquillité, à l'expérience de l'unité intérieure, Paris est synonyme de tracas continuels et de dispersion centrifuge :

> Mais à peine, du sein de vos vallons chéris
> Arraché malgré moi, je rentre dans Paris,
> Qu'en tous lieux les Chagrins m'attendent au passage.
> Un cousin abusant d'un fâcheux parentage,
> Veut qu'encor tout poudreux, et sans me débotter,

---

38 Voir Goulven Oiry, *La Comédie française et la ville (1550-1650)*, L'Iliade *parodique*, Paris, Classiques Garnier, 2015.

39 Voir notamment *Satyre VIII, Satyre XI, Satyre XII* et *Satyre XIII*, éd. G. Raibaud, Paris, Nizet, 1982, p. 80-90 et 129-185.

40 *Satyres* (1646), Paris, D. Jouaust, 1869, p. 76-85.

41 *Épître VI*, v. 1-6, p. 122. Sur l'opposition entre la ville et la campagne chez Boileau, voir Paul Joret, *Nicolas Boileau-Despréaux, révolutionnaire et conformiste*, Biblio 17, 49, Paris-Seattle-Tübingen, 1989, p. 87-95.

Chez vingt Juges pour lui j'aille solliciter ;
Il faut voir de ce pas les plus considérables.
L'un demeure au Marais, et l'autre aux Incurables[42].

Loin de la quiétude pastorale qui favorise la concentration et le retour sur soi, Boileau est alors rattrapé par le climat délétère de la capitale, où il doit se défendre de ses ennemis et des rumeurs diffamatoires qui courent à son sujet :

Je reçois vingt avis qui me glacent d'effroi :
Hier, dit-on, de vous on parla chez le Roi,
Et d'attentat horrible on traita la Satire[43].

La *Satire VI*, imitée de la *Satura III* de Juvénal, rassemble les composantes de l'imaginaire urbain chez Boileau. Sur le ton allègre de l'autodérision, elle narre la journée et la nuit d'un Parisien en proie à toutes sortes de mésaventures[44]. Adoptant la position surplombante de l'épopée virgilienne et celle de la geste biblique, elle met en scène un anti-héros constamment agressé par son environnement immédiat sous le regard d'un Dieu courroucé qui lui impose tous ces malheurs afin qu'il expie ses « péchés » (v. 18). D'abord en butte aux bruits insoutenables des animaux, des artisans et des activités religieuses de la ville (v. 1-26), le poète, contraint de sortir dans la rue pour aller à un rendez-vous, se retrouve coincé dans un embouteillage où êtres humains, bêtes et carrosses se mélangent et s'enchevêtrent (v. 27-70). À peine s'est-il extirpé de cet embarras qu'une grosse averse, « déluge nouveau », le laisse détrempé et trébuchant dans les flaques d'eau (v. 71-82). Rentré chez lui pour dormir, le malheureux ne trouve pas encore la paix : « voleurs » et « filous » « s'emparent de la ville ». Et comble de misère, le voilà bientôt obligé d'errer dehors toute la nuit, à cause d'un incendie qui transforme Paris en « une seconde Troie » (v. 83-112).

Contrairement aux autres satires, cette œuvre prend la forme d'une narration continue. Le châtiment divin que doit subir le narrateur se

---

42 *Épître VI*, v. 43-50, p. 123.
43 *Ibid.*, v. 51-53, p. 123.
44 Nous accordons à cette pièce une importance capitale, contrairement à Antoine Adam : « Sa description des embarras de Paris est merveilleusement dépourvue de portée. Ce n'est rien qu'une suite de croquis amusants » (*Histoire de la littérature française au XVIIe siècle*, Paris, Albin Michel, 1997, t. II, p. 501).

déroule en quatre moments qui correspondent aux quatre éléments : l'*air*
avec les bruits – « Qui frappe l'air, bon Dieu, de ces lugubres cris » –,
la *terre* avec la « boue » des rues embouteillées, l'*eau* de la pluie et enfin
le *feu* des incendies. Cet imaginaire des quatre éléments qui ramène
notre anti-héros au chaos primordial, prend la forme d'une représentation angoissée de sa relation au Temps. Boileau revivifie les aspects les
plus fondamentaux de la *satura* : – une scène encombrée, sens dessus
dessous, – le fourmillement et la disparate, – la dépossession de soi, –
le malaise… Comme dans les films burlesques de Buster Keaton et de
Charlie Chaplin, l'anti-héros narrateur subit une série de déboires qui
le réduisent à l'état de corps passif et chamboulé :

> En quelque endroit que j'aille, il faut fendre la presse
> D'un peuple d'importuns qui fourmillent sans cesse ;
> L'un me heurte d'un ais, dont je suis tout froissé
> Je vois d'un autre coup mon chapeau renversé[45].

La dépossession de soi, que symbolise le « chapeau renversé », est ampli-
fiée par la représentation d'un embrouillamini qui figure le désarroi
intérieur du poète. L'aspiration de l'honnête homme aux comportements
raffinés qui désamorcent la violence, au redressement de la nature par la
culture, à l'élévation intellectuelle et spirituelle, fait place à un monde
déstructuré où règnent le choc, la chute, le renversement, le retour à
l'animalité. La progression exponentielle des nombres – « six », « vingt »,
« mille » – figure inversement la disparition du poète comme conscience
raisonnable qui aspire à l'ordre et à l'unité :

> Six chevaux attelés à ce fardeau pesant,
> Ont peine à l'émouvoir sur le pavé glissant
> D'un carrosse en passant il accroche une roue ;
> Et du choc le renverse en un grand tas de boue.
> Quand un autre à l'instant s'efforçant de passer,
> Dans le même embarras se vient embarrasser
> Vingt carrosses bientôt arrivant à la file
> Y sont en moins de rien suivis de plus de mille
> Et pour surcroît de maux, un sort malencontreux
> Conduit en cet endroit un grand troupeau de bœufs[46].

---

45 *Satire VI*, v. 31-34, p. 34.
46 *Ibid.*, v. 45-54, p. 35.

La ville est un espace de *saturation* qui exaspère et fait peur. Elle est anarchie et tumulte bruyant. La journée du narrateur est décrite comme un cauchemar où se retrouvent les représentations les plus courantes de l'angoisse devant le Temps dévorant : les figures animales menaçantes, les sensations de chute, l'omniprésence de la nuit ainsi que le grouillement centrifuge qui accélère le sentiment de la perte identitaire[47]. Cet imaginaire angoissé, mais dédramatisé par l'humour et la parodie épique, nous présente un monde décentré, en butte à la violence, au désordre et à l'indifférenciation. L'image du « grand tas de boue » rappelle le tobu-bohu primordial avant la création divine dans la Genèse. La « boue » est une matière comique associée à l'enfer et à l'espace urbain[48]. Elle est une substance carnavalesque : la régénération physique et mentale de l'homme passe par un retour provisoire, lors du carnaval, à la confusion de la matière[49]. L'espace festif de la satire, sous le signe du rire et de la régression, apparaît en l'occurrence comme une expérience de la confusion qui redonne de la vigueur pour mieux appréhender ultérieurement l'ordre et la distinction.

Nous sommes loin du Parnasse illuminé par un soleil flamboyant où règnent la paix, la concorde et l'unité. Nous sommes loin aussi de la campagne, vouée à la douce rêverie et au plaisir des sens, que représente l'*Épître VI* et que rappelle la fin de notre satire :

> Paris est pour un Riche un pays de Cocagne
> Sans sortir de la ville, il trouve la campagne :
> Il peut dans son jardin tout peuplé d'arbres verts,
> Receler le printemps au milieu des hivers,
> Et foulant le parfum de ses plantes fleuries,
> Aller entretenir ses douces rêveries[50].

---

47 Sur ces représentations de l'angoisse devant le Temps, voir Gilbert Durand, *Les Structures anthropologiques de l'imaginaire*, Paris, Bordas, 1969, p. 67-134.

48 Peut-être que Baudelaire s'est souvenu de la *Satire VI* de Boileau quand il écrit *Perte d'auréole* : « Tout à l'heure, comme je traversais le boulevard, en grande hâte, et que je sautillais dans la boue, à travers ce chaos mouvant où la mort arrive au galop de tous les côtés à la fois, mon auréole, dans un mouvement brusque, a glissé de ma tête dans la fange du macadam. Je n'ai pas eu le courage de la ramasser. J'ai jugé moins désagréable de perdre mes insignes que de me faire rompre les os » (*Petits poèmes en prose*, in *OC*, Paris, Gallimard, Bibliothèque de la Pléiade, 1999, t. I, p. 352).

49 Voir Mikhaïl Bakhtine, *L'Œuvre de François Rabelais et la culture populaire au Moyen Âge et sous la Renaissance*, Paris, Gallimard, 1970.

50 *Satire VI*, v. 119-126, p. 36-37.

Le monde chaotique et menaçant de la ville représente ce que la satire dénigre et s'efforce d'inverser. Il figure le désordre et les ténèbres, d'où émergent, à force de travail et de volonté, l'ordre, la lumière et la beauté.

L'imaginaire de la satire prend ainsi la forme d'une cité grouillante qui vampirise le poète. À Paris, Boileau nous dit ressentir un sentiment de panique et de perte d'identité. Il est à la fois excédé et désorienté, en proie à des forces centrifuges qui lui font perdre ses repères. Aux agressions extérieures, il réagit par la véhémence et l'humour, par un surcroît d'énergie et d'imagination littéraires, qui lui permettent de retrouver le contrôle et la maîtrise. Cet imaginaire dysphorique est dédramatisé par un comique de surenchère et d'accumulation, par la cadence noble de l'alexandrin héroï-comique et le tempo allègre du discours. Il conjure son malaise grâce au plaisir du bon mot, de l'hyberbole et de l'antithèse. Lui qui n'aspire qu'à l'unité, autant sur le plan esthétique que psychologique, jouit, non sans un certain maso-chisme, de cette régression au corps, à la vie animale et à la matière. La chute, la déconfiture et la panique sont compensées et rédimées par une parole jubilatoire et vengeresse. Boileau se délecte à jouer ce rôle de poète crotté, mais aussi de pécheur condamné à une vie de pénitences perpétuelles. Cette parodie de descente en enfer, à base de références gréco-latines et bibliques, nous rappelle, par le biais de l'humour et de la dérision, que la satire est d'abord l'expression d'une angoisse devant le Temps, le Temps actuel auquel le poète ne peut s'adapter, mais aussi le Temps qui conduit à la décadence et engloutit.

Cette lecture qui prend en compte l'imaginaire du poète peut être discutée. On nous dira que Boileau se livre seulement à un jeu et qu'il se contente de rivaliser avec le poème de Juvénal sur les embarras de Rome. Il narre des malheurs qui ne lui sont peut-être jamais arrivés. Il développe un thème conventionnel et revêt la *persona* bien connue du poète victime des circonstances qu'on trouve chez Horace, Juvénal et Régnier[51]. Il s'agit donc là d'un exercice rhétorique, destiné à égayer ses amis et à leur montrer ses talents d'imitateur et de poète comique. La satire serait bien un genre fondamentalement impersonnel où le poète crée de toute pièce une voix auctoriale qui ne représente pas son for intérieur, mais qui cherche seulement à répondre aux attentes d'un public de complices et de lettrés. Elle ne reflète nullement son être

---

51 Voir par exemple les *Satyres XI* et *XII* de Régnier.

intime ! De telles considérations se justifient. La tradition scolaire le confirme, puisqu'elle a fait de ce poème un morceau de bravoure et la pièce la plus célèbre des *Satires*.

Il nous semble cependant qu'une telle lecture amoindrit la portée poétique du texte, qu'elle ne tient pas compte de l'intertexte boilévien et qu'elle contribue à faire de l'écrivain un froid déclamateur. Elle le dévitalise. Sans minimiser la part du jeu et de la prouesse rhétoriques, sans établir un lien forcé entre le poème et son auteur, on peut donner à l'imaginaire urbain, que Boileau se plaît à faire vivre sous nos yeux avec la distance de l'humour, une valeur humaine en relation avec sa vision du monde et avec sa pratique de la satire. Ce tableau apocalyptique de Paris est aussi une représentation mentale, où se donnent à voir des affects, où le plaisir de rire libère une énergie qui convertit la dysphorie en jubilation esthétique. Le Paris infernal de Boileau métaphorise ludiquement son angoisse et plus généralement l'imaginaire de la *satura*, poème du mélange, de la disparate et de l'encombrement. On peut tenir de semblables considérations à propos de la *Satire X*.

LA PANIQUE DEVANT LE FÉMININ

La *Satire X*, que Boileau consacre aux femmes et qu'il publie en 1694, confirme ce sentiment d'angoisse et de décalage face au Temps actuel. La *Satura VI* de Juvénal, dont il dit qu'elle « est son plus bel ouvrage », lui sert principalement de modèle[52]. Comme le poète romain, il développe contre les femmes sa plus longue diatribe. Alors qu'une satire comprend en moyenne entre cent et trois cents vers, cette œuvre s'étire sur sept cent trente-huit vers, précédés qui plus est d'une préface *Au Lecteur*. Le poète y présente « au beau sexe » des excuses pour avoir pris si longuement « la liberté [...] de peindre ses vices » ; il se targue « d'avoir trouvé moyen [...] de ne pas laisser échapper un seul mot qui pût le moins du monde blesser la pudeur[53] ». Boileau se révèle non seulement un misogyne virulent qui conforte sa supériorité virile dans

---

52   *Ibid.*, p. 63.
53   *Satire X, Au Lecteur*, p. 62 et 63.

le mépris affiché et réitéré des femmes, mais aussi un antiféministe opiniâtre, un opposant à leur émancipation sociale et culturelle. On peut s'étonner, à une époque où la culture mondaine et les progrès de la civilité accordent aux femmes une si grande place, d'une telle diatribe de la part d'un poète protégé ou du moins estimé par Mme de Sévigné, Mme de Montespan ou Mme de Maintenon. On peut alléguer la Querelle des Anciens et des Modernes, dans laquelle les femmes ont majoritairement pris parti pour les Modernes, face à un Boileau chef de file des Anciens. Mais une telle raison n'explique pas sa véhémence. Elle découle plutôt d'une hantise du féminin dont nous savons à quel point elle explique le tempérament satirique[54]. Les femmes constituent, avec les mauvais poètes, le sujet qui lui permet de donner le plus d'amplitude et de couleur à sa verve comique.

Vieux garçon endurci, Boileau manifeste une véritable panique devant le féminin. Hormis la *Satire X*, on est frappé quand on lit l'ensemble de son œuvre par le faible rôle qu'y jouent les femmes et plus généralement la féminité. Pas de présence féminine pour adoucir et infléchir sa vision du monde ! Il n'a pas connu sa mère qu'il perdit alors qu'il n'avait que dix-huit mois. Privé d'amour maternel, il eut une enfance triste. On ne lui connaît pas de passion amoureuse. Sa production poétique dans ce domaine est quasiment inexistante[55]. Il n'a pas eu d'enfants non plus. Sa poésie relève de la pure masculinité, sous le signe de la force virile et de la loi du père. On comprend mieux pourquoi il s'adonna à la satire, qui est un art de la vigueur guerrière[56] et le genre phallique par excellence. Jamais, par exemple chez Vauquelin de la Fresnaye et Régnier, une satire n'est dédiée à une femme. Boileau n'échappe pas à la règle. Ses dédicataires sont tous des hommes avec lesquels il conforte des amitiés et des complicités. La femme joue en l'occurrence le rôle du tiers-exclus. La satire humaniste se déploie par ailleurs contre la vie de cour et le culte des apparences. Elle ne pouvait que s'attaquer à la vie mondaine qui se développe dans les salons et dont les femmes sont les animatrices. Il ne faut pas non plus sous-estimer la dimension religieuse et pastorale de l'hostilité que leur voue Boileau. Les Pères de l'Église et

---

54 Voir notre article « Satire et peur du féminin », in *Cité des hommes, cité de Dieu, en l'honneur de Daniel Ménager*, Genève, Droz, 2003, p. 321-330.

55 Voir *Poésies diverses et épigrammes*, in *OC*, éd. citée, p. 242-243.

56 Voir Joseph Pineau, *op. cit.*, p. 62-63.

les prédicateurs ne décolèrent pas contre elles. Ils leur rappellent qu'elles sont responsables du péché originel et la cause première des malheurs qui frappent l'humanité. Pour Tertullien, elles sont « la porte du diable », « *diaboli janua*[57] ». Incarnations de la concupiscence de la chair, elles demeurent une source de tentation et une entrave lorsque l'homme cherche à réaliser ses hautes missions. Bossuet, Bourdaloue et Massillon, fidèles à la tradition paulinienne et augustinienne, résistent fermement à l'émancipation des femmes de leur époque et à la célébration de l'amour qu'elles attisent par leur désir de séduire et de dominer. Boileau tente de justifier sa diatribe en se réclamant explicitement de leur exemple :

> J'espère donc que j'obtiendrai aisément ma grâce et qu'elles ne seront pas plus choquées des prédications que je fais contre leurs défauts dans cette satire, que des satires que les Prédicateurs font tous les jours en chaire contre ces mêmes défauts[58].

Chez les satiriques, la femme apparaît comme le pôle négatif d'une dialectique où la *vérité* va de pair avec la *virilité*[59]. Au-delà de sa nature biologique, elle se confond avec tout ce qui inverse la vérité et la vertu : le vice, l'affectation, l'apparence, le mensonge. Elle représente une menace contre laquelle il faut se prémunir. La panique en tout cas est si grande qu'elle met le poète en fureur. Elle suscite en lui des cauchemars, elle l'entraîne dans un tourniquet de visions cataclysmiques. Elle incarne par excellence, à l'égal du « Diable[60] », l'angoisse de la dépossession, l'impossibilité de l'unité et de la stabilité. Boileau construit son *éthos* satirique à partir du mépris et de la peur qu'elle lui inspire. Son rire mâle et son alexandrin aux angles nets, bannissent autant qu'il est possible toute mollesse. Ils apparaissent comme les armes dont il use pour récupérer et conforter son aplomb et sa maîtrise. Doté d'une vertu apotropaïque, le rire de la satire devient une parade pour se défendre du féminin, pour le conjurer. Le tranchant du bon mot, la carrure impeccable du vers, dans une société encore très patriarcale, permettent de retrouver l'essence de « la parole virile qui est affirmation décisive[61] ».

---

57   *De Cultu feminarum*, liv. I, 1, Paris, Les Éditions du Cerf, 2007, p. 42.
58   *Satire X, Au Lecteur*, p. 63.
59   Voir Marc Angenot, *La Parole pamphlétaire*, Paris, Payot, 1982, p. 87.
60   *Satire X*, v. 706, p. 80.
61   Pierre Bourdieu, *La Domination masculine*, Paris, Seuil, 1998, p. 23.

La diatribe de Boileau, féroce, animée d'un *perpetuum mobile*, pourrait ne jamais finir. Elle tournoie autour d'un centre masculin peu à peu condamné à la dépossession, à l'impuissance, au déshonneur. Elle se conclut sur la vision apocalyptique d'un homme « Sous le faix des procès abattu, consterné, / Triste, à pied, sans Laquais, maigre, sec, ruiné[62] ». Avant cette triste fin, le poète aura tourné les pages d'un catalogue vertigineux qui tente vainement de parvenir à l'exhaustivité et de neutraliser une menace qui renaît sans cesse. Il accable de sarcasmes l'infidèle (v. 23-180), la coquette (v. 181-248), l'avare (v. 249-349), la colérique (v. 350-391), la comédienne (v. 392-424), la savante (v. 425-437), la précieuse (v. 438-460), la noble (v. 461-505), la fausse dévote (v. 506-642), la plaideuse (v. 712-738). Il finit par en perdre la respiration. Alors le tourniquet s'emballe et s'accélère jusqu'à la suffocation au moyen de l'anaphore :

> T'ai-je encor peint, dis-moi, la Fantasque inégale [...]
> T'ai-je peint la Maligne aux yeux faux, au cœur noir ?
> T'ai-je encore exprimé la brusque Impertinente ?
> T'ay-je tracé la Vieille à morgue dominante [...] ?
> T'ai-je fait voir de joie une Belle animée [...] ?
> T'ai-je encore décrit la Dame brelandière [...] ?
> Ay-je offert à tes yeux ces tristes Tysiphones [...] ?
> Enfin t'ai-je dépeint la Superstitieuse [...][63] ?

Le narrateur, emblème de l'*un* perdu au milieu du *multiple*, s'arrête, tellement la recension de l'ennemi féminin excède sa capacité d'écrire : « Il en est des milliers ; mais ma bouche enfin lasse / Des trois quarts pour le moins veut bien te faire grâce[64] ». Jamais cependant la jubilation satirique à capter le réel, à crayonner les corps, n'aura atteint un tel paroxysme. Comme si la femme permettait enfin au satirique de déployer toutes les facettes de son talent de peintre et de caricaturiste. Il n'a pas assez de synonymes pour dire la variété du monde qui se déploie avec émerveillement devant ses yeux : *peindre, exprimer, tracer, faire voir, décrire, offrir aux yeux, dépeindre...* La verve satirique s'ébroue avec allégresse dans ces moments de saturation où la matière abonde, où elle cède à l'ivresse d'épuiser le possible par le verbe.

---

62 *Satire X*, v. 735-736, p. 80.
63 *Satire X*, v. 662, 664-666, 669, 673, 677 et 685, p. 79.
64 *Ibid.*, v. 689-690, p. 79.

Cette dispersion centrifuge et jubilatoire dans le monde sensible relègue bien loin l'aspiration classique à l'unité. Plus que jamais la *satura* est saturation, exagération assumée, parole en excès, à l'image d'un monde hostile qui submerge et engloutit. Elle représente ici le cauchemar d'un homme phagocyté par une multitude de monstres féminins en proie à l'hystérie, qui voudraient s'emparer de lui et finalement l'annihiler[65]. C'est pourquoi Boileau juxtapose et superpose jusqu'à étourdir son lecteur. Il accumule, il énumère, il erre dans un labyrinthe sans issue comme l'enfer où l'on expie ses péchés[66]. Il nous fait comprendre qu'il s'indigne parce que trop de femmes outragent la vertu et la « Chasteté[67] » par leur comportement. Et nous ne saurions nier la sincérité de sa colère, qui illustre la dimension éthique de la satire dont la fonction est de réformer les mœurs. Mais un tel acharnement contre le sexe féminin relève aussi d'une violence affective qu'il faut interroger. Il nous semble que dans ce poème, comme dans la satire sur les embarras de Paris, il cède au plaisir du désordre et de l'hystérie. Il neutralise *ce qui ne doit pas être* en le figurant avec complaisance et fascination.

Il se libère aussi de sa part maudite, des lourdes tensions qu'exigent de lui la formulation des idéaux classiques, l'obsession de la clarté et de l'unité, bref son destin de régent du Parnasse au service de l'absolutisme royal. Il s'exonère ici de ses doutes et de ses fatigues. Le sensible, sous les apparences d'un féminin centrifuge et métamorphique, rattrape celui qui voudrait n'être que pure conscience et jugement net, qui voudrait s'établir à demeure sur les hauteurs nobles et solaires de l'*épos*. Il semble à cet égard que la décadence de l'épopée, genre avant tout phallique et guerrier, ait notamment pour origine aux yeux de Boileau le triomphe des valeurs féminines. Un monde où les héros à la force indomptable se raréfient est condamné à être englouti par les femmes ! Le poète pressent que les femmes seront *in fine* les fossoyeuses de la satire, son genre littéraire de prédilection, de même qu'elles le sont déjà pour l'épopée.

---

65 On pense au film de Buster Keaton, *Les Fiancées en folie* (1925).

66 Voir Léo Spitzer, « L'art de la transition chez La Fontaine », in *Études de style*, Paris, Gallimard, 1970, p. 192-196. À la « fluidité de La Fontaine », Spitzer oppose « le moralisme rhétorique de Boileau » qui « doit écraser le lecteur par la quantité de ses arguments et son attitude de prédicateur » (p. 196) ; « Boileau continue la satire de caractère du Moyen Âge qui est issue d'une architectonique de la pénitence et du péché dans la littérature dantesque sur l'au-delà » (p. 195).

67 *Satire X*, v. 27, 46, p. 64.

Cette « pièce outrée[68] », qui justifie, selon l'auteur, la violence de
son courroux, peut aussi être lue comme l'indice d'un déficit de la
puissance virile et poétique. Vicieuse et corrompue, la femme menace
l'homme qui est destiné aux vertus héroïques. Mais l'excès de cette
colère, selon un processus qui caractérise la violence misogyne, traduit
l'incapacité du poète et celle de ses contemporains à être à la hauteur de
leurs idéaux grandioses. La peur et la haine du féminin disent la crise
de l'*éthos* viril en poésie, la difficulté à rendre crédible la haute poésie
encomiastique. Elles soulignent une fois encore que Boileau tombe dans
la satire par inaptitude à devenir un poète épique. La diatribe misogyne
et antiféministe devient l'expression de sa mauvaise conscience, voire
d'un sentiment de culpabilité. Faute de pouvoir chanter positivement
les héros, il réinvestit son énergie dans le dénigrement de ce qu'il estime
être un obstacle à sa vocation et la cause de son impuissance.

SATIRE ET ANTI-ÉROTISME

Boileau pousse à l'extrême la virilité satirique face à une époque
moderne dont il semble imputer la décadence aux valeurs féminines qui
imprègnent l'idéologie de la civilité. Parmi ces valeurs, il y a l'amour,
à la fois comme désir érotique et comme passion sentimentale. Or
notre poète n'est ni un amoureux passionné, ni un être de désir qui
s'abandonne à Éros. Horace et Régnier accordaient du moins à l'érotisme
une place prépondérante. Boileau se reconnaît quant à lui « très peu
voluptueux[69] ». Et de fait il n'exprime jamais le moindre désir amoureux. Il ne veut pas certes qu'on le compte parmi « ces tristes Esprits /
Qui, bannissant l'amour de tous chastes écrits, / D'un si riche ornement veulent priver la Scène[70] » ; il applaudit au triomphe des amants
du *Cid* : « Tout Paris pour Chimène a les yeux de Rodrigue[71] ». Mais
au fond l'amour est une expérience physique et psychologique qui ne

---

68   *Satire X*, v. 25, p. 63.
69   *Épître X*, v. 91, p. 143.
70   *L'Art poétique*, Chant IV, v. 97-99, p. 182.
71   *Satire IX*, v. 232, p. 54.

l'intéresse pas. Il n'en fait pas, à l'instar de Corneille ou de Molière, une force positive et exaltante. L'amour demeure pour lui « une faiblesse et non une vertu[72] ». Cette absence d'inspiration amoureuse dans son œuvre rend encore plus radicale la scission que la satire opère entre les hommes et les femmes.

Boileau revendique en outre, conformément à la « rusticité[73] » propre à l'*éthos* satirique[74], une brutalité dans le jugement et le langage qui s'accommode mal des subtilités de la politesse et de la galanterie, qui nourrissent la sentimentalité du romanesque. Les femmes cristallisent son mépris pour la mode et l'air du temps, pour la vie des salons. Il veut conserver, à l'inverse et grâce à la satire, une fierté mâle, une « âme grossière[75] », ennemie de la féminisation et de l'érotisation généralisées des relations et des échanges. Il semble même concevoir la satire comme un genre anti-érotique, un genre à l'opposé de ceux où s'exhalent les fadeurs émollientes de l'amour et de la conversation. Sa vocation satirique serait née en partie, nous dit-il, du désir d'en découdre avec la vogue des romans de Mlle de Scudéry et de La Calprenède :

> Mais enfin mes années étant accrues, et la Raison m'ayant ouvert les yeux, je reconnus la puérilité de ces Ouvrages. Si bien que l'esprit satirique commençant à dominer en moi, je ne me donnai point de repos que je n'eusse fait contre ces Romans, un Dialogue à la manière de Lucien, où j'attaquais non seulement leur peu de solidité, mais leur afféterie précieuse de langage, leurs conversations vagues et frivoles[76]…

Le poète romain Perse pouvait lui servir d'exemple quand il pourfend l'élégie amoureuse qui représente à ses yeux la forme d'expression la plus opposée à la satire[77]. Elle met en effet le lecteur dans un état de mollesse passive et féminine. La satire au contraire est le propre du mâle et du père : « *Haec fierent, si testiculi vena ulla paterni / Viveret in nobis*[78] ». Substitut du phallus, elle est une démonstration de puissance et d'autorité. Elle est, nous dit Juvénal, « comme une épée brandie »,

---

72 *L'Art poétique*, Chant III, v. 102, p. 171.
73 *Épître XI*, v. 51, p. 146. Voir *Satire I*, v. 50, p. 14.
74 Voir Perse, *Choliambi*, v. 6.
75 *Satire I*, v. 50, p. 14.
76 *Discours sur le Dialogue des héros de roman*, p. 445.
77 *Satura I*, v. 63-106.
78 *Satura I*, v. 103-104 : « Pareilles choses existeraient-elles, si dans nos testicules battait encore la veine de nos pères ? ».

« *ense velut stricto*[79] ». L'agression verbale, à l'instar de l'agression sexuelle, est, perçue, dans cette optique, comme une spécificité du mâle.

Boileau revendique, lui aussi, une fermeté dans la pensée et l'expression, qui veut faire contraste avec la mollesse et la liquidité qu'il associe aux femmes et à la sentimentalité amoureuse. Il se réclame de la « constance » des stoïciens et se veut « aux affronts endurci[80] ». Dans *L'Art poétique*, il satirise la poésie amoureuse qui le plus souvent, à ses yeux, prend des formes convenues et artificielles, dénuées de toute sincérité :

> Je hais ces vains Auteurs, dont la Muse forcée
> M'entretient de ses feux, toujours froide et glacée ;
> Qui s'affligent par art, et, fous de sens rassis,
> S'érigent pour rimer, en Amoureux transis.
> Leurs transports les plus doux ne sont que phrases vaines[81].

Boileau s'élève contre la mode, propagée par les romans précieux, qui transforme « les héros amoureux » en « bergers doucereux[82] », qui fait du Grand Cyrus, d'Horatius Coclès, de Clélie et de Lucrèce, héros et héroïnes de l'Antiquité, auteurs d'actions violentes et grandioses, des amoureux transis qui ne songent qu'à la galanterie[83]. Il n'admet pas que « l'amour » soit désormais considéré comme « la vertu héroïque[84] ». Les personnages des pièces de Quinault ne valent pas mieux. Ils l'écœurent à force de mièvrerie et de sentimentalité : « Et jusqu'à *Je vous hais*, tout s'y dit tendrement[85] ». Comme chez Perse, la satire n'existe pour lui que dans un rapport antithétique avec la poésie amoureuse :

> Faudra-t-il de sens froid, et sans être amoureux,
> Pour quelque Iris en l'air faire le langoureux ;
> Lui prodiguer les noms de Soleil et d'Aurore,
> Et toujours bien mangeant mourir par métaphore ?
> Je laisse aux Doucereux ce langage affété,
> Où s'endort un esprit de mollesse hébété.
> La Satire, en leçons, en nouveautés fertile,

---

79 Juvénal, *Satura I*, v. 165.
80 *Satire VIII*, v. 41, p. 42.
81 *L'Art poétique*, Chant, II, v. 45-49, p. 6.
82 *L'Art poétique*, Chant, III, v. 97-98, p. 171.
83 *Dialogue des héros de roman*, p. 456-467.
84 *Ibid.*, p. 476.
85 *Satire III*, v. 188, p. 24.

> Sait seule assaisonner le plaisant et l'utile,
> Et d'un vers qu'elle épure aux rayons du bon sens,
> Détrompe les Esprits des erreurs de leur temps[86]…

L'amour, réel ou joué, se traduit par une langueur et une hébétude qui dévirilisent la poésie. La satire apparaît *a contrario* comme un remède qui ouvre les yeux, redonne une force combative et le sens du plaisir authentique.

La haine du féminin aboutit donc à un dénigrement de l'amour. La satire apparaît, sous la plume de Boileau, comme un rempart prophylactique contre la femme et la passion amoureuse. Emporté par sa verve et son ironie destructrices, il ne conçoit jamais l'amour heureux, celui qui chez Corneille et Molière donne de l'énergie et un sens à l'existence, celui qui permet à l'individu de s'affirmer et de connaître les plaisirs les plus intenses. Il l'associe spontanément à la faiblesse et à la « mollesse[87] », à la langueur et à la destruction de la vigueur masculine. Il ne décolère pas non plus contre « le verbiage d'Amour[88] » qui encombre, à ses yeux, les recueils de poésie, les romans et beaucoup trop de pièces de théâtre. Ce pessimisme nous ramène au jansénisme. Les femmes et l'amour humain sont absents des *Pensées* de Pascal. Racine représente quant à lui la passion amoureuse comme une fatalité qui débouche sur les souffrances les plus douloureuses et finalement sur la mort. Les satires de Boileau sont l'une des œuvres les plus antérotiques de la littérature française.

En écrivant la *Satire X* et en fulminant contre le goût pour le romanesque, Boileau ne pouvait guère réconcilier les femmes avec le genre de la satire. Charles Perrault, Nicolas Pradon ou encore François Gacon ne manquèrent d'ailleurs pas de prendre leur défense, le premier dans sa *Préface* à *L'Apologie des femmes*[89], le second dans une *Réponse à la Satire X du sieur D****[90], le troisième dans l'une de ses satires du *Poète sans fard*[91]. La satire, en tant que genre, n'allait pas survivre en effet à une époque où les femmes prenaient une importance incontournable dans le

---

86 *Satire IX*, v. 261-270, p. 55.
87 *Discours sur le dialogue des héros de roman*, éd. citée, p. 443.
88 *Ibid.*, p. 445.
89 Paris, Jean Baptiste Coignard, 1694.
90 Paris, R.-J.-B. de la Caille, 1694.
91 *Satire contre les maris*, in *Le Poète sans fard*, Cologne, Corneille Egmont, 1697, p. 23-37.

monde social et littéraire. Elles ne pouvaient s'accommoder d'une forme d'expression dont elles demeuraient des cibles privilégiées et le tiers exclus. La Marquise de Rambouillet et sa fille, en phase avec l'évolution des mœurs, tentèrent d'ailleurs de persuader le jeune Despréaux, venu dans leur hôtel particulier lire quelques textes, d'abandonner ce genre poétique : « Arthénice et Julie louèrent le jeune poète, mais en même temps lui conseillèrent par bonté, et avec cette politesse dont les personnes de leur rang savent toujours assaisonner un avis, de consacrer ses talents à une espèce de poésie moins odieuse et plus généralement approuvée que ne l'est la satire[92] ». Boileau s'obstina, tandis que les femmes creusaient peu à peu la tombe d'un genre littéraire profondément misogyne, antiféministe et phallocrate.

---

92 L'Abbé d'Olivet, *Histoire de l'Académie française*, Paris, Jean-Baptiste Coignard, 1729, t. II, p. 157.

SATIRE ET NÉGATIVITÉ

La satire boilévienne est une forme d'expression lyrique mêlant amertume, indignation et moquerie. Elle est un lieu d'émergence de la subjectivité dans le sillage de Montaigne et de Descartes, qui ont forgé les outils intellectuels et verbaux pour penser l'autonomie de la conscience et du jugement. Support de l'idéologie libertine dans les œuvres de Mathurin Régnier ou de Théophile de Viau, elle participe chez Boileau au mouvement d'émancipation du sujet qui caractérise en partie l'inspiration des moralistes au XVIIe siècle, en dépit de la pression que font peser l'absolutisme louis-quatorzien et la Contre-Réforme. Ce lyrisme se caractérise principalement par la négativité. Le moi satirique de Boileau prend position fermement en affichant ses haines et ses refus. L'affirmation de ses choix l'occupe moins que la négation de ce qui lui déplaît. La négation est ainsi le moteur de sa critique des mœurs en même temps que le moyen de mettre en avant son originalité d'homme et d'auteur. La satire est une représentation négative du monde présent, à travers un idéal fantasmé et la perception subjective d'un particulier. Elle met en jeu une tension entre le désir d'affirmation d'un individu et le spectacle révoltant de la comédie humaine. La négation, dans cette optique, active une démarche dialectique exprimant une réflexion axiologique, une angoisse personnelle et le plaisir de réduire à néant ce qui contrarie.

LE PRIMAT DE LA NÉGATIVITÉ

Le *je*, dans les œuvres de Boileau, prétend à la vérité et à la sincérité. Il se veut l'expression d'une subjectivité qui cherche à travers les conventions de la rhétorique et de la poétique à transmettre des émotions indivi-duelles. Le genre satirique l'aide à définir son individualité à l'intérieur d'un rapport *antagoniste* avec le monde qui l'entoure, à particulariser sa voix en fonction de sa situation historico-empirique[1]. Cette relation est en l'occurrence fondée sur le déphasage et l'inadéquation. Elle prend la forme d'une opposition douloureuse entre un idéal subjectif et la réalité objective, parce que le rapport au juste et au vrai est perverti[2]. Une subjectivité prend conscience d'elle-même face à un monde jugé immoral, imparfait, en proie à la bassesse[3]. Boileau veut témoigner d'un « siècle […] corrompu[4] », d'une époque qui peine à coïncider avec les hautes attentes de la grandeur royale, de la religion et des belles-lettres. C'est pourquoi il constitue sa prise de recul critique en instance d'évaluation autonome. Il exhibe, en ne recourant qu'à ses propres forces, l'écart entre les idéaux qui l'inspirent et la réalité qui s'offre à lui. L'affirmation de sa subjectivité découle d'un sentiment de colère et de déception, qui implique la volonté de se séparer pour devenir un spectateur averti. Il se replie sur lui-même et ne trouve de contentement que dans l'exercice de sa « raison », pierre angulaire de son éthique et de son esthétique. La conscience du poète, au prix de la solitude et parfois de représailles, rompt avec l'opinion commune et ne trouve de certitude qu'en elle-même. Grâce à ce mouvement d'intériorisation, le *je* satirique met le monde extérieur à distance et le transforme en comédie, voire en carnaval désopilant.

Les *Satyres* de Régnier témoignent au début du XVIIᵉ siècle d'une époque de crise, marquée par le cataclysme des guerres de Religion, et par l'échec relatif des poètes de la Pléiade qui voulaient faire de l'artiste un démiurge recréant le monde et de leurs œuvres un miroir de la gloire du Prince. Boileau vit dans une époque qui repose sur des bases plus stables et pacifiques, sous l'égide de Louis XIV. Son angoisse est plutôt celle d'un retour possible aux temps troublés des guerres civiles et celle d'un affaissement qualitatif dans le domaine moral et littéraire.

La subjectivité boilévienne a surtout une forme polémique et réactive. Le poète fait état d'un clivage organique entre sa quête de la vérité et un

---

1   Voir Piero Floriani, *Il Modello ariostesco, La satira classicistica nel cinquecento*, Roma, Bulzoni, 1988, p. 18.

2   Voir Piero Floriani, *op. cit.*, 1988, p. 24 ; Franco Serpa, « La "Figura" della satira (ipotesi per una teoria generale della satira latina) », in *Letteratura comparate. Problemi e metodo. Studi in onore di Ettore Paratore*, Bologne, Patron, 1981, t. I, p. 316.

3   Voir Friedrich Hegel, *Esthétique*, trad. S. Jankélévitch, Paris, Flammarion, 1979, t. II, p. 253.

4   *Le Lutrin, Avis au Lecteur*, éd. cit., p. 190.

monde qui le déçoit et l'indigne. Il recourt aux deux modalités fondamentales de la négation : celle qui représente ce qui est jugé « mauvais,
défavorable ou inadéquat (donc, à rejeter)» et celle «qui comporte un
vide, un hiatus, une absence[5] ». On retrouve cette distinction chez Freud
lorsqu'il distingue le jugement axiologique, qui oppose le bon au mauvais,
et le jugement purement factuel qui, affirmant ou niant l'existence d'une
chose, se traduit par la présence ou le manque[6]. La satire est d'abord
une agression qui constate que la réalité des mœurs, des institutions
et des belles-lettres contredit l'idéal de vertu et de qualité qu'elles sont
censées illustrer : comme elles *ne* sont *pas* en accord avec leur finalité ou
leur définition, elles doivent être condamnées. À cette optique morale
s'ajoute une dimension existentielle : Boileau éprouve un sentiment
d'amertume qui prend racine dans l'expérience d'un manque existentiel.
La satire est pour lui un lieu de confidence et de retour sur lui-même :
« Je confie au papier les secrets de mon cœur[7] ». Elle prend volontiers
une allure dialogique et réflexive, comme en témoignent l'*Épître X*, qu'il
intitule *À mes vers*, ou la *Satire I* dans laquelle il se dédouble comme
s'il se regardait dans un miroir. Souvent métapoétiques, les poèmes de
Boileau sont eux-mêmes questionnés et justifiés par les textes de prose
qui les accompagnent et les commentent : *Le Libraire au Lecteur, Discours
sur la satire, Au Lecteur* en préambule à la *Satire X, Discours de l'auteur
pour servir d'apologie à la Satire XII sur l'Équivoque.*

Ce mouvement réflexif confère à ses œuvres leur inflexion lyrique.
L'indignation satirique, explique Friedrich Schiller, ne naît pas de la
réalité elle-même, elle provient plutôt de la *réflexion* que fait sur la réalité
ressentie « comme manque », « *als Mangel* », une conscience malheureuse
ou tourmentée[8]. La conscience lyrique de Boileau s'éprouve comme
une perte, une absence, un hiatus que l'emploi constant de la tournure
négative et l'expression du manque au niveau sémantique permettent
de figurer et de transcender grâce à la sublimation du geste poétique.
Le poète perçoit le monde actuel comme une négation de l'idéal qu'il
traduit par les termes *non, ne…pas, ne…plus, ne…jamais…* La négation

---

5   Antoine Culioli, « La négation : marqueurs et opérations », in *Pour une linguistique de
     l'énonciation, Opérations et représentations*, Paris, Ophrys, 1990, t. I, p. 93.

6   Voir « La négation », in *Résultats, idées, problèmes*, Paris, PUF, 2012, t. II, p. 136-137. Voir
     aussi André Green, *Le Travail du négatif*, Paris, Éditions de Minuit, 2011, p. 36-37.

7   *Discours au Roi*, v. 72, p. 10.

8   *Über naive und sentimentalische Dichtung* (1795), éd. J. Beer, Stuttgart, Reclam, 1978, p. 38.

satirique, sous la forme d'un refus qui se répète de poème en poème, n'est pas seulement l'expression d'un jugement de valeur qui distingue le vrai du faux, le beau du laid, elle témoigne aussi d'une insatisfaction essentielle, de ce que Cioran appelle « une désolation primordiale[9] ».

LE MOI *EX NEGATIVO* DE BOILEAU

La dissidence de l'*ego* satirique se traduit par la représentation d'un sujet à la première personne qui se révolte et dit non. Les *Satires* et les *Épîtres* commencent par la scénarisation d'un geste de refus. L'éloge positif de Louis XIV dans le *Discours au roi* s'interrompt presque aussitôt pour laisser la place à une dérobade qui se traduit par une accumulation de termes dotés d'une connotation négative :

> Mais je sais peu louer ; et ma Muse tremblante
> Fuit d'un si grand fardeau la charge trop pesante,
> Et, dans ce haut éclat où Tu Te viens offrir,
> Touchant à Tes lauriers, craindrait de les flétrir.
> Ainsi, sans m'aveugler d'une vaine manie,
> Je mesure mon vol à mon faible génie[10]...

Les *Épîtres* commencent quant à elles par une offre de service qui tourne court aussitôt. Il faudrait célébrer le roi, mais la Muse profondément satirique du poète n'y parvient pas :

> Grand Roi, c'est vainement qu'abjurant la Satire,
> Pour Toi seul désormais j'avais fait vœu d'écrire.
> Dès que je prends la plume, Apollon éperdu
> Semble me dire : « Arrête, insensé, que fais-tu[11] ?... »

L'Art poétique joint le précepte à l'interdit : le précepte se résume à des formules en forme de maximes, souvent lapidaires ; l'interdit en revanche donne lieu à de longs développements satiriques. L'œuvre

---

9   *Cahiers 1957-1972*, Paris, Gallimard, 1997, p. 70.
10 *Discours au roi*, v. 9-14, p. 9.
11 *Épître I*, v. 1-4, p. 103.

s'ouvre, de façon programmatique, sur une scène d'exclusion qui multiplie les négations grammaticales et sémantiques :

> C'est en vain qu'au Parnasse un téméraire Auteur
> Pense de l'Art des Vers atteindre la hauteur :
> S'il ne sent point du Ciel l'influence secrète,
> Si son astre en naissant ne l'a formé poète,
> Dans son génie étroit il est toujours captif :
> Pour lui Phébus est sourd, et Pégase est rétif[12].

Les trois poèmes, d'entrée de jeu, mettent en action le travail du négatif. Le ton est donné : ce sera celui de la dissidence, de la protestation et du rejet. Non pas de l'inclusion et de l'adhésion, mais de l'exclusion et du refus !

La satire, depuis Horace et Juvénal, met en scène un conflit entre une conscience tourmentée et une société aux mœurs indignes. Boileau, comme ses prédécesseurs, s'en prend à la vanité de la vie mondaine, au pédantisme, aux impostures de l'honneur, à la tyrannie des passions, à la noblesse pervertie, à la fausse dévotion, à la médiocrité en manière littéraire. Son *je* lyrique prend volontiers la forme d'un mouvement de sécession où se mêlent misanthropie, rejet de l'univers urbain et désir de revanche. La *Satire I*, dans le sillage de la *Satura III* de Juvénal, orchestre d'emblée ce thème, sous la forme d'un dialogue entre le poète et un ami, qu'il nomme « Damon ». Cet ami, qui n'est en fait qu'un double de Boileau lui-même, veut quitter la capitale parce qu'elle est devenue un lieu qui inverse toutes les valeurs auxquelles il croit. Cette satire inaugurale, dialogique et réflexive, donne le ton de toute l'œuvre comique de l'auteur. La diatribe de Damon-Boileau commence naturellement par un autoportrait :

> Je ne sais ni tromper, ni feindre, ni mentir,
> Et, quand je le pourrais, je n'y puis consentir.
> Je ne sais point en lâche essuyer les outrages
> D'un Faquin orgueilleux qui vous tient à ses gages,
> De mes Sonnets flatteurs lasser tout l'univers,
> Et vendre au plus offrant mon encens et mes vers.
> Pour un si bas emploi ma Muse est trop altière.
> Je suis rustique et fier, et j'ai l'âme grossière.
> Je ne puis rien nommer, si ce n'est par son nom,

---

12 *L'Art poétique*, Chant I, v. 1-6, p. 157.

> J'appelle un chat un chat, et Rolet un fripon.
> De servir un Amant, je n'en ai pas l'adresse.
> J'ignore ce grand art qui gagne une maîtresse,
> Et je suis, à Paris, triste, pauvre et reclus,
> Ainsi qu'un corps sans âme, ou devenu perclus[13].

Ce texte matriciel et programmatique fait écho à ceux de Juvénal et de Régnier. Ce dernier se décrit ainsi :

> Je ne suis point entrant, ma façon est rustique… […]
> Et puis je ne saurais me forcer ni me feindre… […]
> Je ne saurais flatter et ne sais point comment
> Il faut se faire accort ou parler faussement… […]
> Je ne puis déguiser la vertu ni le vice… […]
> De porter un poulet je n'ai la suffisance,
> Je ne suis point adroit, je n'ai point d'éloquence
> Pour colorer un fait ou détourner la foi[14]…

Les tournures négatives, amplifiées par les répétitions et les anaphores, dessinent une subjectivité en creux. Elles approfondissent un malaise, un manque et une déception qui se convertissent en refus et en désir de fuite. Les valeurs nobles – vérité, loyauté, liberté, haute conscience artistique… – sont, aux yeux de Damon-Boileau, constamment déniées. À cette dénégation, il oppose son propre désir de dénier, de manière à restaurer du sens et à retrouver ses repères. La négation de la négation rétablit ou instaure l'affirmation. Le satirique délimite un rapport au monde *ex negativo*, dominé par un excès humoral de colère et de mélancolie. À « l'adresse » qui caractérise l'homme du monde, servile, dissimulateur et cynique, il oppose sa brusquerie verbale et une *maladresse*, qui bousculent les jeux convenus de la politesse, en sorte qu'elles se trouvent dotées d'un pouvoir régénérant. L'énergie créatrice du blâme se substitue à celle de l'éloge qui n'a plus de sens à force d'être corrompue par la flatterie et la servilité. Elle pose le poète en sujet autonome qui prend conscience de lui-même et affirme sa singularité dans la violence de ses rebuffades.

Comme Juvénal et Régnier, Boileau est un grand négateur, un avatar de « l'esprit qui toujours nie[15] ». Il ne peut pas « [se] taire[16] » et

---

13   *Satire I*, v. 43-56, p. 14.
14   *Satyre III*, v. 94, 97, 99-100, 110, et 125-127, éd. citée, p. 32 et 33.
15   Goethe, *Faust, Première partie*, trad. G. de Nerval, Paris, Garnier frères, 1877, p. 64.
16   *Satire VII*, v. 90, p. 40.

ne pas réagir à une situation devenue insupportable. Juvénal a énoncé, une fois pour toutes, l'origine existentielle et le programme de la satire lucilienne : « *difficile est saturam non scribere*[17] », « il est difficile de ne pas écrire de satire ». Le combat pour la vérité, conforme à l'antique *parrêsia*, qui garantit la véracité de l'énoncé au moyen de l'engagement personnel du locuteur[18], se traduit par l'usage intensif de la tournure négative : « *nescio mentiri* », « *nequeo laudare*[19] ». L'urgence de la parole satirique implique de s'arracher au silence : « *Non posso più tacer, chi tanto o quanto / Tacer potria*[20] ». La négation engendre le flux dysphorique et abrasif de la satire, elle induit le pouvoir de se définir négativement. À l'instar des poètes romains ou italiens, à l'instar de Régnier – « Il m'est comme aux putains malaisé de me taire[21] » –, Boileau affirme son idiosyncrasie par l'expression de sa colère et l'impossibilité de rester inerte : « Et je serai le seul qui ne pourrai rien dire ! / On sera ridicule et je n'oserai rire[22] ! ».

À défaut de pouvoir lui donner un contenu positif et absolument singulier, comme Montaigne dans les *Essais*, le moi satirique affirme à tout le moins son caractère et une forme d'autonomie individuelle dans la manière avec laquelle il dit *non* à des comportements et des valeurs qui heurtent ses convictions intimes. « *Ego non* » est, chez les poètes latins, la formule de cette affirmation de soi *ex negativo*[23]. L'Arioste commence quant à lui beaucoup de ses assertions par « *io non*[24] ». À leur exemple, Boileau opère, par le travail du négatif, une démarcation entre

---

17 Juvénal, *Satura I*, v. 30.
18 Sur la notion de *parrêsia*, voir Michel Foucault, *Le Gouvernement de soi et des autres*, Paris, Gallimard, Seuil, 2008 et *Le Courage de la vérité*, Paris, Gallimard, Seuil, 2009.
19 Juvénal, *Satura III*, v. 41 et 42 : « je ne sais pas mentir », « je ne peux pas louer ».
20 Luigi Alamanni, *Satira III*, *in Opere toscane*, Venise, Antonio Jiunta, 1542, p. 363-364 : « Je ne peux plus me taire. Qui pourrait un tant soit peu se taire ? ».
21 *Satyre II*, v. 96, éd. citée, p. 19.
22 *Satire IX*, v. 191-192, p. 53.
23 Voir Horace, *Sermones*, liv. I, 2, v. 119 ; 4, v. 70 ; 5, v. 101 ; 6, v. 58 ; 10, v. 76 ; liv. II, 1, v. 116 ; Juvénal, *Satura I*, v. 51-52.
24 Voir par exemple *Satire I* : « [...] que dois-je faire ici, quand je ne suis pas capable de découper des perdrix en les tenant en l'air sur une fourchette, de mettre la laisse au faucon ou au chien. Jamais je ne fis de telles choses et je ne sais pas les faire : étant trop grand, je ne peux pas mettre ou retirer à autrui ses bottes et ses éperons. Je ne suis pas porté sur la bonne chère au point de devenir écuyer-tranchant [...] je n'abandonne pas ma liberté pour l'amour de la richesse, je ne désire pas ce que je ne peux avoir, et ni le dépit ni l'envie ne me rongent si mon seigneur appelle à lui Maron ou Celio ; je n'attends jamais, en plein été, l'heure des flambeaux, pour être vu à la table de mon seigneur ; je ne me laisse pas aveugler par ces fumées ; je m'en vais seul à pied, là où me mène mon

l'espace public, voué à la comédie des apparences, et son individualité, qui s'origine dans la sphère privée et le for intérieur. La négation axiologique du monde environnant produit pour ainsi dire le point de vue lyrique de la satire. Dramatisée par les répétitions, les accumulations et les anaphores, elle exhibe l'indignation et fait émerger la dissidence. Elle cartographie le *contemptus mundi* pour mettre en évidence le regard contempteur du poète.

Sur le modèle du « *ego non* » des satires latines, la conjonction du pronom sujet singulier et du discordanciel *ne* – « je ne » – est la signature du poète satirique. Elle exprime stylistiquement la révolte et la sécession. Omniprésente dans les poèmes et les textes en prose, elle sert d'attaque à beaucoup d'alexandrins dans les *Satires*, sur le modèle de l'autoportrait programmatique de la *Satire I* :

> Je ne sais point au Ciel placer un Ridicule…
> Je ne vais point au Louvre adorer la Fortune…
> Je ne vois rien en vous qu'un lâche, un imposteur…
> Je ne puis pour louer rencontrer une rime…
> Je ne puis bien parler, et ne saurais me taire ; […]
> Je ne résiste point au torrent qui m'entraîne…
> Je n'aperçois partout que folle Ambition…
> Je n'ai d'un faux brillant emprunté le secours[25]…

S'il lui arrive d'exprimer son admiration pour des auteurs qui illustrent ses idéaux en matière poétique, Boileau consacre une grande partie de *L'Art poétique* à expliquer, sous la forme de négations grammaticales ou sémantiques, ses aversions et ses dégoûts. « Il faut de mes dégoûts justifier l'audace[26] » : ce vers peut lui servir d'épigraphe. Le goût se forme à travers l'expérience du « dégoût ». L'amour des belles œuvres est d'autant plus intense qu'il est attisé par l'aversion pour celles qui sont médiocres et indignes. L'éclat d'un enthousiasme est rehaussé par un mouvement de répulsion, voire de haine. « La Satire » d'un médiocre, « C'est une ombre au tableau, qui lui donne du lustre[27] » :

---

seul besoin, et, quand je vais à cheval, j'attache mes besaces sur la croupe » (v. 142-149, 167-177, in *Les Satires*, trad. Michel Paoli, Grenoble, ELLUG, 2003, p. 56 et 57).

25 *Discours au Roi*, v. 105 ; *Satire II*, v. 66 ; *Satire V*, v. 63 ; *Satire VII*, v. 26, 90 et 93 ; *Satire XI*, v. 15 ; *Satire XII*, v. 16, p. 11, 18, 31, 40, 81 et 91.

26 *Épître I*, v. 18, p. 103.

27 *Satire IX*, v. 199 et 200, p. 54.

> Je hais ces vains Auteurs, dont la Muse forcée
> M'entretient de ses feux, toujours froide et glacée...
> Et je hais un sublime ennuyeux et pesant...
> Dans ce sac ridicule où Scapin s'enveloppe,
> Je ne reconnais plus l'auteur du Misanthrope[28]...

La plus grande partie des conseils que prodigue le poéticien revêt la forme d'un interdit ou du moins d'une mise en garde. « La Poésie Épique[29] », genre qui lui est cher, lui inspire une série d'impératifs à la forme négative qui traduisent la déception que lui causent les œuvres de ses contemporains – Saint-Amant, Chapelain, Desmarets de Saint-Sorlin, Brébeuf – :

> N'offrez point un sujet d'incidents trop chargé...
> N'y présentez jamais de basse circonstance...
> N'imitez pas ce fou...
> N'allez pas dès l'abord, sur Pégase monté[30]...

De telles injonctions donnent une inflexion nettement satirique à *L'Art poétique*, qui est autant un lieu de théorie qu'un exutoire à l'indignation.

La négation dans la satire n'exprime pas seulement le *contraire*, elle affirme aussi une *différence*. Elle nourrit des antithèses et des oppositions, mais elle est aussi un facteur de différenciation et de hiérarchisation. Elle désigne ce qui n'est pas le poète tout en le situant dans une échelle de valeurs[31]. Elle sert de base au processus de *séparation* grâce auquel son esprit s'arrache à l'opinion commune, prend dialectiquement conscience de lui-même et acquiert son autonomie[32]. Elle sépare grammaticalement le sujet (« Je ne saurais ») du prédicat (« flatter[33] »). Elle délie la relation d'adhérence et de synthèse avec les codes sociaux en vigueur et les attentes, voire les compromissions, qu'ils supposent. Cet acte de déliaison ne défait pas seulement la relation entre le sujet et le prédicat, il met le sujet en position forte de recul et de surplomb[34]. À défaut de

---

28　*L'Art poétique*, Chant II, v. 45-46, Chant III, v. 290 et v. 399-400, p. 164, 176 et 178.
29　*L'Art poétique*, Chant III, v. 160, p. 172.
30　*Ibid.*, v. 253, 260, 261 et 270, p. 175.
31　Sur ce processus, voir Paolo Virno, *Essai sur la négation, Pour une anthropologie linguistique*, Paris, Éditions de l'Éclat, 2016, p. 33.
32　Voir Friedrich Hegel, *La Phénoménologie de l'esprit, Préface*, trad. J. Hippolyte, Paris, Aubier, Éditions Montaigne, 1966, t. I, p. 29 ; voir aussi p. 99.
33　*Discours au Roi*, v. 104, p. 11.
34　Yvan Elissalde, *La Négation*, Levallois-Perret, Bréal, 2014, p. 88.

pouvoir soumettre le réel à ses désirs, le poète affirme du moins, grâce aux pouvoirs négateurs du langage, la liberté de son jugement et les idéaux dont il se réclame.

Le sentiment de la liberté s'éprouve d'abord dans le pouvoir de nier une situation, un comportement, un discours, comme nous l'explique Étienne de La Boétie : « Soyez résolus de ne servir plus, et vous voilà libres[35] ». Celui qui dit *non* déploie une énergie supérieure à celle de l'individu qui dit *oui*. Il parle plus fort et avec plus d'éloquence que lui. Selon Georg Simmel, « le destructeur se sent plus fort que le bâtisseur, le négateur que l'affirmateur, le dépréciateur que le possesseur[36] ». La négation péremptoire, voire comminatoire, permet à Boileau de hausser le ton. Elle souligne avec véhémence son point de vue et sa volonté. Elle se fait *nolonté*, non pas une absence de volonté, mais un *vouloir ne pas* actif, une « résistance volontaire[37] », qui, au-delà du refus, affirment sa singularité et sa dignité de négateur[38]. Il s'agit, en refusant la soumission et le confort du consensus, d'affirmer sa différence et son originalité. L'expression de l'aversion et de la répugnance se double d'un pouvoir de caractérisation puissant de la subjectivité. C'est pourquoi la satire prend volontiers une inflexion intime, voire autobiographique, mais aussi conflictuelle. Comme l'a bien montré Hegel, c'est le conflit avec les autres consciences qui est la modalité fondatrice de ma propre conscience : elle ne se pose qu'en s'opposant[39]. Boileau est ainsi toujours en lutte, soit pour imposer ses idées, soit pour se défendre contre ceux qui l'attaquent. C'est dans et par le conflit qu'il a vraiment le sentiment d'être lui-même.

---

35 *Discours de la servitude volontaire*, éd. S. Goyard Fabre, Paris, Garnier Flammarion, 2016, p. 117. Voir aussi Frédéric Nietzsche, *Ainsi parlait Zarathoustra*, trad. M. de Gandillac, Paris, Folio, Gallimard, 2015, p. 39 et 40 ; Jean-Paul Sartre, *L'Être et le néant*, Paris, Gallimard, 1979, p. 51-56.

36 Cité par Yvan Elissalde, in *op. cit.*, p. 99.

37 André Lalande, *Vocabulaire technique et critique de la philosophie*, Paris, PUF, 1988, p. 682. Sur la notion de *nolonté*, voir Paul Ricœur, « Négation et affirmation », in *Aspects de la dialectique, Recherche de philosophie*, II, Paris, Desclée de Brouwer, 1956, p. 108 ; Yvan Elissalde, *op. cit.*, p. 143-168.

38 Yvan Elissalde, *op. cit.*, p. 144-145.

39 Voir notamment *La Phénoménologie de l'Esprit*, Paris, Gallimard, 1993.

NÉGATION ET MANQUE

L'univers satirique de Boileau, fortement marqué par la négativité, s'inscrit dans une démarche morale qui consiste à vitupérer contre les mauvaises mœurs de manière à rétablir les bonnes. La négation opère comme une arme de discernement qui fait le départ entre la raison et la déraison, le vrai et le faux, le juste et l'injuste, le beau et le laid. Elle permet en outre au poète de se mettre en avant et de montrer qui il est vraiment, au-delà des rôles convenus que peut revêtir la *persona* satirique depuis Horace. Il semble cependant que l'impression de négativité qui se dégage de cette œuvre émane aussi d'une vision pessimiste du monde et de la nature humaine. L'éclat du siècle de Louis XIV, les honneurs dont peu à peu il est gratifié ne suffisent pas à guérir Boileau de sa mélancolie face à tout ce qui le blesse et de sa frustration à ne pouvoir créer lui-même les hautes œuvres dont il rêve. Le sublime est son idéal en matière littéraire, mais il nous en donne fort peu d'exemples de façon positive et entraînante. Il se contente de nous en communiquer le désir par la critique de la bassesse et par l'usage du registre héroï-comique. Il en va de même pour sa foi chrétienne. « L'amour de Dieu » est le sujet son *Épître XII*, mais il nous dit fort peu ce qu'il représente réellement à ses yeux, sauf peut-être en ces vers superbes où il évoque avec émotion : « ce doux saisissement / Ces transports de joie et de ravissement / Qui font des Bienheureux la juste récompense[40] ». Conformément à la pente satirique de son inspiration, cette *Épître* n'est pas une célébration de l'amour de Dieu. Elle est surtout une critique virulente des ecclésiastiques qui prêchent l'*attrition*, autrement dit une foi en Dieu qui ne repose pas sur l'amour authentique, mais sur la peur de l'enfer et du châtiment. La négation une fois encore sert à dénoncer un comportement perverti :

> Le seul amour manquant ne peut point s'excuser…
> Et n'allez point, pour fuir la raison qui vous presse,
> Donner le nom d'amour au trouble inanimé
> Qu'au cœur d'un criminel la peur seule a formé[41]…

---

40 *Épître XII*, v. 77-79, p. 151.
41 *Ibid.*, v. 130 et 144-146, p. 221.

Le christianisme de Boileau, comme son aspiration au sublime de l'épopée, s'exprime sur le mode de la négativité. Il se montre plus sensible au manque qu'à la plénitude, à la perversion de la foi qu'à son expression active et intense. Les chrétiens véritables comme Antoine Arnaud attirent finalement moins son attention que les faux dévots. Il s'emporte contre eux avec férocité, inculpant dans le même mouvement les discours pervers à ses yeux des jésuites qui permettent de concilier les vices de la vie mondaine et les apparences de la foi chrétienne[42].

La relation à Dieu chez Boileau passe par l'expérience de la négativité et de la détresse face à notre triste condition. Le « néant des vanités humaines[43] » creuse en lui un vide qui ne débouche pas sur un élan d'enthousiasme salvateur. Son usage prédominant de la négation n'est pas seulement une façon de formuler ce qui l'offense, il est peut-être aussi produit par l'expérience de ce « néant », dont les jansénistes, dans le sillage de saint Augustin, ont fait la pierre angulaire de l'expérience humaine. Pascal le formule de façon radicale dans ce passage, où presque chaque mot exprime une idée négative :

> Rien n'est si insupportable à l'homme que d'être dans un plein repos, sans passions, sans affaire, sans divertissement, sans application. Il sent alors son néant, son abandon, son insuffisance, sa dépendance, son impuissance, son vide. Incontinent il sortira du fond de son âme l'ennui, la noirceur, la tristesse, le chagrin, le dépit, le désespoir[44].

Ce n'est pas la négation, nous dit par ailleurs Heidegger, qui rend possible la formulation du néant, c'est notre hantise du néant qui produit la négation et ses marqueurs adverbiaux[45]. La satire apparaît dans cette optique comme l'expression d'une blessure originelle. L'effet de saturation qu'elle cherche à produire se veut le miroir d'un réel en proie au mélange et à la confusion. Mais elle est peut-être aussi le moyen de remédier à un déficit, à la difficulté d'établir du lien et de la continuité, à l'angoisse du néant. L'exigence obsessionnelle de Boileau concernant la nécessité d'un labeur opiniâtre de manière à produire une œuvre impeccable traduit le besoin compulsif d'échapper à la crainte de la

---

42 Voir *Satire X*, v. 506-642, p. 75-78.

43 *Satire X*, v. 606, p. 77.

44 *Pensées*, fragment 515, éd. Ph. Sellier, Paris, Classiques Garnier, 2010, p. 421.

45 « Qu'est-ce que la métaphysique ? », in *Questions I et II*, Paris, Gallimard, 1968, p. 64.

déliaison. Sa recherche constante de l'euphonie traduit une hantise de la dissonance et de la discontinuité qu'il est possible de mettre en relation avec cette hantise primordiale. En témoignent ces prescriptions concernant le hiatus et la cacophonie :

> Gardez qu'une voyelle à courir trop hâtée
> Ne soit d'une voyelle en son chemin heurtée.
> Il est un heureux choix de mots harmonieux.
> Fuyez des mauvais sons le concours odieux[46]...

L'activité poétique de Boileau consiste à trouver la « phrase » juste et dense qui « Vienne à la fin d'un vers remplir la place vide[47] ». Cette « place vide », qui préexiste à l'écriture et qui demande à être comblée, symbolise le manque ontologique qui définit, selon Pascal et les jansénistes, notre condition de mortel misérable et dépossédé, après la Chute.

La satire, en tant que discours de la négativité, réactive le *contemptus mundi*, qui pousse le chrétien à mépriser tout ce qui est terrestre et humain. Dans cette optique, elle relève de la *théologie négative*, de ce qu'on appelle l'*apophatisme*, qui consiste à définir Dieu par la négation, à ressentir sa présence à partir du sentiment de notre incomplétude. Ne pouvant exprimer ce que Dieu *est* positivement, le poète, intimement convaincu de sa présence et de son action, dit ce qu'il *n'est pas*, en nous présentant un tableau désolant de la misère de l'homme sans lui.

Boileau ne va pas néanmoins, comme Pascal et ses amis de Port-Royal, jusqu'à faire du discours critique une *reductio ad nihil* de toutes les activités humaines qui n'ont pas Dieu pour objet. Sa pratique jubilatoire de la satire et son culte de la beauté poétique lui permettent de conjurer en partie son angoisse du néant. L'imperfection des hommes et de leurs actions ne prend sens que par rapport à l'absolu divin, mais pas d'une manière aussi tragique que chez les jansénistes. Il demeure un humaniste confiant dans l'homme et dans ses ressources.

La négation permet à Boileau de produire des énoncés qui prennent le contre-pied d'un réel jugé insupportable et corrompu. Elle devient un instrument définitoire de sa personnalité. Elle convertit le déni de l'idéal

---

46 *L'Art poétique*, Chant I, v. 107-110, p. 159.
47 *Satire II*, v. 50, p. 18.

en opposition à son moi, qui est de ce fait institué en pôle de résistance. L'altérité, perçue *ex negativo*, délimite les contours d'une conscience qui se pose en dépositaire des valeurs bafouées et qui va même jusqu'à s'ériger en source nouvelle de l'axiologie. La puissance de négation des satires boiléviennes a pour corollaire l'affirmation d'une instance subjective d'énonciation qui se veut libre et qui convertit en jouissance personnelle des objets extérieurs de déplaisir. Source de comique et d'énergie, elle remplit en partie le vide creusé par la défaillance des valeurs nobles et par l'angoisse du manque. Boileau invente un univers compensatoire qui pallie la douleur du scandale que lui cause l'écart entre l'être et le paraître, tout en suggérant un idéal de perfection dont la norme suprême est Dieu. C'est la négation qui produit son *je* lyrique.

LA SATIRE NOMINALE

Les œuvres satiriques de Boileau déconcertèrent et choquèrent ses contemporains en même temps qu'elles leur assuraient un succès de scandale. La cause principale du scandale est la nomination. Le poète a pour habitude en effet de désigner par leur nom propre ceux qu'il attaque. Poussant fort loin le pouvoir de nuisance de ses agressions, il considère que la satire doit nommer ceux qu'elle tourne en ridicule. Et s'il ne nomme pas, il fait des allusions suffisamment claires et précises pour qu'on puisse facilement reconnaître ceux qu'il attaque.

LA NOMINATION DISQUALIFIANTE

Le nom propre dans un poème n'est pas une spécificité de la satire. Il caractérise d'abord la poésie encomiastique, puisque la plupart des poèmes au XVIᵉ et au XVIIᵉ siècle sont adressés. La poésie est d'abord *célébration du nom*, épiphanie des vertus d'un destinataire. Du Bellay résume ainsi sa vocation lyrique : « Je remplis d'un beau nom ce grand espace vide[1] ». On retrouve dans les œuvres satiriques cette dimension encomiastique puisque la plupart d'entre elles sont adressées à un ami ou à un protecteur dont les qualités éminentes rendent plus évidentes et criantes les turpitudes qui vont être stigmatisées. Elles se déploient sur un fond de valeurs et d'idéaux que les dédicataires sont censés incarner : le roi pour la *Satire I*, Molière pour la *II*, Le Vayer pour la *IV*, Dangeau pour la *V*, Valincour pour la *XI*. Toutes les *Épîtres* sont adressées au roi ou à des amis, ce qui est naturel pour une forme d'expression poétique

---

1   *Les Regrets*, CLXXXIX, v. 8, in *Œuvres poétiques*, éd. D. Aris et F. Joukovski, Paris, Classiques Garnier, 1993, t. II, p. 133.

qui s'apparente à la lettre familière. Le nom propre non fictif dans un poème crée un effet de présence et de réel. Il envoie au public et aux amis un signe de reconnaissance et de complicité. Dans un éloge, il est naturel. Dans un texte de blâme en revanche, il ne va jamais de soi : on le considère comme « un attentat[2] ». Le terme « attentat » signifie au XVIIᵉ siècle, comme nous l'explique Furetière, « outrage ou violence qu'on tâche de faire à quelqu'un ».

Or Boileau n'a cessé de défendre le principe de la *satire nominale*. La critique des mœurs ne consiste pas seulement à disserter des vices et des vertus dans l'abstrait, elle implique une *parrêsia*, un engagement dans les affaires du temps et une prise de parti. L'exigence de « candeur » et de sincérité ne peut rester un vœu pieux, elle doit s'accompagner du courage de descendre dans l'arène publique et de stigmatiser ouvertement les personnes dont on juge qu'elles dévoient l'idéal :

> Le mal est qu'en rimant, ma Muse un peu légère
> Nomme tout par son nom, et ne saurait rien taire
> C'est là qui fait peur aux Esprits de ce temps...
>
> Je ne sais ni tromper, ni feindre, ni mentir,
> Et quand je le pourrais, je n'y puis consentir. [...]
> Je ne puis rien nommer, si ce n'est par son nom,
> J'appelle un chat un chat, et Rolet un fripon[3]...

Pour Boileau, l'inscription du nom propre dans l'alexandrin sert l'univocité du discours, puisque le patronyme ne peut renvoyer qu'à celui qui le porte. Elle ne souffre aucune équivoque[4]. Elle confère à l'énoncé une valeur d'évidence et de vérité. Mais elle le transforme aussi en châtiment ou du moins en menace. « Nommer [...] par son nom » arrache d'emblée le texte à l'insignifiance, enclenche un processus de peur et d'intimidation, grâce auquel le poète s'arroge un pouvoir discrétionnaire sur les autres :

> C'est là qui fait peur aux Esprits de ce temps,
> Qui, tout blancs au-dehors, sont tout noirs au-dedans :

---

2   Boileau, *Discours sur la satire*, p. 57.
3   *Discours au Roi*, v. 81-83, p. 11 ; *Satire I*, v. 43-44 et 51-52, p. 14. Le poète se plaît à rappeler que la « conduite » de son père à la « grand'chambre du Parlement de Paris » « Fit la Satire des Rolets » (*Vers pour mettre au bas du portrait de mon père*, p. 261).
4   Voir Allen G. Wood, art. cité, p. 281-282.

> Ils tremblent qu'un Censeur, que sa verve encourage,
> Ne vienne en ses écrits démasquer leur visage,
> Et, fouillant dans leurs mœurs en toute liberté,
> N'aille du fond du Puits tirer la vérité.
> Tous ces gens éperdus au seul nom de satire
> Font d'abord le procès à quiconque ose rire[5].

Boileau s'efforce néanmoins de conférer à la nomination, dans l'optique inductive de la poésie morale, une dimension généralisante et universelle. À force de revenir, certains noms propres deviennent des antonomases, qui, par synecdoque, transforment le nom propre en nom commun. Quinault devient ainsi le signe verbal de la poésie fade et sentimentale, comme dans cet alexandrin ironique : « Je le déclare donc. Quinault est un Virgile[6] ». Le passage au pluriel peut par ailleurs mettre en relief cette volonté de donner à l'attaque nominale une dimension plus générale :

> C'est ainsi que Lucile, appuyé de Lélie,
> Fit justice en son temps des Cotins d'Italie,
> Et qu'Horace, jetant le sel à pleines mains,
> Se jouait aux dépens des Pelletiers Romains[7]…

Jean Chapelain est l'auteur d'une épopée intitulée *La Pucelle*, qui, en narrant la geste de Jeanne d'Arc, se veut une célébration de la chevalerie, du patriotisme et de la foi chrétienne[8]. Il est aussi, au nom de Colbert, le dispensateur, considéré comme injuste par beaucoup, des pensions royales accordées aux écrivains. Il incarne pour Boileau l'anti-poète, au style rude et cacophonique, l'écrivain qui profite de sa position institutionnelle pour faire admirer des œuvres objectivement médiocres. « Froid, sec, dur, rude auteur[9] », il représente l'archétype du mauvais écrivain qui ne saurait se faire une place sur le « Parnasse[10] ». Il est donc par excellence un « digne objet de Satire[11] ». Au moment où il écrivait les textes qui composent son premier recueil de *Satires*, Boileau participa en 1664, avec son frère Gilles, Furetière et Racine, à une parodie

---

5   *Discours au Roi*, v. 83-90, p. 11.
6   *Satire IX*, v. 288, p. 56.
7   *Satire IX*, v. 275-278, p. 55.
8   *La Pucelle ou la France délivrée, Poème héroïque*, Paris, Augustin Courbe, 1656.
9   [Contre Chapelain] in *OC, Poésies diverses et épigrammes*, p. 247.
10   Voir *L'Art poétique*, Chant I, v. 1-6, p. 157.
11   [Contre Chapelain], p. 247.

du *Cid* intitulée *Chapelain décoiffé*[12]. Cette pochade, écrite « à table le verre à la main[13] », n'en est pas moins d'une extrême insolence à l'égard d'un personnage officiel. L'entreprise de dénigrement se poursuit dans la *Satire IV*. Boileau y lâche la bride à sa verve moqueuse :

> Chapelain veut rimer, et c'est là sa folie.
> Mais bien que ses durs vers, d'épithètes enflés,
> Soient des moindres Grimauds chez Ménage sifflés,
> Lui-même il s'applaudit, et, d'un esprit tranquille,
> Prend le pas au Parnasse au-dessus de Virgile.
> Que ferait-il, hélas ! si quelque Audacieux
> Allait pour son malheur lui dessiller les yeux :
> Lui faisant voir ces vers et sans force et sans grâces
> Montez sur deux grands mots, comme sur deux échasses,
> Ces termes sans raison l'un de l'autre écartés,
> Et ces froids ornements à la ligne plantés ?
> Qu'il maudirait le jour où son âme insensée
> Perdit l'heureuse erreur qui charmait sa pensée[14] !

Boileau mène contre son ennemi un combat obstiné. La répétition du trisyllabe « Chapelain[15] » se convertit en martèlement assertif :

> Mais lorsque Chapelain met une œuvre en lumière,
> Chaque Lecteur d'abord lui devient un Linière[16].
> En vain il a reçu l'encens de mille Auteurs [...]
> Mais laissons Chapelain pour la dernière fois[17].

Boileau pratique aussi constamment l'allusion. La cible n'est pas nommée explicitement, mais tout le monde à l'époque comprend de qui il s'agit. L'évocation de *La Pucelle*, sans mention de son auteur, ranime la présence de Chapelain. Elle contribue à l'effet de récurrence et de saturation :

---

12 Voir Boileau, *OC*, éd. citée, p. 283-306. Voir Carine Barbafieri, « Boileau présentant *Chapelain décoiffé* : parodie, satire et poésie », in *Emprunt plagiat, réécriture aux XVe, XVIe, XVIIe siècles*, (dir. M. Couton, I. Fernandes, Chr. Jérémie et M. Vénuat), Clermont-Ferrand, PU Blaise Pascal, 2006, p. 91-103.
13 Lettre à Brossette, 10 décembre 1701, XXVI, in *OC*, p. 660.
14 *Satire IV*, v. 90-102, p. 28.
15 Voir aussi les *Épigrammes*, in *Poésies diverses et épigrammes*, éd. citée, p. 247-248.
16 François Payot de Lignières est un auteur d'épigrammes qui fut l'un des premiers à se moquer de *La Pucelle* de Chapelain.
17 *Satire IX*, v. 235-237 et 242, p. 54 et 55.

> La Pucelle est encore une œuvre bien galante,
> Et je ne sais pourquoi je bâille en la lisant...
> Je ne puis arracher du creux de ma cervelle
> Que des vers plus forcez que ceux de la Pucelle...
> Il[18] ne pardonne pas aux vers de la Pucelle,
> Et croit régler le monde au gré de sa cervelle[19]...

Boileau se désigne plaisamment, au début des *Épîtres*, comme « l'effroi de la Pucelle[20] ». Soulignons que le vocable *pucelle*, qui désigne, nous dit Furetière, une « Fille qui a encore sa virginité, qui n'a eu aucun commerce avec un homme », n'est jamais exempt d'un sous-entendu graveleux, qui sera exploité par Voltaire dans une parodie burlesque du poème de Chapelain[21]. Le terme « Pucelle » suggère à tout le moins, sur un mode burlesque, un poète apprenti qui manque d'expérience et de maturité.

La rime, qui pour Boileau se confond avec l'art de la poésie, peut devenir une arme redoutable de dégradation. Le nom propre est souvent flétri au moyen d'une alliance de mots à la rime, comique et rabaissante :

> Si je pense exprimer un Auteur sans défaut,
> La raison dit Virgile, et la rime Quinaut...
>   [...] les souris et les rats
> Semblent, pour m'éveiller, s'entendre avec les chats,
> Plus importuns pour moi, durant la nuit obscure,
> Que jamais, en plein jour, ne fut l'Abbé de Pure...
> Ainsi Tel[22] autrefois qu'on vit avec Faret
> Charbonner de ses vers les murs d'un cabaret[23]...

Comme le métadiscours, la dénomination se veut dans la satire un critère de véridicité en même temps qu'elle peut avoir un pouvoir d'intimidation. À l'instar du censeur romain chargé de noter d'infamie les citoyens aux mauvaises mœurs, notre poète s'imagine doté d'un magistère cautionné par le Prince, avec le pouvoir de peser sur les mœurs par l'inscription infamante du nom à l'intérieur du vers. Il se réclame de Lucilius au temps des Scipions :

---

18   Le poète satirique.
19   *Satire III*, v. 178-179, p. 24 ; *Satire VII*, v. 29-30, p. 38 ; *Satire IX*, v. 123-124, p. 52.
20   *Épître I*, v. 21, p. 103.
21   *La Pucelle d'Orléans*, Genève, Mardechanburg, 1756.
22   Il s'agit du poète Saint-Amant.
23   *Satire II*, v. 19-20, p. 17 ; *Satire VI*, v. 9-12, p. 34 ; *L'Art poétique*, Chant I, v. 21-26, p. 157.

> On ne fut plus ni fat ni sot impunément :
> Et malheur à tout nom, qui propre à la censure,
> Put entrer dans un vers, sans rompre la mesure[24]…

Les *Satires*, mais aussi les *Épîtres* et *L'Art poétique*, font donc défiler de nombreux personnages dont certains reviennent comme des refrains et confèrent au poème boilévien une couleur, une tonalité, une tournure qui lui sont propres. L'abstraction de la poésie encomiastique, Boileau le répète, ne parvient pas à exciter sa Muse ; il suffit au contraire que lui vienne à l'esprit le nom de quelqu'un qu'il n'aime pas et aussitôt sa verve se déchaîne :

> Je ne puis pour louer rencontrer une rime ;
> Dés que j'y veux rêver, ma veine est aux abois. […]
> Mais, quand il faut railler, j'ai ce que je souhaite ;
> Alors certes, alors je me connais Poète : […]
> Je sens que mon esprit travaille de génie.
> Faut-il d'un froid Rimeur dépeindre la manie ?
> Mes vers, comme un torrent, coulent sur le papier.
> Je rencontre à la fois Perrin et Pelletier,
> Bonnecorse, Pradon, Colletet, Titreville,
> Et, pour un que je veux, j'en trouve plus de mille[25]…

Certains noms reviennent sans cesse, indices de jubilation comique et sources de traits d'esprit, comme Cotin, Chapelain, Pradon ou l'abbé de Pure. Boileau reconnaît son acharnement à les traquer et à les fustiger :

> Mais tout Fat me déplaît et me blesse les yeux ;
> Je le poursuis partout, comme un chien fait sa proie,
> Et ne le sens jamais, qu'aussitôt je n'aboie[26]…

Avec malice, il promet à ses victimes une gloire posthume. Elles resteront célèbres, non à cause de leur génie, mais parce qu'elles ont été crucifiées dans ses alexandrins :

> Loin de les décrier, je les ai fait paraître :
> Et souvent, sans ces vers qui les ont fait connaître,
> Leur talent dans l'oubli demeurerait caché.
> Et qui saurait sans moi que Cotin a prêché[27] ?

---

24 *L'Art poétique*, Chant II, v. 152-154, p. 166.
25 *Satire VII*, v. 26-27, 33-34, 41-46, p. 38-39.
26 *Ibid.*, v. 56-58, p. 39.
27 *Satire IX*, v. 195-198, p. 53.

SATIRE, MÉDISANCE, DIFFAMATION

La pratique de la nomination dépréciative donne à la satire un caractère injurieux. Au temps de Boileau, le nom se confond avec la personne, l'honneur, la lignée. Il renvoie à l'identité d'un individu, à sa réputation, à son autorité. Il est aussi la marque de la fonction paternelle. S'attaquer au nom de quelqu'un, c'est mettre en danger son honneur, et inversement. Nommer un adversaire pour le dénigrer confère donc à la parole une grande violence, enclenche un processus de stigmatisation qui couvre la victime d'opprobre et de honte. Sur le plan juridique, l'attaque *ad hominem* peut relever de la diffamation. Sur le plan moral et religieux, la pratique de ce « style peu Chrétien » témoigne d'un « ascendant malin[28] » porté à la médisance, à la méchanceté, à la vengeance.

La question de la nomination satirique apparaît si importante qu'un jésuite, l'abbé Pierre de Villiers, lui consacre en 1695 un *Traité de la satire*. Il se fixe pour objectif de définir les conditions dans lesquelles on peut se livrer à la satire sans offenser le christianisme. Contrairement à certains prédicateurs, comme Bossuet, qui condamnent le comique sous toutes ses formes, il approuve la pratique de la satire et fait indirectement l'éloge de Boileau. Il reconnaît le droit « de blâmer le mauvais discernement de ceux qui sans étude et sans science, voudraient dans la république des lettres faire valoir de mauvais ouvrages[29] ». La satire en l'occurrence est salutaire, tout comme les « livres de critique[30] », parce qu'elle relève de la pratique chrétienne de « la correction fraternelle[31] » : elle reprend le prochain avec « charité » et le remet dans le droit chemin. Très sensibilisé aux querelles littéraires de la fin du XVIIᵉ siècle, il déplore cependant le ton injurieux avec lequel les auteurs se mettent en cause et s'agressent mutuellement[32]. La satire à ses yeux manque à sa vocation quand elle ressemble à un « libelle diffamatoire[33] ». Elle

---

28 *Satire IX*, v. 57 et 30, p. 50 et 49.
29 *Traité de la satire, où l'on examine Comment on doit reprendre son prochain, et comment la satire peut servir à cet usage*, Paris, Jean Anisson, 1695, p. 42.
30 *Ibid.*, p. 208-233.
31 *Ibid.*, p. 49.
32 *Ibid.*, p. 233-257.
33 *Ibid.*, p. 279-318.

est inadmissible quand elle cite les noms de ceux qu'elle attaque. Elle manque alors à « l'esprit de charité[34] » : « une satire qui attaque la réputation du prochain et qui le tourne en ridicule est peu conforme aux lois et à l'esprit de la religion[35] ». À travers l'examen du genre de la satire à la manière de Boileau, le jésuite pose plus généralement la question de la « raillerie[36] ». Dans quelle mesure peut-on se moquer de quelqu'un ? Jusqu'où peut aller l'agression verbale ? S'il est une raillerie légitime, une « raillerie honnête », quelles bornes lui fixent les lois civiles et religieuses ? Comment faire de l'humour un atout de la sociabilité mondaine sans manquer aux bienséances ? Pour l'abbé de Villiers la réponse est claire : « la plus légère raillerie est coupable dès qu'elle offense ou qu'elle afflige quelqu'un » ; il importe seulement d'attaquer le vice et d'éviter absolument de s'en prendre à la personne[37]. La satire apparaît donc souvent comme un genre problématique, car elle pousse à l'extrême l'usage de la raillerie qu'elle rend « trop piquante » et blessante.

La position de Boileau dans ce débat et dans les querelles suscitées par la publication de ses *Satires* est en effet très inconfortable[38]. Une satire non publiée de son vivant et qu'il adresse *À ceux qui ont fait des vers contre le Roy*[39] prouve qu'il est très conscient du problème. Elle condamne fermement l'usage de la satire lorsqu'elle a pour but de diffamer les individus :

> Il n'est pas malaisé de faire une Satire ;
> Sans être bel Esprit on peut savoir médire ;
> Il ne faut pour fournir à cette lâcheté,
> Que joindre l'imposture à la témérité,

---

34 *Ibid.*, p. 46, 202 et 356.
35 *Ibid.*, p. 343.
36 Voir notamment Nicolas Faret, *L'Honnête homme ou l'art de plaire à la cour*, Paris, Toussaint du Bray, 1632, p. 62-64 ; Guez de Balzac, « Du style burlesque », in *Les Entretiens*, XXXVIII, Paris, Augustin Courbé, 1657, p. 421-430 ; Madeleine de Scudéry, « De la raillerie », in *Conversations sur divers sujets*, Paris, Claude Barbin, 1680, t. II, p. 523-614.
37 *Ibid.*, p. 345 et 350.
38 Sur ces querelles, voir notre article « Nicolas Boileau et la Querelle des *Satires* », in *Les Émotions publiques et leurs langages à l'Âge classique*, dir. Hélène Merlin, *Littératures classiques*, n° 68, 2009, p. 131-144. Voir aussi Léo Stambul, « La querelle des *Satires* de Boileau et les frontières du polémique », in *Littératures classiques*, 2013/2, n° 81, p. 79-90.
39 Sur cette satire, voir Antoine Adam, *Les premières satires de Boileau (I-IX)*, *Édition critique et commentaire*, (1941), Genève, Slatkine reprints, 1970, p. 17-24.

> Que suivre d'un chagrin le bizarre caprice,
> Pour noircir le mérite et couronner le vice. [...]
> C'est par là que souvent on voit des misérables
> Composer, sans sujet, d'injurieuses fables[40]...

Ce poème, qui traite de la satire dénigrant le roi, les princes et les ministres, énonce un principe d'écriture que Boileau respecte dans ses œuvres puisqu'il se garde de traiter de questions politiques. Mais telle n'est pas sa position concernant la satire morale et plus encore littéraire.

Les ennemis de Boileau ne laissèrent pas, comme l'abbé de Villiers, de souligner à quel point nommer ceux que l'on attaque tire la satire du côté du libelle diffamatoire[41]. Le poète ne manque pas seulement aux bienséances et à la charité chrétienne, il renoue avec une forme d'écriture que ses contemporains méprisent parce qu'ils l'associent à la littérature pamphlétaire qui proliféra pendant les guerres de Religion et la Fronde. Il contrevient en outre aux recommandations de tous les grands théoriciens du genre au XVIᵉ et au XVIIᵉ siècle, reprenant à leur compte une règle d'or énoncée par Martial : « *parcere personis, dicere de vitiis* », « épargner les personnes et n'attaquer que les vices[42] ». Pour les humanistes, comme Du Bellay, « *parcere personis* » signifie exactement *ne pas citer les noms propres* : le satirique doit « taxer modestement les vices de [s]on Temps, et pardonner aux noms des personnes vicieuses[43] ». Mathurin Régnier fait de ce précepte un axiome de sa poétique : « [...] dessus le papier, mes caprices je rime / Dedans une satyre où d'un œil doux amer / Tout le monde s'y voit et ne s'y sent nommer[44] ». Boileau n'emboîte pas le pas à son maître. Il va en outre à l'encontre de la pratique des auteurs comiques de son temps – La Fontaine, Molière, La Bruyère –, qui, au nom du principe d'universalité, évitent absolument

---

40 *OC*, p. 843.

41 Voir les critiques de Charles Perrault, *in Parallèle des Anciens et des Modernes*, t. III, Paris, J.-B. Coignard fils et veuve J.-B. Coignard, 1692, p. 232-265.

42 *Épigrammes*, liv. X, XXXIII, v. 10. Martial maintient la possibilité de nommer, dans un poème satirique, mais de telle sorte qu'on fasse le départ entre la personne, qu'il faut respecter, et son vice que l'on peut condamner et donc étaler sur la place publique. Et de fait il nomme beaucoup de ses contemporains dont il déplore les vices. Cette position est cependant sujette à caution : comment la critique d'un vice chez une personne que l'on nomme ne lui porterait-elle pas atteinte en profondeur ?

43 *La Deffence, et illustration de la langue françoyse*, éd. J.-Ch. Monferran, Genève, Droz, 2001, liv. II, ch. IV, p. 135.

44 Voir *Satyre X*, v. 118-120, éd. G. Raibaud, p. 113.

de citer les noms de ceux qui servent de modèles à leurs caricatures. La Bruyère prend soin de mettre en épigraphe à ses *Caractères* cette recommandation d'Érasme : « *Admonere voluimus, non mordere; prodesse, non laedere; consulere moribus hominum, non officere*[45] ».

LA TENSION ENTRE L'ACTUEL ET L'INACTUEL

La satire boilévienne est saturée de noms propres qui renvoient à l'époque de Louis XIV. Elle est profondément ancrée dans l'*actualité*. Mais elle aspire aussi à l'*inactuel*, à l'intemporalité de l'absolu. Le présent, vécu comme une confrontation avec l'imposture, le ridicule et le mauvais goût, y fait contraste avec un désir de grandeur et de beauté. L'*actuel*, confondu avec la vie contemporaine, est ressenti comme une déperdition, un mouvement centrifuge. L'*inactuel* apparaît au contraire comme un rêve de pureté, un désir d'éternité, une nostalgie de l'Âge d'or. Cette tension induit un conflit entre le présent et l'éternité, le réalisme et l'idéalisme. Vécue psychologiquement et idéologiquement sur le mode du malaise et de la dépression, elle se convertit en *catharsis* poétique, en euphorie littéraire. Elle produit un univers marqué par le clivage et l'ambivalence. On s'enfonce dans une actualité désolante tout en s'efforçant de maintenir la tête sur les cimes. On dénigre les temps présents tout en continuant à faire miroiter le sens du sublime et de l'épopée. On anatomise les sentines de la médiocrité et de la perversité tout en se réclamant de la Nature, de la vertu et de la vérité. L'actuel, que symbolise par excellence le nom propre, est captivant parce qu'il est concret. Il donne au poème, lors de sa parution, sa chair, sa vie brûlante et son éclat.

Mais qu'en est-il lorsque l'investissement passionnel dans le temps présent s'est dissipé, quand la plupart des personnages qui ont fait l'objet de la critique ont disparu, quand il est devenu impossible de comprendre les références et plus encore de décrypter les sous-entendus ?

---

45 *Lettre à Martin Dorp*, in *Œuvres choisies*, éd. J. Chomarat, Paris, Le Livre de Poche, 1991, p. 286 : « J'ai voulu avertir et non mordre ; être utile, et non blesser ; servir la moralité, et non lui faire obstacle ».

Les grands mythes qui nourrissent les épopées et les tragédies survivent dans la mesure où ils sont bien connus et sont constamment réécrits et réinterprétés. Les satires en revanche, et cela dès Lucilius au temps des guerres Puniques, semblent condamnées à l'obsolescence dans la mesure où elles ne signifient plus rien pour les générations postérieures. Une caricature vieillit mal une fois que s'est estompé le contexte qui l'a inspirée. Rien n'est plus volatile que la *vis comica* quand elle renvoie au temps présent. Paradoxalement, épopées et tragédies vieillissent mieux que les satires et les épigrammes.

L'usage constant du nom propre fait donc courir à la satire le risque de la déperdition et de l'effacement au point de devenir rapidement inaudible et incompréhensible. On sait qui sont « Molière » et « Racine » quand ils apparaissent dans le texte, mais beaucoup des noms cités par Boileau ne renvoient plus à personne, en sorte qu'elles requièrent le secours de notes infra-paginales. Le nom propre marque l'inscription du texte dans le temps présent, tout en l'obérant d'une caducité inévitable. La connivence et l'art du sous-entendu, fondés sur l'actualité, permettent les jeux de l'humour et de la satire avec des complices, mais ils deviennent ultérieurement des contenants sans vie. Telle est la croix que doivent porter les œuvres de Boileau. Leur dimension référentielle, facilement perçue par les contemporains, ne l'est plus une fois que la société a changé et que les cibles de la critique ont disparu. Elles découragent la lecture et semblent desséchées. Elles sont devenues des statues de plâtre aux yeux vides.

SATIRE ET PLAIDOYER *PRO DOMO*

Jusqu'à la fin de sa vie cependant, Boileau demeura fidèle à ce qu'il considère comme un axiome de la satire : « la liberté [...] de nommer[46] ». C'est encore plus vrai quand il s'agit du monde littéraire : « le droit de blâmer les Auteurs est un droit ancien, passé en coutume parmi tous les Satiriques, et souffert dans les siècles[47] ». Il bénéficia dans ce domaine

---

46 *Discours sur la satire*, éd. citée, p. 57.
47 *Ibid.*, p. 60.

d'une impunité qui peut étonner. Le roi lui-même lui accorda toujours
sa protection, sauf pour la *Satire XII* dont il interdit la publication, car
elle s'en prenait aux jésuites. Boileau profite de ce soutien, sans lequel
il ne pourrait s'exprimer aussi librement :

> « Hier, dit-on, de vous on parla chez le Roi,
> Et d'attentat horrible on traita la Satire.
> – Et le Roi, que dit-il ? – Le Roi se prit à rire[48]. »…

On peut toutefois noter que Boileau, s'il peut les évoquer, se garde
d'attaquer nommément les hauts personnages de son temps, nobles,
prélats ou grands commis de l'État, comme le chancelier Pierre Séguier,
Hardouin de Péréfixe ou le duc de Montauzier[49]. Lorsqu'il nomme de
grands seigneurs ou de grands hommes d'Église, comme dédicataires
ou dans le cours de son poème, c'est en s'inscrivant dans la tradition de
l'éloge où la nomination équivaut à une immortalisation. Il en va de même
pour les amis qu'il admire comme Molière, Racine, Antoine Arnauld ou
Olivier Patru. Quant à ceux qu'il stigmatise par leur nom, il ne court pas
de grands risques. Charles Rolet[50] était un procureur véreux, qui depuis
longtemps à l'époque était devenu synonyme de « fripon ». La « Satire
des Rolets » était devenue un moyen habituel de louer, par contraste, les
magistrats vertueux comme le propre père du poète[51]. Les autres noms
cités et dénigrés par Boileau sont presque tous des auteurs. Arme comique
au service de la franchise satirique, mais aussi de l'univocité du discours,
la dénomination se cantonne en fait presque exclusivement au domaine
littéraire et s'inscrit dès lors dans un espace public délimité, où l'attaque
personnelle est censée mettre en jeu des questions d'esthétique. Réduite à
la République des lettres, la satire boilévienne devenait acceptable et inoffensive, échappant largement au soupçon de médisance et de vengeance,
puisqu'elle ne cesse de rappeler ses intentions purement artistiques. Et de
fait le satirique clame haut et fort que le nom désigne pour lui l'*auteur*
et non la *personne* dont il respecte l'honneur et l'intimité. Alors qu'on lui
reproche de nommer péjorativement Chapelain, le satirique se défend :

---

48   *Épître VI*, v. 52-54, éd. citée, p. 123.
49   Il fait allusion à Péréfixe dans la *Satire I* (v. 129-132, p. 16), à Montauzier dans la *Satire IX*
        (v. 135-136, p. 52), mais sans citer leurs noms.
50   *Satire I*, v. 52, p. 14 ; *Satire VIII*, v. 142, p. 44 ; *Satire X*, v. 732, p. 80.
51   *Poésies et épigrammes*, éd. citée, p. 261.

Il a tort, dira l'un, *Pourquoi faut-il qu'il nomme?*
Attaquer Chapelain! ah! c'est un si bon Homme!
Balzac en fait l'éloge en cent endroits divers.
Il est vrai, s'il m'eût cru, qu'il n'eût point fait de vers.
Il se tue à rimer : que n'écrit-il en prose?
Voilà ce que l'on dit. Et que dis-je autre chose?
En blâmant ses écrits, ai-je d'un style affreux
Distillé sur sa vie un venin dangereux?
Ma Muse, en l'attaquant, charitable et discrète,
Sait de l'Homme d'honneur distinguer le Poète[52]...

Cette distinction entre la personne privée et l'auteur public est fondamentale et de fait Boileau s'en tient aux œuvres des poètes, non à leur
vie personnelle. Elle s'accompagne néanmoins d'un grave malentendu
tellement au XVIIe siècle le *nom* et l'*honneur* ne font qu'un, tellement les
auteurs, Boileau le premier, font corps avec leurs œuvres et se montrent
d'une susceptibilité maladive dès qu'on touche à la moindre de leurs
productions. Comment la critique acerbe d'une œuvre ne porterait-
elle pas atteinte en profondeur à la personne de celui qui l'a produite?
Il s'agit là d'une position éthique et esthétique difficilement tenable.
Boileau sait bien que « l'endroit le plus sensible d'un Poète », ce sont
« ses ouvrages[53] » : les attaquer, en livrant le nom de l'auteur à la risée
publique, constitue, quoi qu'il en dise, une grave humiliation, qui
blesse en profondeur l'amour-propre et passe forcément pour un acte
de méchanceté. À cela s'ajoutent les conditions difficiles de survie pour
beaucoup d'écrivains qui ont du mal à se remettre des anathèmes lancés
par un poète officiel.

Les précautions de Boileau pour épargner la personne privée ne lui
furent pas d'un grand secours. Les auteurs tournés en ridicule devinrent
des ennemis acharnés qui ne manquèrent pas de rendre coup pour coup et
de s'en prendre avec virulence à sa manière d'écrire[54]. On lui refuse toute

---

52 *Satire IX,* v. 204-212, p. 54.
53 *Discours sur la satire,* p. 57.
54 Voir notamment le *Discours satyrique au cynique Despréaux,* 1666, attribué à Cotin ou à
Chapelain (voir Émile Magne, in *Bibliographie générale des œuvres de Nicolas Boileau,* Paris,
Giraud-Badin 1929, t. II, p. 139-140); l'abbé Charles Cotin, *Despreaux, ou La Satyre des
Satyres,* s. l., s. n., 1666, *La Critique désintéressée sur les satyres du temps,* s. l. n. d. (Genève,
Slatkine reprints, 1969); Jacques de Coras, *Le Satirique berné,* Paris, s. n., 1668; Edme
Boursault, *La Satire des Satires,* Paris, J. Ribou, 1669; Desmarets de Saint-Sorlin, *La
Défense du poème héroïque, avec quelques remarques sur les œuvres satyriques du sieur D***,*

originalité poétique ; il n'est qu'un plagiaire sans aucune inspiration :
« J'appelle Horace Horace, et Boileau traducteur[55] ». Il veut supplanter
Horace et Régnier, mais il transgresse les lois du genre. Loin de se
cantonner au domaine familier des mœurs, il prétend au style sublime
et recourt à mauvais escient aux « vers sonnants et magnifiques[56] ». Au
lieu de lutter contre les vices par des portraits à valeur universelle, il
transforme la satire en lieu de critique littéraire, voire en art poétique.
Mais surtout, il confond le style satirique, mordant et spirituel, avec
l'insulte *ad hominem*. Edme Boursault dans *La Satire des Satires* résume
cette dernière et grave accusation :

> [...] il y a bien de la différence entre satiriser et médire ; reprendre et inju-
> rier, condamner des crimes et en commettre. Attaquer les vices de tous les
> Hommes, et faire des peintures de leur noirceur qui donnent de l'horreur à
> ceux qui en faisant réflexion sur leur vie, s'en trouvent convaincus, c'est ce
> qu'on appelle Satire : mais déclarer ceux d'un Particulier, et décliner son nom
> pour le faire mieux connaître, c'est un Libelle diffamatoire[57].

Le duc de Montauzier, protecteur et ami de Chapelain, ne décolère
pas non plus contre le poète qu'il veut envoyer « aux galères[58] ». Bref
Boileau a constamment confondu, aux yeux de ses détracteurs, satire et
malignité, satire et médisance. Ces attaques et ces ripostes prouvent, s'il
en était besoin, à quel point les auteurs ne font qu'un avec leurs œuvres,
confondent avec elles leur honneur et leur identité la plus intime.

Après avoir publié les sept satires du recueil de 1666, le satirique
passa ainsi le reste de sa vie à se justifier, à se défendre contre ceux qu'il
attaquait, à faire de plus en plus corps avec les différentes éditions de
ses œuvres. Les *Préfaces* qu'il leur donne sont des plaidoyers *pro domo*
pour se disculper de l'accusation de « médisance[59] » et de diffamation.
Dans cette optique, on peut considérer les *Épîtres* comme une longue

Paris, J. Le Gras, 1674 ; Nicolas Pradon, *Nouvelles remarques sur tous les ouvrages du sieur
D***, Épître à Alcandre*, La Haye, J. Strik, 1685.

55   Charles Cotin, *Despreaux, ou La Satyre des Satyres* (1666), in *Les Satires françaises du XVIIᵉ siècle*,
éd. Fernand Fleuret et Louis Perceau, Paris, Classiques Garnier, 2014, t. II, p. 110.

56   Charles Cotin, *La Critique désintéressée sur les satyres de ce temps*, p. 31.

57   *La Satire des Satires, Au Lecteur*, non pag.

58   Dans l'édition de 1668 du *Discours sur la satire*, Boileau avait écrit en reprenant la menace
de Montauzier : « on ne remarque point que Néron, tout Néron qu'il était, ait envoyé
Perse aux galères » (éd. F. Escal, p. 925, note 8).

59   *Préface* à l'édition de 1701, p. 6.

apologie visant à justifier les choix esthétiques et moraux des *Satires*. Mais déjà les *Satires VII* à *XII* ne cessent de rappeler et de défendre le droit à mettre au pilori le nom d'un mauvais auteur. L'esthétique de la satire finit même, aux yeux de Boileau, par se confondre avec un argumentaire en faveur de la satire nominale, comme en témoigne son *Discours sur la satire* qui vient amplifier le contenu de la *Satyre IX*, elle-même entièrement consacrée à riposter aux critiques émises par l'abbé Cotin, Chapelain, l'abbé de Pure, Pradon, Desmarets de Saint-Sorlin... Contrairement à ce que le titre annonce, il ne s'agit pas de présenter une théorie de la satire dans le sillage des poéticiens, comme Francesco Sansovino ou Vauquelin de la Fresnaye[60], mais de fournir un nouvel argumentaire destiné à riposter aux nombreuses attaques dont il est l'objet depuis 1666. Boileau apparaît ainsi de plus en plus immergé dans les polémiques littéraires du temps au risque d'altérer son exigence de noblesse et d'idéal. Sur la défensive, il tient à répondre aux « libelles diffamatoires » et aux « calomnies », dont il est l'objet. Il considère que « la liberté » qu'il s'est « donnée de nommer » n'est pas ce que ses adversaires appellent « un attentat inouï et sans exemple[61] ». Pour se disculper, il reprend l'histoire de la satire, mais en se focalisant sur la question de la dénomination. Il rappelle que Lucilius, Horace et Perse, contrairement à lui, avait la liberté de s'attaquer non seulement aux mauvais auteurs, mais aussi aux plus grands personnages de Rome. Il appelle à cette occasion Louis XIV à la rescousse au moins dans le domaine littéraire : « Et veut-on qu'un Prince qui a tant de qualités communes avec Auguste soit moins dégoûté que lui des méchants livres, et plus rigoureux envers ceux qui les blâment[62] ? » On peut lui objecter que Juvénal ne voulait s'en prendre qu'aux « grands Seigneurs » des époques précédentes. Boileau le reconnaît, mais il ajoute que la retenue juvénalienne ne s'applique qu'aux hommes politiques et non aux auteurs de son temps qu'il ne se prive pas de pourfendre ouvertement[63]. Il a beaucoup plus de mal en revanche à mettre de son côté Régnier, qui

---

60 Sansovino est l'auteur d'un *Discorso sopra la materia della satira*, (in *Sette libri di Satire*, Venise, F. Sansosino, 1560, fo. 5 r° à fo. 7 r°) et Vauquelin de la Fresnaye d'un *Discours pour servir de préface sur le sujet de la satyre* (in *Les Diverses Poésies*, éd. J. Travers, Caen, Le Blanc Hardel, 1869, t. I, p. 123-133).

61 *Discours sur la satire*, p. 57.

62 *Ibid.*, p. 59.

63 *Ibid.*, p. 60.

cite, il est vrai, quelques contemporains, mais dont les noms étaient déjà considérés comme des proverbes. Le *Discours sur la satire*, qui aurait pu contenir une théorie complète et gratifiante de la satire lucilienne, contribue en réalité à faire de ce genre littéraire une apologie continuelle du droit de critiquer nommément « les méchants Auteurs » et de les exposer « à la risée de tout le monde » :

> Faudra-t-il applaudir indifféremment à toutes les impertinences qu'un Ridicule aura répandues sur le papier ? Et au lieu qu'en certains pays on condamnait les méchants Poètes à effacer leurs écrits avec la langue, les livres deviendront-ils désormais un asile inviolable où toutes les sottises auront droit de bourgeoisie, où l'on n'osera toucher sans profanation[64] ?

Au lieu de faire de la satire une grande forme d'expression au service d'une démarche purement moraliste à la manière de La Bruyère, Boileau tend à la transformer en caisse de résonance de ses démêlés personnels avec les poètes qui composent le microcosme littéraire de son époque. La pratique de la nomination qu'il s'acharne à théoriser et à illustrer aura surtout pour effet de disqualifier définitivement le genre lucilien aux yeux des philosophes des Lumières.

---

64 *Ibid.*, p. 61.

LA SATIRE LITTÉRAIRE

Le rêve épique de Boileau l'a conduit à la formulation d'un idéal de la satire noble et juvénalienne qu'il n'a pu concrétiser, car le régime absolutiste de Louis XIV ne laissait qu'une marge réduite à la grande satire politique et religieuse. Comme son maître Régnier, il est donc acculé à exercer principalement sa verve dans le domaine de la satire de mœurs, où il voudrait au moins pouvoir détenir une sorte de magistère moral. Mais à lire et relire les *Satires*, les *Épîtres* et *L'Art poétique*, on constate que c'est surtout un magistère littéraire qu'il s'est employé à définir et à conforter.

JUGEMENT CRITIQUE ET JUGEMENT DE GOÛT

Qu'il décrive un souper littéraire, qu'il s'en prenne aux femmes ou à la fausse noblesse, qu'il s'adresse à son jardinier, Boileau ne cesse de parler de littérature, d'attaquer et de nommer les mauvais auteurs, de défendre ses amis, notamment Molière et Racine, d'ennoblir le métier de poète, de défendre son rôle de censeur et sa pratique de la satire. Il n'est quasiment pas un de ses textes qui n'aborde la question du goût en matière poétique, qui ne formule des exigences artistiques, qui ne mette au pilori les écrivains qu'il juge médiocres, qui ne fasse écho aux querelles littéraires de l'époque, qui ne cesse de réfléchir sur l'*éthos* du poète satirique. Même dans la satire où il décrit sa vie de Parisien accablé, il ne peut s'empêcher de décocher une pique contre « l'Abbé de Pure[1] ». La satire contre les femmes, censée épuiser le champ du possible, fait une large place aussi à la littérature. On peut en conclure que la

---

1   *Satire VI*, v. 12, p. 34.

souveraineté qu'il a voulu conquérir est bien celle de la République des Lettres, que son œuvre poétique peut être lue en grande partie comme une vaste satire littéraire, que le satirique, chez lui, se confond avec le critique littéraire. On peut même avancer que la pratique de la satire lucilienne aura eu surtout pour fonction de l'aider à peaufiner son propre jugement critique, à se poser progressivement en « Régent du Parnasse[2] » et à élaborer les éléments susceptibles de fonder en fait sinon en droit un authentique *jugement de goût*, qui affirme, contre le carcan de la pensée dévote et les pesanteurs de l'État absolutiste, ce que Marc Fumaroli appelle « l'autonomie de la littérature » à propos de la Querelle des Anciens et des Modernes[3]. Boileau aura voulu incarner l'« homme de bon goût[4] » et inviter les autres à lui ressembler.

L'ART POÉTIQUE, UNE SATIRE LITTÉRAIRE

Le talent poétique de Boileau culmine avec *L'Art poétique*, que l'on doit lire comme un condensé rétrospectif des idéaux de l'esthétique classique, mais aussi comme une longue satire littéraire, issue du contexte agité de la Querelle des Anciens et des Modernes[5]. On peut remarquer que les quatre Chants qui composent ce poème s'achèvent tous par un trait de satire. Un art poétique en vers n'est pas une forme courante pour exprimer des idées littéraires. Le plus souvent les théoriciens utilisent la prose, à l'exemple d'Aristote. En choisissant la forme versifiée, comme Horace ou Vauquelin de la Fresnaye, Boileau veut faire œuvre théorique, mais aussi œuvre de poète. Il importe ici de remarquer qu'Horace et Vauquelin sont aussi deux poètes satiriques, comme si la conscience critique en matière littéraire et le motif de la décadence des belles-lettres, thèmes traditionnels de la satire, débouchaient naturellement sur le désir de prolonger sous la forme d'un art poétique versifié une méditation engagée et passionnée sur la poésie. Régnier n'en a pas écrit,

2   *Satire IX*, v. 127, p. 52.
3   « Les abeilles et les araignées », in *La Querelle des Anciens et des Modernes*, Paris, Gallimard, 2001, p. 140.
4   Lettre au Comte d'Ericeyra, in *Lettres à divers*, XVIII, p. 801.
5   Voir Antoine Adam, *Histoire de la littérature française au* XVIIe *siècle*, t. II, p. 531-549.

mais il consacre la *Satyre IX* et la *Satyre X* à exposer ses conceptions de
la poésie en opposition avec celles de Malherbe.

L'Art poétique est donc très largement une satire littéraire, où le chemin de la perfection est montré au moyen d'une critique impitoyable
des défauts à éviter, où l'esthétique est constamment traitée en termes
éthiques. Alors que, dans les *Satires* et les *Épîtres*, la morale est perçue
et évaluée en termes esthétiques par des jugements continuels sur le
bon goût en matière poétique, les critères esthétiques de la beauté, dans
L'Art poétique, sont, à l'inverse, traités d'une manière éthique avec les
armes aiguisées de la satire de mœurs.

Et de fait, ce poème qui se veut didactique n'est nullement un recueil
de recettes pour composer une œuvre littéraire, puisque la plupart des
grands chefs-d'œuvre sont déjà écrits. Boileau ne se demande pas en
vertu de quoi une œuvre doit lui plaire, mais pourquoi elle lui plaît ou
lui déplaît. Certes il formule des règles et des préceptes, mais ce qui
l'intéresse tout autant, c'est de cultiver et de perfectionner son *goût*,
sa capacité à la jouissance littéraire, dans l'optique d'un perfectionnement moral et intellectuel. Il s'agit de rendre universel un jugement
qui puise ses racines dans le for intérieur et l'« agrément[6] » personnel.
C'est pourquoi *L'Art poétique* est au fond une œuvre moins théorique
que passionnelle et satirique. Boileau fait un bilan de ses expériences
de lecteur, de spectateur et d'auteur plus encore qu'il ne montre la voie
pour écrire une belle œuvre poétique.

Si le poète décrit avec ardeur ce qu'il aime, il exprime avec encore
plus de fougue ses répulsions et ce qu'il considère comme de la mauvaise littérature. Satire véhémente, fondée sur l'énergie de l'admiration
et de la répulsion, *L'Art poétique* systématise les nombreux jugements
littéraires déjà présents dans les *Satires* et les *Épîtres*, ou plutôt il révèle
que la base de tout jugement chez Boileau est esthétique et satirique.
L'apologie du genre satirique commence chez lui par une justification du
« dégoût » dans le domaine littéraire : « Il faut de mes dégoûts justifier
l'audace[7] ». Elle revêt une forme autotélique qui interroge à chaque
instant les fondements même de la création poétique. Josse Bade nous
explique qu'un poète se met à la satire parce qu'il se sent « provoqué[8] ».

---

6   *Préface* de l'édition de 1701, p. 1.
7   *Épître I*, v. 18, p. 103.
8   *Sermonum Horatii familiaris explanatio*, Venise, J. Gryphius, 1584, fo 154 v°.

Boileau ressent la médiocrité littéraire comme une *provocation* qui ne peut demeurer sans réponse et d'autant plus si le mauvais auteur a pignon sur rue et se considère comme un génie.

Comme dans ses autres œuvres, Boileau exprime dans *L'Art poétique* sa personnalité vigoureuse et ardente. Son goût apparaît d'autant plus aigu et pénétrant en matière artistique qu'il fréquente les plus grands artistes de son temps. Grâce à eux, il accède à la délectation que procure, à ses yeux, l'expérience de la beauté. Comme celui des *Satires* et des *Épîtres*, son vocabulaire critique est avant tout passionnel. Il part de son émotion pour théoriser et non l'inverse.

BLÂME ET EXCLUSION

Une fois encore la satire boilévienne donne toute sa plénitude au genre épidictique. L'éloge a d'autant plus de vigueur qu'il est fondé sur le blâme. Les meilleurs auteurs sont exaltés grâce à la satire impitoyable des mauvais. La lumière est d'autant plus éclatante qu'elle s'arrache à l'ombre : « La satire ne sert qu'à rendre un fat illustre : / C'est une ombre au tableau, qui lui donne du lustre[9] ».

L'éloge de Louis XIV, sur lequel s'achève le poème, fixe la norme à partir de laquelle peut se déployer le projet esthétique et moral. La poésie doit se fixer pour tâche ultime de capter et d'éterniser la gloire du roi ; elle doit créer les conditions les plus propices à une réécriture de l'« Énéide[10] ». C'est donc avec en ligne de mire la gloire de Louis XIV et le genre sublime de l'épopée que Boileau réfléchit sur la mission de la poésie et sur la définition des genres, y compris des genres comiques, comme l'épigramme, la comédie ou la satire.

Dans le reste du poème, le balancement antithétique de l'éloge et du blâme entraîne le discours, avec une prédominance pour le blâme. La norme est présentée dans une perspective critique, nourrie par le dénigrement et l'aversion. Les deux derniers vers du poème attestent le primat de l'inspiration satirique. Le poète s'y présente comme un « Un

---

9   *Satire IX*, v. 199-200, p. 54.
10 Chant IV, v. 203, p. 185.

Censeur un peu fâcheux, mais souvent nécessaire, / Plus enclin à blâmer, que savant à bien faire[11] ». Les conseils à suivre s'imbriquent dans des mises en garde à valeur polémique. Il ne s'agit pas tant d'inclure et de gratifier que d'exclure et de stigmatiser. L'attaque du Chant I donne le ton. Elle enclenche la dynamique de l'éloge et du blâme ainsi que celle de la négativité. Au lieu de commencer par faire l'éloge de la poésie et des écrivains qu'il aime, Boileau tire à boulets rouges sur des individus médiocres qui prétendent indûment au titre de poète : « C'est en vain qu'au Parnasse un téméraire auteur / Pense de l'art des Vers atteindre la hauteur[12] ».

Après un exorde consacré à une mise en garde contre les poètes médiocres (v. 1-12), Boileau décrit le génie authentique incarné notamment par Malherbe et Racan (v. 13-18), avant de s'en prendre avec violence au *Moïse sauvé* de Saint-Amant (v. 19-26). Vient alors un éloge de la « rime » fondée sur la « raison » (v. 27-38), suivi d'un blâme des poètes à la « fougue insensée » (v. 39-43). Telle est la formule qui donne son impulsion à l'ensemble du poème dans le cadre de la typologie des genres poétiques élaborée par les humanistes. Ses louanges s'adressent principalement aux poètes de l'Antiquité – Théocrite, Virgile, Homère, Tibulle, Ovide, Lucilius, Horace, Perse, Juvénal, Eschyle, Sophocle, Ménandre, Térence, Hésiode[13] –, auxquels il ajoute Malherbe, Racan, Marot, Villon, Desportes, Bertaut, Régnier, Molière, Corneille, Racine, Cyrano de Bergerac[14]. Sa fureur satirique se déchaîne à l'inverse contre des auteurs dont les noms émaillent déjà les *Satires* et les *Épîtres* : Saint-Amant, Tabarin, d'Assouci, Brébeuf, Ronsard, Gombaud, Maynard, Malleville, Pelletier, Linière, Madeleine de Scudéry, La Calprenède, Le Tasse, Desmarets de Saint-Sorlin, Georges Scudéry, Aristophane, Boyer, Pinchêne, Rampale, Ménardière, Magnon, Du Souhait, Corbin, La Morlière, Motin, Lucain, Colletet, Benserade, Segrais[15]. Même ses auteurs de prédilection, comme Molière ou Régnier, ne sont pas à l'abri de la satire quand, à ses yeux, ils sortent des bornes de l'honnêteté, le premier quand il écrit *Les Fourberies de Scapin*[16], le second en étalant ses débauches avec des prostituées[17].

---

11 Chant IV, v. 235-236, p. 185.
12 Chant I, v. 1-2, p. 157.
13 *Op. cit.*, p. 163, 164, 166, 167, 176, 177, 178, 183.
14 *Op. cit.*, p. 157, 159, 160, 167, 178, 182, 184.
15 *Op. cit.*, p. 157, 159, 163, 165, 167, 171, 172, 174, 175, 180, 181, 182.
16 Chant III, v. 394-404, p. 178.
17 Chant II, v. 171-180, p. 167.

L'Art poétique tourne ainsi fréquemment à la diatribe. Boileau y donne
la pleine mesure de son style héroïco-satirique. On le voit s'emporter
avec allégresse contre toutes les formes d'expression qui trahissent ses
idéaux de mesure et d'harmonie, mais aussi de grandeur et de noblesse.
Il brosse de Philippe Quinault, auteur fade et Moderne, un portrait
féroce de vaniteux, qui s'admire et ne tolère pas la moindre critique alors
que ses vers avilissent la haute poésie[18]. Il pourfend aussi « le Burlesque
effronté », l'enflure de Brébeuf qui traduit la *Pharsale* de Lucain, le
pédantisme de Ronsard, « Ce poète orgueilleux, trébuché de si haut[19] ».
L'esthétique baroque illustrée par le *Moïse sauvé* de Saint-Amant suscite
son mépris[20]. Les définitions des genres comprennent certes un élément
didactique, mais elles s'animent vite avec des contre-exemples. Au point
de vue normatif succède toujours le point de vue *ex negativo*, dont nous
avons vu qu'il était le moteur de la satire lucilienne. L'exigence classique
chez Boileau, autrement dit l'établissement d'une hiérarchie des genres,
suppose en effet un travail puissant de censure, qui se traduit par un
labeur inlassable et un esprit de sacrifice :

> Vingt fois sur le métier remettez votre ouvrage :
> Polissez-le sans cesse et le repolissez ;
> Ajoutez quelquefois, et souvent effacez[21].

Ce que Boileau reproche aux mauvais poètes, c'est leur complaisance,
leur narcissisme, leur absence de travail pour reprendre et corriger leurs
œuvres. Ces préceptes, il se les applique à lui-même, non sans ambiguïté
puisque l'éloge du travail acharné, sous couleur de vanter l'exigence de
perfection, peut tout aussi bien signifier l'impuissance créatrice :

> Ainsi, recommençant un ouvrage vingt fois,
> Si j'écris quatre mots, j'en effacerai trois[22].

Effacer, c'est faire disparaître, éliminer, anéantir. L'esprit de sacrifice,
que le théoricien conseille à l'apprenti-poète, vaut aussi pour la satire à
la fois comme expression d'une cruauté à l'égard des autres et comme

---

18   Chant I, v. 208-232, p. 162.
19   Chant I, v. 81, 98-100 et 123-128, p. 159 et 160.
20   Chant I, v. 21-26, p. 157 ; Chant III, v. 261-266, p. 175.
21   Chant I, v. 172-174, p. 161.
22   *Satire II*, v. 51-52, p. 18.

exutoire au masochisme de l'auteur. Il ne s'agit pas tant d'ajouter que de retrancher, pas tant d'inclure que d'exclure.

C'est donc par ses haines, ses dégoûts et ses anathèmes que Boileau accède à la clarté du jugement et au bon goût :

> Au contraire, cet Autre abject en son langage,
> Fait parler ses Bergers, comme on parle au village...
> Je hais ces vains Auteurs dont la Muse forcée
> M'entretient de ses feux, toujours froide et glacée...
> Loin ces Rimeurs craintifs, dont l'esprit flegmatique
> Garde dans ses fureurs un ordre didactique[23]...

La démarche critique de Boileau repose sur la comparaison disqualifiante et l'ostracisme. Définir la tragédie lui donne l'occasion de faire la satire des romans à la mode, genre « frivole » qui contraste avec l'« exacte raison » qui doit prévaloir sur une scène tragique[24]. Aborder l'épopée lui permet surtout de s'en prendre à Desmarets de Saint-Sorlin qui suggérait de la faire renaître en recourant non plus à la mythologie gréco-romaine, mais à la Bible et à l'histoire chrétienne, bref en remplaçant le *merveilleux païen* par le *merveilleux chrétien*. Boileau, poète épique inassouvi, s'acharne à démolir les épopées écrites à son époque : le *Clovis* de Desmarets, mais aussi le *Moïse sauvé* de Saint-Amant. La *Pucelle d'Orléans* de Chapelain, non citée dans le Chant II, suscite dans le reste de son œuvre sa verve cruelle[25]. Ruiner la prétention des auteurs qui se disent *modernes*, comme Saint-Sorlin, à composer des poèmes héroïques est peut-être même le mobile profond qui le pousse à écrire *L'Art poétique*[26]. Une telle entreprise justifie la pratique de la satire, inversion par défaut de l'*épos* impossible. Boileau poursuit, avec ses propos sur la comédie, sa démarche discriminante. En discutant des mérites de Molière, son ami, mais aussi son rival en matière de poésie comique, il distingue la raillerie bienséante de la basse plaisanterie fondée sur l'équivoque et la grossièreté[27]. La dernière partie du poème ne désarme pas. Elle pourfend les écrivains qui trahissent l'idéal aristocratique de noblesse et de générosité. Adoptant un point de vue contempteur, Boileau tire une

---

23   Chant II, v. 17-18, 45-46, 73-74, p. 163 et 164.
24   Chant III, v. 103-123, p. 171-172.
25   Voir notamment *Satire III*, v. 178 ; *Satire VII*, v. 30 ; *Satire IX*, v. 123, p. 24, 38 et 52.
26   Voir Antoine Adam, *Histoire de la littérature française au* XVIIᵉ *siècle*, t. II, p. 547.
27   Chant III, v. 421-428, p. 179.

dernière salve contre les mauvais auteurs. Ses griefs se précisent. Il leur reproche leur médiocrité, l'ennui qu'ils suscitent, leur absence d'honneur et leur envie[28]. Il condamne aussi leur appât du gain :

> Mais enfin l'Indigence amenant la Bassesse,
> Le Parnasse oublia sa première noblesse.
> Un vil amour du gain, infectant les esprits,
> De mensonges grossiers souilla tous les écrits ;
> Et partout, enfantant mille ouvrages frivoles,
> Trafiqua du discours, et vendit les paroles.
> Ne vous flétrissez point par un vice si bas[29].

Boileau adopte, face à la rétribution matérielle du poète, une position altière et sans concession. Mais cette question n'en demeure pas moins sensible, puisque les écrivains, aux XVIe et XVIIe siècles, vivent des largesses d'un riche protecteur ou bien d'une pension que leur accorde le monarque. Or la satire, de Juvénal à Régnier, en passant par l'Arioste et Ronsard, fait entendre une longue plainte suscitée par l'avarice des Grands et leur manque de reconnaissance : « Car sans le revenu l'étude nous abuse, / Et le corps ne se paît aux banquets de la Muse[30] ». Rappelons que l'antipathie de notre poète à l'égard de Chapelain, chargé par Colbert d'établir une liste de poètes pensionnés, est notamment due au fait que les frères Boileau, Gilles et Nicolas, en avaient été exclus. Il n'eut finalement jamais de problèmes d'argent et ses œuvres poétiques ne portent pas trace d'une amertume à ce sujet. Jouissant de revenus familiaux confortables et bientôt d'une pension royale, il n'eut pas besoin de reprendre le thème récurrent chez les satiriques de la demande d'un don en échange de l'offrande poétique.

Boileau se veut et se voit comme un aristocrate des belles-lettres, libre matériellement et donc entièrement voué à la réalisation de son idéal. La rime antithétique « Bassesse »/« noblesse » résume la double polarité qui sert de moteur à l'écriture de *L'Art poétique*, mais aussi de toute son œuvre. Ses analyses sur l'épique, le tragique et le comique, lui permettent d'approfondir et d'illustrer sa propre poétique de la satire, son *apologia pro satira sua*. Fondée sur un mélange salutaire de dérision

---

28 Chant IV, v. 32, 38, 94, 110, 111, 125, 167, 173 et 168, p. 180, 181, 182, 183, 184.
29 Chant IV, v. 167-173, p. 184.
30 Mathurin Régnier, *Satyre III*, v. 189-190, éd. citée, p. 35.

et d'indignation, elle doit susciter un désir d'élévation et un sentiment de « fierté noble[31] ».

L'éloge du monarque, qui conclut le poème, consonne avec ceux des *Satires* et des *Épîtres*. Boileau établit à partir de lui les valeurs éthiques qui fondent son jugement, mais il ne manque pas de rappeler les droits et la nécessité de la satire[32]. Dans l'optique de la création littéraire, elle comprend un volet négatif dévolu à la détraction des mauvais auteurs, mais aussi une dimension positive et féconde. Elle se métamorphose alors en exigence critique, en conscience critique. Il n'est pas de haute création poétique sans le regard aigu d'un observateur, pas de Racine, ni de Molière sans la vigilance d'un Nicolas Boileau ! En matière littéraire, comme en matière sociale, rien n'est pire que la flatterie, y compris à l'égard de soi-même. La belle œuvre n'existe qu'en tenant compte du jugement impitoyable des amis véritables et en le surmontant :

> Un sage Ami, toujours rigoureux, inflexible,
> Sur vos fautes jamais ne vous laisse paisible :
> Il ne pardonne point les endroits négligés,
> Il renvoie en leur lieu les vers mal arrangés,
> Il réprime des mots l'ambitieuse emphase ;
> Ici le sens le choque, et plus loin c'est la phrase.
> « Votre construction semble un peu s'obscurcir ;
> Ce terme est équivoque, il le faut éclaircir. »
> C'est ainsi que vous parle un Ami véritable[33]…

C'est cette position de conseiller, de censeur amical que dessine peu à peu Boileau et qu'il prétend occuper légitimement. Il s'agit moins en fait de reprendre directement les imperfections d'une œuvre que de maintenir dans l'esprit de l'écrivain une exigence qu'il intériorise. C'est en ce sens que l'on peut concevoir le classicisme de Boileau selon Paul Valéry : « *classique est l'écrivain qui porte un critique en soi-même, et qui l'associe intimement à ses travaux.* Il y avait un Boileau en Racine, ou une image de Boileau[34] ». *L'Art poétique* aura surtout été un moyen de légitimer sa muse indignée et de corroborer sa vocation de critique. Le poète prend congé avec émotion en invitant les futurs auteurs à suivre

---

31 *Satire XII*, v. 117, p. 94.
32 Chant IV, v. 41-84 et 223-236, p. 181-182 et 185.
33 Chant I, v. 199-207, p. 161-162.
34 « Situation de Baudelaire », in *Variété II*, Paris, Gallimard, 1967, p. 133.

ses conseils. Il laisse naturellement le dernier mot au blâme et à la satire,
c'est-à-dire à lui-même :

> Vous me verrez pourtant, dans ce champ glorieux,
> Vous animer du moins de la voix et des yeux ;
> Vous offrir ces leçons que ma Muse au Parnasse,
> Rapporta jeune encor du commerce d'Horace ;
> Seconder votre ardeur, échauffer vos esprits,
> Et vous montrer de loin la couronne et le prix.
> Mais aussi pardonnez, si, plein de ce beau zèle,
> De tous vos pas fameux, observateur fidèle,
> Quelquefois du bon ou je sépare le faux,
> Et des Auteurs grossiers j'attaque les défauts ;
> Censeur un peu fâcheux, mais souvent nécessaire,
> Plus enclin à blâmer que savant à bien faire[35].

Boileau voudrait développer chez ses lecteurs et les futurs poètes ce
que Pierre Legendre appelle « l'amour du censeur[36] ». La satire, sous la
forme de l'intimidation et de la culpabilisation, présente un système de
lois et de préceptes, puis elle procède aux excommunications. Mais elle
induit aussi un désir implicite de reconnaissance pour le législateur qui
détient le savoir et le pouvoir. Dans une tradition, qui est aussi celle des
poètes de l'Antiquité et de la Pléiade, la poésie demeure un art sacré qui
est un reflet et une manifestation de la sacralité du pouvoir monarchique.
Mandaté par le Prince, Boileau veut apparaître comme l'un des prêtres
de la Loi dans le domaine littéraire et se faire aimer comme censeur.
En témoigne la dialectique politico-sociale de la grâce et de la disgrâce.

LA GRÂCE ET LA DISGRÂCE

Boileau désigne, sur un ton péremptoire, les poètes qui sont dignes
ou indignes d'accéder au Parnasse. Soit il les gratifie, soit il les exclut.
Il justifie ses arrêts en prétendant qu'ils reposent sur le bon sens et la
raison. Mais en réalité ils émanent de sa propre appréciation et de la

---

35   Chant IV, v. 225-236, p. 185.
36   *L'Amour du censeur, Essai sur l'ordre dogmatique*, Paris, Le Seuil, 1974.

subjectivité de son jugement. Or cet acte de gratification ou d'exclusion rappelle et mime le geste seigneurial et plus encore royal de la grâce ou de la disgrâce. Être en grâce, c'est recevoir les faveurs et la protection d'un haut personnage. Tomber en disgrâce, c'est les perdre et connaître la honte, voire l'exil. Louis XIV joue de façon machiavélique de cette dialectique de la grâce et de la disgrâce qui maintient ses sujets dans l'espoir souvent illusoire d'une promotion ou bien dans la crainte d'une relégation, synonyme de mort sociale[37]. Il jouit en effet d'un pouvoir absolu, autrement dit il n'a pas à justifier ses actes ni à rendre de comptes. Sa toute-puissance relève d'une mystique de nature divine, mais qui demeure obscure et imprévisible. Créatrice ou destructrice, elle revêt souvent les allures d'un coup d'éclat, d'un choc, d'une surprise qui doivent susciter l'éblouissement et la stupéfaction. Le roi peut favoriser, en arguant seulement de son bon plaisir, une ascension fulgurante comme celle de Françoise d'Aubigné, la veuve Scarron, dont il fait la marquise de Maintenon, puis son épouse morganatique, ou bien provoquer une chute spectaculaire, comme celle de Nicolas Fouquet, du duc de Lauzun ou de Michel Chamillart.

L'*Art poétique*, comme les *Satires* et les *Épîtres*, érige un « Tribunal [...] des Muses » dont Boileau, à l'image du monarque, apparaît comme le souverain et le juge suprême. Il a beau prétendre que « le Parnasse fut de tout temps un pays de liberté » et que « le sentiment d'un seul homme ne fait point la loi », il frappe les auteurs médiocres d'anathèmes, il les ostracise, il les fait tomber en « disgrâce[38] ». Il ne s'agit pas seulement d'une métaphore qui établit une analogie avec la pratique royale. La « disgrâce », où il fait tomber beaucoup de poètes relève d'une sacralisation de la littérature, voire d'une mystique, qui dépassent le rationalisme auquel on réduit d'ordinaire la poétique de Boileau. Outre son sens social et politique, le terme « disgrâce » est doté d'une signification religieuse : sous l'emprise du péché, l'homme fait l'objet de la disgrâce de Dieu. Pour Boileau, la poésie demeure une entreprise sacrée de même nature que la religion et la toute-puissance monarchique. Le génie est une grâce, qui se passe de toute justification et dont on a d'emblée l'intuition. « L'agrément » qu'il suscite repose sur « un je ne sais quoi

37 Voir Claire Quaglia, *Les « fous » du roi, L'écriture du désordre dans les Mémoires de Saint-Simon, Brienne le jeune, l'abbé de Choisy et Primi Visconti*, Paris, Thèse Paris 7, 2014, t. I, p. 72-101.
38 *Préface* des éditions de 1666, 1667, 1668 et 1669, p. 854 et 855.

qu'on peut beaucoup mieux sentir que dire[39] ». La disgrâce, que produisent les anathèmes de Boileau et qui se confond en l'occurrence avec
l'esprit de la satire, répond à un dynamisme comparable. Le mauvais
goût, l'affectation, la lourdeur, l'enflure et le pédantisme provoquent
chez lui une réaction immédiate de rejet qui appelle une exclusion et un
châtiment. Les « méchants Poètes » doivent être sacrifiés par la parole
du satirique qui agit comme le bon plaisir royal et la grâce efficace du
Dieu augustinien des jansénistes.

L'Art poétique révèle l'essence du génie boilévien : la satire littéraire.
Ne pouvant s'adonner à la satire politique et quasiment pas à la satire
religieuse, notre poète est condamné à la satire morale et littéraire,
mais de telle sorte que la morale est in fine évaluée à l'aune du littéraire, le jugement éthique à l'aune du jugement de goût. Louis XIV lui
laissa les coudées franches pour occuper ce terrain et même le protégea
constamment. Il était conscient, au-delà du caractère grinçant et abrasif
de ses prises de position, du rôle dynamisant qu'il a pu jouer en fin de
compte sur le génie de Molière, de Racine ou de La Fontaine.

Boileau réussit en partie dans son entreprise. Il apparaît comme
l'arbitre du bon goût et comme le théoricien par excellence de la poésie
classique. Ses arrêts péremptoires conditionnent la postérité des auteurs.
La tradition le statufie comme régent du Parnasse. Le théoricien en
impose, mais le poète n'est pas reconnu. Le système de la poésie classique
qu'il énonce prévaudra encore au XVIIIᵉ et au XIXᵉ siècle, en dépit de
la révolte des romantiques, mais il ne réussit pas à passer pour le plus
grand poète satirique français, précipitant même le déclin de son genre
de prédilection. C'est sans doute lui cependant, qui, par l'expression
personnelle, voire partiale, de ses goûts et de ses dégoûts, invente le
critique littéraire au sens moderne.

---

39 Préface de l'édition de 1701, p. 1.

LE RIRE DE BOILEAU

Boileau affirme grammaticalement sa singularité en s'opposant au monde et aux autres par la négation. Mais il se veut aussi un moi « qui rit et qui fait rire[1] », un moi « qui veut rire[2] ». « Rire » pour lui rime avec « satire[3] ». Ce *moi rieur* contemple avec malice la comédie humaine. Il se gausse, il use des pouvoirs de la fantaisie et de l'imagination pour inventer un univers comique fondé sur l'inversion du monde idéal de l'épopée ou de la parfaite vertu. Boileau entre en dissidence avec la société de son temps lorsqu'elle s'adonne à la frivolité et se contente des apparences. Il se présente volontiers comme un candide et un inadapté. Son refus de tout ce qui dégrade ses idéaux et ses exigences, il le convertit en rire ou du moins en sourire narquois. Si le rire exhibe la négation axiologique d'un monde qui ne correspond pas à ses idéaux, s'il remédie à l'angoisse d'un manque fondateur, il produit aussi un univers poétique qui affirme par la caricature les pouvoirs et la singularité de l'artiste. Il produit des objets monstrueux. Il induit un processus d'exagération et d'intensification. Le déni du réel se convertit en jouissance comique, en outrance de la dérision, en fantaisie héroï-comique. Le rire boilévien exprime la conscience d'un individu singulier qui prend des distances, mais aussi un sentiment de joie intérieure.

---

1 *Satire VII*, v. 13, p. 38.
2 *Satire VIII*, v. 16, p. 41.
3 *Discours au Roi*, v. 89-90, p. 11 ; *Satire VIII*, v. 15-16 et 279-280, p. 41 ; *Satire X*, v. 649-650, p. 78 ; *Épître VI*, v. 53-54, p. 123.

HUMOUR ET COMPLICITÉ AMICALE

La tradition scolaire et universitaire retient de Boileau le législateur du Parnasse et le misanthrope grincheux. Au XVIIe siècle déjà, ses ennemis se sont ingéniés à faire de lui un personnage austère, obsédé par l'héroïsme et incapable de faire preuve d'humour. Charles Perrault ouvre son conte *Peau d'Âne* par une critique qui le vise indirectement : « Il est des gens de qui l'esprit guindé, / Sous un front jamais déridé, / Ne souffre, n'approuve et n'estime / Que le pompeux et le sublime[4] ». Rien n'est moins juste. Il faudrait pouvoir faire revivre son rire et son goût de la plaisanterie qu'on partage entre amis. Il faudrait revenir au temps où il fréquentait le cabaret de *La Croix-Blanche*. Là, en compagnie de son frère Gilles, de Furetière, de Chapelle et de Racine, il écrivit, en se gaussant et « le verre à la main[5] », plusieurs passages du *Chapelain décoiffé*. Il parvient même à égayer Jean-Baptiste Colbert, ministre sévère, peu porté sur l'humour et les divertissements, que Guy Patin appelle « l'homme de marbre » et Madame de Sévigné « le Nord[6] » : « [...] ma vue à Colbert inspirait l'allégresse[7] ».

La satire boilévienne invite à « se réjouir avec les honnêtes gens[8] ». Elle a toujours les allures d'une offrande poétique et d'un geste amical. Elle suppose un espace de réception composé de joyeux drilles qui sont aussi des instigateurs poussant le poète à les divertir. Comme Lucilius avec « Scipion et Lélius », notre poète se veut « un déterminé Rieur[9] ». Ami intime de Molière, il aiguise en sa compagnie sa verve comique. À l'instar du dramaturge, il a l'art d'imiter les tics et les intonations de ceux qu'il caricature, comme le rapporte Claude Brossette :

> Notre auteur possédait dans un grand degré de perfection le talent de contrefaire toutes sortes de gens. Il savait si bien prendre le ton de voix, l'air, le geste et toutes les manières des personnes qu'il voulait copier, qu'on s'imaginait les

---

4 *Peau d'âne*, v. 1-4, in *Contes*, éd. C. Magnien, Paris, Le Livre de Poche, 2006, p. 133.
5 Lettre à Brossette, 10 décembre 1701, XXVI, in *OC*, p. 660.
6 *Lettre* du 24 décembre 1673.
7 *Épître X*, v. 110, p. 143.
8 *Satire IX*, *Discours sur la satire*, p. 57.
9 *Discours sur la satire*, p. 58.

voir et les entendre. Étant jeune avocat, il n'allait au Palais que pour observer les manières de plaider des autres avocats, et pour les contrefaire quand il était avec ses amis. Il en faisait autant à l'égard des prédicateurs et des comédiens[10].

Ce don de mimétisme, cette capacité à reproduire les attitudes et les idiolectes des milieux où il se trouve confèrent à l'œuvre satirique de Boileau une dimension physique et théâtrale. Il fait connaître ses œuvres à l'occasion de séances de lecture où, pour ainsi dire, il met en scène ses poèmes. Ses talents de lecteur sont reconnus et appréciés. Ils régalent la cour et les salons. Il faudrait donc lire ses poèmes à voix haute de manière à retrouver leurs harmoniques, leurs inflexions spécifiques et même leur gestuelle. Ils sont écrits pour la diction publique, pour la profération.

L'ABSURDE ET L'OUTRANCE

Le comique boilévien consiste principalement à dégonfler des baudruches, à transformer des personnages ou des œuvres qui prétendent au prestige et à la reconnaissance en objets vides de sens et d'intérêt. Les cibles principales de sa critique sont la mauvaise poésie, notamment épique, la fausse dévotion, la vie mondaine, le pédantisme. Comme Juvénal ou Régnier, il procède par accumulation et gonflement jusqu'à ce que la cible de son humour et de son ironie éclate et se liquéfie. Il vide ses victimes de toute substance de façon à les convertir en vaines apparences ou en purs effets de discours, dénués de qualité et de nécessité. Il vise à créer une sensation de tournis et d'absurde où l'incongruité se mêle à la dispersion centrifuge. Son art de la caricature repose sur la simplification, sur une *reductio ad absurdum*, où la forme efface le fond, où l'effet d'accumulation fait exploser l'unité d'ensemble. La beauté d'une œuvre implique pour lui la perception synthétique et harmonieuse d'une structure cohérente. La satire étale en revanche la laideur et la discordance. Elle se concentre sur les détails. Elle présente un monde

---

10 Commentaire en note du v. 125 de la *Satire IX*, in *Œuvres de Mr. Boileau Despreaux*, Genève, Fabri et Barrillot, 1716, t. I, p. 99.

éclaté qui, faute d'un centre subsumant les parties, se réduit à une série d'éléments disparates. Boileau, comme un enfant, s'ébroue avec jubilation dans ce désordre.

Il convertit en divertissement le déplaisir de voir ses aspirations et ses idéaux déçus et désillusionnés. L'agression satirique, marque d'une indignation douloureuse, restaure du moins le principe de plaisir. Elle transcende la déconvenue et la réalité scandaleuse. Elle se fait *négation de la négation*, et donc affirmation d'une vivacité poétique qui se veut par elle-même une preuve. Boileau dépouille les victimes qu'il dénigre de toute plénitude et de tout bon sens. Il les néantise. Cotin, Chapelain, le pédant, la fausse dévote deviennent des ectoplasmes bouffons, des sources d'hilarité et de délectation.

Alaric ou Rome vaincue est un poème de Georges Scudéry qui abonde en descriptions interminables[11]. Boileau se gausse avec gourmandise en exagérant à l'extrême l'effet de dispersion et d'ineptie. Il convertit sa lassitude et sa déception de lecteur en jeu satirique, en joyeuses représailles :

> S'il rencontre un Palais, il m'en dépeint la face :
> Il me promène après de terrasse en terrasse.
> Ici s'offre un perron, là règne un corridor,
> Là ce balcon s'enferme en un balustre d'or :
> Il compte des plafonds les ronds et les ovales.
> *Ce ne sont que Festons, ce ne sont qu'Astragales.*
> Je saute vingt feuillets pour en trouver la fin,
> Et je me sauve à peine au travers du jardin[12].

Arrachée à son contexte, une telle description coupe les effets de leurs causes, nous immerge dans un tourbillon de lieux et d'objets qui provoque un sentiment d'absurdité et de vaine gratuité. Le texte de Scudéry n'apparaît plus que sous la forme d'un clinquant dénué de nécessité. Dans cet espace soumis à l'encombrement et à la saturation, le poète se met lui-même en scène dans la peau d'un homme déphasé, débordé par la situation, victime d'un fâcheux qui phagocyte son temps précieux pour satisfaire sa prétention. La satire devient ici vengeresse et jubilatoire. Le comique de l'absurde se fait poésie et jouissance des mots qui scintillent à la césure ou à la rime. Boileau s'anime et s'amuse, nous

---

11   Paris, Courbé, 1654.
12   *L'Art poétique*, Chant I, v. 51-58, p. 158.

régale par sa faconde. Il a un plaisir gourmand et presque tactile à faire ronfler les alexandrins avec des termes expressifs et techniques, presque tangibles : « corridor », « balustre », « *Festons* », « *Astragales* ». La poésie comique est aussi un art du toucher : *textus tactus* ! La pointe, qui clôt ce développement – « Et je me sauve à peine au travers du jardin » – achève de crucifier Scudéry. Ce bon mot crève pour ainsi dire la baudruche ; il exhibe la *maestria* du conteur et du bon compagnon qui divertit ses amis. On croit entendre Célimène, qui, dans son salon, étrille à coup d'épigrammes des individus ridicules[13].

Boileau nous dit qu'il est « très peu voluptueux[14] », mais, dans ses poèmes il s'abandonne au plaisir enfantin de jouer avec les mots, de les aligner de façon à ce que leur sonorité nous étonne et nous réjouisse. Il se présente en chrétien soucieux de vertu et de sobriété, en critique invitant les poètes à tout sacrifier à l'unité du discours. Mais dans ses œuvres comiques il se délecte, avec histrionisme, à outrer ses caricatures, à déformer le réel de façon à susciter le sourire et parfois le rire. La satire boilévienne n'est pas seulement l'envers d'une œuvre épique qui satisferait à tous les critères du classicisme, elle est aussi une fin en soi, un lieu de défoulement et d'excès carnavalesques où le poète se laisse aller à ses impulsions et à sa fantaisie.

Œuvre d'éducation dans le domaine moral et esthétique, la satire est un art qui vise à *déformer* pour *réformer*. Mais les intentions du poète sont aussi hédonistes. La caricature dénonce une imposture ou une faute de goût, mais elle produit aussi un plaisir narcissique. Elle convertit la contrariété en rire et en joie. Elle compense la déception et l'amertume face au monde extérieur en satisfaction égocentrée. L'épopée de Saint-Amant intitulée *Moïse sauvé* excite particulièrement la verve impertinente et frondeuse de Boileau. Saint-Amant incarne à ses yeux, aux côtés de Chapelain, de Scudéry, de Brébeuf et de Saint-Sorlin, le mauvais goût et l'extravagance dans le domaine de la poésie héroïque. Dans le passage qui raconte le franchissement de la Mer Rouge par les Hébreux, Saint-Amant écrit :

> Là l'Enfant esseulé courant sous la licence
> Que permet à son âge une libre innocence,

---

13   Molière, *Le Misanthrope*, II, 4.
14   *Épître X*, v. 91, p. 143.

> Va, revient, tourne, saute, et par maint cri joyeux
> Témoignant le plaisir que reçoivent ses yeux,
> D'un étrange Caillou qu'à ses pieds il rencontre
> Fait au premier venu la précieuse montre,
> Ramasse une Coquille, et d'aise transporté,
> La présente à sa Mère avec naïveté ;
> Là, quelque juste effroi qui ses pas sollicite,
> S'oublie à chaque objet le fidèle Exercite ;
> Et là, près des remparts que l'œil peut transpercer,
> Les poissons ébahis le regardent passer[15].

De tels vers représentent pour Boileau le comble de l'extravagance et de l'inanité en matière de poésie épique. Ils choquent le législateur du Parnasse, mais ils ravissent le poète satirique qui va les soumettre avec ivresse à la caricature. Il les déforme de façon outrée en lâchant la bride à sa veine burlesque :

> N'imitez pas ce Fou, qui, décrivant les mers
> Et peignant, au milieu de leurs flots entr'ouverts,
> L'Hébreu sauvé du joug de ses injustes Maîtres,
> Met, pour les voir passer, les poissons aux fenêtres ;
> Peint le petit Enfant qui *va, saute, revient,*
> *Et joyeux à sa mère offre un caillou qu'il tient*[16].

Boileau reproche à Saint-Amant de manquer à la gravité que requiert l'épopée, qui plus est religieuse. Il est tellement marqué par ce passage qu'il y revient dans ses *Réflexions critiques* sur Longin. Il ne comprend pas pourquoi « au lieu de s'étendre sur tant de grandes circonstances qu'un sujet si majestueux lui présentait, il perd le temps à peindre le petit Enfant ». L'ébahissement des poissons qui regardent passer les Hébreux continue de déchaîner sa verve au nom de la vraisemblance et d'un usage rationnel de la métaphore, comme le préconisait Malherbe corrigeant les œuvres de Desportes : « Cela est d'autant plus déroutant que les poissons ne voient presque rien au travers de l'eau, et ont les yeux placés d'une telle manière, qu'il était bien difficile, quand ils auraient eu la tête hors de ces remparts, qu'ils pussent bien découvrir cette marche[17] ».

---

15 *Moïse sauvé, Idylle héroïque*, Cinquième partie, Paris, Augustin Courbé, 1653, p. 94.
16 *L'Art poétique*, Chant III, v. 261-266, p. 175.
17 *Réflexions critiques sur quelques passages du rhéteur Longin, Réflexion VI*, éd. citée, p. 517.

Le rire de Boileau est cruel. Une telle caricature, impitoyable et péremptoire, condamne le *Moïse sauvé* au ridicule et à l'oubli. Et de fait, la poésie de Saint-Amant dut attendre l'époque romantique, puis la seconde moitié du XXe siècle pour être redécouverte. Le jugement de Boileau nous semble aujourd'hui injuste. On se montre désormais plus sensible à la fraîcheur et à la fantaisie du poète baroque, à sa gracieuse évocation de l'enfance. Mais on peut aussi goûter la verve de Boileau, à son manque de vergogne, quand il s'agit d'écraser les œuvres qu'il n'aime pas. Il censure l'extravagance et le mauvais goût, mais il prend un malin plaisir à lâcher la bride à son imagination et à son propre goût pour l'absurde. Les « poissons ébahis » chez Saint-Amant regardent passer les Hébreux. Boileau les met « aux fenêtres », trait d'humour qui déforme l'original et le métamorphose en poème burlesque. La satire, œuvre impure, le soulage de son obsession de la pureté. Elle lui cause aussi une joie roborative et compensatoire : il se guérit de ce qui le contrarie par la surenchère et l'outrance.

L'AUTODÉRISION

Le rire de Boileau, c'est aussi l'autodérision, un humour décapant qu'il applique d'abord à sa personne et à ses poèmes. Il ne cesse de se moquer de lui-même, d'exhiber son impuissance créatrice et son dur labeur. Ne pouvant être un poète épique ou un dramaturge, ni même un auteur d'odes magnifiques à la gloire du roi et des grands de ce monde, il occupe le terrain de la satire qu'il conçoit comme un pis-aller, notamment destiné à expliquer les raisons pour lesquelles il ne peut pas se consacrer à des formes d'expression plus prestigieuses. Le comique des *Satires* repose en partie sur ces plaintes récurrentes, sur ce masochisme gai qui transcende son infirmité poétique et son complexe d'infériorité. La souffrance d'écrire et sa maigre production poétique deviennent des thèmes majeurs de son inspiration comique. Galérien des lettres, il illustre à la lettre, en le subissant, le précepte fameux de *L'Art poétique* : « Vingt fois sur le métier remettez votre ouvrage[18] » :

---

18 *L'Art poétique*, Chant I, v. 172, p. 161.

« Ainsi, recommençant un ouvrage vingt fois, / Si j'écris quatre mots, j'en effacerai trois[19] ». Il envie le génie de Molière qui, ignorant « le travail et la peine[20] », produit rapidement des chefs-d'œuvre, ce qui le fait apparaître, par contraste, comme un poète laborieux qui ne parvient pas à trouver la bonne rime :

> Mais moi, qu'un vain caprice, une bizarre humeur,
> Pour mes péchés, je crois, fit devenir Rimeur,
> Dans ce rude métier où mon esprit se tue,
> En vain, pour la trouver, je travaille et je sue
> Souvent j'ai beau rêver du matin jusqu'au soir :
> Quand je veux dire *blanc*, la quinteuse dit *noir*[21].

Bien qu'il le trouve médiocre, il jalouse « Scudéry, dont la fertile plume / Peut tous les mois sans peine enfanter un volume[22] ».

Boileau donne du métier poétique, tel qu'il le pratique, l'image d'un calvaire, d'un châtiment qui lui est infligé pour l'expiation de ses « péchés[23] ». À défaut d'atteindre facilement les cimes, il travaille durement et fait, avec impertinence, de son labeur expiatoire l'un des sujets de son inspiration. La belle épître qu'il dédie à Antoine Riquié, son jardinier, reprend sur un ton badin et amical le dénigrement de lui-même et de ses œuvres qu'il appelle « vaines sornette[24] ». Il y décrit son supplice quand il lui faut écrire des poèmes, autrement dit

> [...] polir un écrit
> Qui dît sans s'avilir les plus petites choses,
> Fît des plus secs chardons des œillets et des roses,
> Et sût, même au discours de la rusticité
> Donner de l'élégance et de la dignité[25]...

Cette autodérision traduit en fait la situation fragile et problématique de la satire. L'impuissance créatrice du poète est en partie la conséquence d'un choix d'expression jugé impossible, puisqu'il lui faut

---

19 *Satire II*, v. 51-52, p. 18.
20 *Ibid.*, v. 2, p. 17.
21 *Ibid.*, v. 11-14, p. 17.
22 *Ibid.*, v. 77-78, p. 19.
23 *Ibid.*, v. 12, p. 17.
24 *Épître XI*, v. 37, p. 146.
25 *Ibid.*, v. 48-52, p. 146.

rendre compatibles « la rusticité » et « la dignité ». Bref le « jardinage »
est une activité moins pénible que la poésie, art du « langage ». Et s'il
faut choisir, Riquié n'hésite pas :

> Tu dirais, reprenant ta pelle et ton râteau,
> J'aime mieux mettre encor cent arpents au niveau,
> Que d'aller follement, égaré dans les nues,
> Me lasser à chercher des visions cornues,
> Et pour lier des mots si mal s'entr'accordants,
> Prendre dans ce jardin la lune avec les dents[26].

Boileau est condamné aux « mots si mal s'entr'accordants », parce qu'il
n'a pas le génie de Corneille ou de Molière, mais aussi parce que la satire
est stridente et courbée vers la terre, engluée dans la vie quotidienne.
Elle est à l'image de cette épître : le poète, malgré ses efforts, n'arrive
pas à s'élever grâce à des productions exaltantes. L'éloge de sa poésie
se transforme dès lors en blâme de ses vains efforts et par contrecoup
en célébration de la vie simple d'un jardinier au milieu de ses fleurs et
de ses fruits.

Comme Régnier, Boileau reprend le rôle du poète déphasé, à la
remorque des événements, sans cesse en butte à des contrariétés et victime
de ses propres défauts. C'est lui qu'on voit dans la *Satire VI* affrontant
les nuisances sonores de Paris et une série de calamités qui le prive de
son domicile : « Mais moi, grâce au destin, qui n'ai ni feu ni lieu, / Je
me loge où je puis, et comme il plaît à Dieu[27] ». À ces vers font écho,
dans le même ordre d'idées ceux qui concluent la satire consacrée aux
femmes : on y voit un mari dépossédé de tout par son épouse « Sous le
faix des procès abattu, consterné, / Triste, à pied, sans laquais, maigre,
sec, ruiné[28] ». Boileau, à l'instar d'Horace et de Régnier, se plaît à jouer,
directement ou par procuration, le personnage d'anti-héros ballotté par
les circonstances, qui, faute de se mouvoir sur les hauteurs héroïques,
jouit du désordre auquel il est condamné.

Dans la *Satire III*, inspirée d'Horace et de Régnier[29], Boileau dialogue avec un interlocuteur qui lui raconte ses mésaventures au cours
d'un souper ridicule. Cet interlocuteur n'est en fait qu'un double de

---

26 *Ibid.*, v. 59-64, p. 146.
27 *Satire VI*, v. 125-126, p. 37.
28 *Satire X*, v. 735-736, p.
29 Horace, *Sermones*, liv. II, VIII ; Régnier, *Satyre XI*, éd. citée, p. 129-151.

lui-même, tellement il s'exprime avec sa causticité habituelle et son mauvais esprit. Le poète s'adonne ici à un comique de farce très appuyé, et c'est sans doute la raison pour laquelle il délègue la parole à un double. Le contempteur du burlesque ne pouvait directement prendre en charge un texte aussi réaliste et outrancier. Il remonte en l'occurrence à la source étymologique de la *satura*, autrement dit à la cuisine. La *satura* désigne à l'origine un plat où se mélangent fruits et légumes, une macédoine, un pot-pourri. Boileau a beau stigmatiser la bassesse pour mieux exalter l'idéal, il manifeste pour elle une fascination qui le pousse à donner libre cours à sa veine d'inspiration la plus comique. À midi, en plein été, le narrateur est convié à un repas qui ne lui inspire que dégoût. Conformément à l'esprit des satires narratives chez Horace, Juvénal ou Régnier, le récit revêt les allures d'une descente en enfer, qui le transforme en anti-héros victime d'une situation sordide. On sert des plats qui coupent l'appétit, notamment un pâté de veau, appelé « godiveau, tout brûlé par dehors, / Dont un beurre gluant inondait tous les bords[30] ». Tous les plats servis inspirent un pareil dégoût. La seconde partie du poème décrit la conversation des convives. Elle porte sur la poésie. À la mauvaise cuisine succède l'évocation de la mauvaise littérature ! Au mélange de mets plus rebutants les uns que les autres succède une série d'auteurs qui pour Boileau, dont le narrateur est le porte-parole, incarnent le mauvais goût ou le prestige injustifié. Avec des propos et des comportements qui rappellent ceux que Régnier a mis en scène dans sa onzième *Satyre*, Boileau nous fait entendre, avec ironie, des adulateurs d'écrivains qu'il déteste et, inversement, des critiques de Voiture et de Corneille, poètes qu'il admire :

> Mais notre hôte surtout, pour la justesse et l'art,
> Élevait jusqu'au ciel Théophile et Ronsard ;
> Quand un des campagnards relevant sa moustache,
> Et son feutre à grands poils ombragé d'un panache,
> Impose à tous silence, et d'un ton de docteur :
> Morbleu ! dit-il, La Serre est un charmant auteur !
> Ses vers sont d'un beau style, et sa prose est coulante.
> La Pucelle est encore une œuvre bien galante,
> Et je ne sais pourquoi je bâille en la lisant.
> Le Pays, sans mentir, est un bouffon plaisant :

---

30 *Satire III*, v. 51-52, p. 21.

> Mais je ne trouve rien de beau dans ce Voiture.
> Ma foi, le jugement sert bien dans la lecture.
> À mon gré, le Corneille est joli quelquefois[31].

La verve boilévienne est ici d'une joie et d'une grâce communicatives. Sont débités à l'occasion de ce mauvais repas et par des convives enivrés tous les attributs du mauvais goût en matière poétique. L'œuvre met en scène une polyphonie complexe où se mêlent plusieurs voix : celle du narrateur en position d'anti-héros bouffon, celle de Régnier, qui sert de référence et d'intertexte direct, celle des mondains et des mondaines qui restent attachés aux auteurs de la Pléiade ou s'enthousiasment pour les poètes à la mode, celle enfin de Boileau qui se fait entendre ironiquement. Il pousse même l'humour et le jeu comique jusqu'à l'autocitation. L'un des convives, admirateur de Quinault, évoque et cite la *Satire IX* :

> On dit qu'on l'a drapé dans certaine satire ;
> Qu'un jeune homme… Ah ! je sais ce que vous voulez dire,
> A répondu notre hôte, *Un Auteur sans défaut,*
> *La Raison dit Virgile, et la rime Quinault*[32]. »
> – Justement. À mon gré, la pièce est assez plate.
> Et puis, blâmer Quinault !… Avez-vous vu l'Astrate ?
> C'est là ce qu'on appelle un ouvrage achevé[33].

Ce jeu savoureux de mise en abyme crée entre les satires des effets de résonance, mais surtout confère à la verve comique un dialogisme redoutable. Boileau ne se contente pas de moquer les auteurs ridicules, il tourne aussi en dérision leurs vains admirateurs. Le mauvais goût des œuvres est encore plus rabaissé par la frivolité et la prétention de ceux qui en parlent avec enthousiasme.

Comme toutes les œuvres bouffonnes dignes de ce nom – la *Satyre XI* de Régnier ou Le *Roman comique* de Scarron –, le poème s'achève par une dispute à propos des mérites de Quinault qui dégénère en « lutte barbare[34] » évoquant la mêlée bouffonne que narre le Chant V du *Lutrin*. Boileau retrouve la veine carnavalesque des écrivains baroques qui se

---

31 *Ibid.*, v. 171-183, p. 24.
32 *Cf. Satire II*, v. 19-20 : « Si je pense exprimer un auteur sans défaut / La raison dit Virgile et la rime Quinault » (éd. citée, p. 17).
33 *Satire III*, v. 189-194, p. 24.
34 *Ibid.*, v. 225, p. 25.

délectent à représenter un monde sens dessus dessous, un *monde renversé*.
Ce comique de farce est destiné à ramener sur terre des pédants préten-
tieux et plus encore à disqualifier les œuvres qui ont suscité la discorde.
Les objets et les corps prennent le pas sur les esprits et les bienséances :

> Je suis donc un Sot ? Moi ? vous en avez menti,
> Reprend le Campagnard ; et, sans plus de langage,
> Lui jette pour défi son assiette au visage.
> L'autre esquive le coup, et l'assiette volant
> S'en va frapper le mur, et revient en roulant.
> À cet affront, l'Auteur, se levant de la table,
> Lance à mon Campagnard un regard effroyable ;
> Et, chacun vainement se ruant entre deux,
> Nos Braves s'accrochant se prennent aux cheveux.
> Aussitôt sous leurs pieds les tables renversées
> Font voir un long débris de bouteilles cassées :
> En vain à lever tous les Valets sont fort prompts,
> Et les ruisseaux de vin coulent aux environs[35].

Il est impossible, quand on lit un tel passage, de ne pas imaginer le
plaisir de Boileau, sa joie de poète comique, rivalisant avec Régnier et
Molière, s'enivrant de sa verve burlesque, s'abandonnant à une régression
ludique et infantile. Cette bagarre, où les corps se mélangent, ramène au
chaos dont se délectent les enfants et les bouffons. Il souligne un besoin
de rabaissement et de destruction propre à la fièvre carnavalesque[36]. Le
joyeux désordre dionysiaque se substitue à l'ordre apollinien.

LA POÉSIE COMIQUE

Le censeur des mauvais écrivains, le théoricien exigeant, le chrétien
scrupuleux cohabitent avec le poète comique et dionysiaque. La raideur
dogmatique de l'idéologue n'étouffe pas son mauvais esprit et sa gaieté.
Son obsession de l'alexandrin tiré au cordeau, net et carré, d'une rigueur

---

35 *Satire III*, v. 212-224, p. 25.
36 Sur le motif carnavalesque de la bagarre, voir Mikhaïl Bakhtine, *L'Œuvre de François
    Rabelais et la culture populaire au Moyen Âge et sous la Renaissance*, Paris, Gallimard, 1970,
    p. 368.

grammaticale qui ne doit laisser aucune place à l'équivoque et à la
confusion illustre sa démarche apollinienne. Mais elle produit aussi de
puissants effets comiques. Boileau ne s'embarrasse pas de circonlocu-
tions. Il « appelle un chat un chat et Rolet un fripon[37] », autrement dit
il frappe et taille sans pitié. Il installe un jeu de massacre où parfois il
donne libre cours à ses impulsions, où il se montre délibérément despotique et partial. On peut regretter ses jugements à l'emporte-pièce
contre d'authentiques poètes comme Ronsard, Théophile de Viau ou
Saint-Amant, que la postérité a réhabilités. Mais on prend plaisir à le
voir démolir des réputations selon lui usurpées, à les sacrifier dans un
bon mot et par conséquent à se couvrir d'ennemis. Il pratique avec vir-
tuosité l'art du distique ou du quatrain épigrammatiques, par exemple
contre Georges Scudéry, auteur très prolixe :

> Tes écrits, il est vrai, sans art et languissants,
> Semblent être formés en dépit du bon sens ;
> Mais ils trouvent pourtant, quoi qu'on en puisse dire,
> Un marchand pour les vendre, et des sots pour les lire[38]…

Boileau arrache les masques et fait tomber de leur piédestal avec fracas
ceux qu'il estime être des arrogants ou des usurpateurs.

Il se montre non moins drôle pour mettre en évidence la fadeur de la
poésie amoureuse, où l'amant se contorsionne en débitant des banalités
et des rimes inlassablement rebattues, qui visent seulement à mettre
en valeur son narcissisme :

> Si je louais Philis, *En miracles féconde*,
> Je trouverais bientôt, *À nulle autre seconde*.
> Si je voulais vanter un objet *Nonpareil*,
> Je mettrais à l'instant, *Plus beau que le Soleil*.
> Enfin parlant toujours d'*Astres* et de *Merveilles*,
> De *Chefs-d'œuvre des Cieux*, de *Beautés sans pareilles*[39]…

Ce qui fait rire le satirique, c'est l'écart entre le fond et la forme, entre
l'absence de sentiment profond et l'expression théâtralisée de la passion au
moyen d'images tragiques, toutes plus convenues les unes que les autres :

---

37   *Satire I*, v. 52, p. 14.
38   *Satire II*, v. 79-82, p.
39   *Satire II*, v. 36-42, p. 18.

> Je hais ces vains Auteurs, dont la Muse forcée
> M'entretient de ses feux toujours froide et glacée ;
> Qui s'affligent par art, et, fous de sens rassis,
> S'érigent pour rimer, en Amoureux transis.
> Leurs transports les plus doux ne sont que phrases vaines.
> Ils ne savent jamais que se charger de chaînes,
> Que bénir leur martyre, adorer leur prison[40]…

La mort métaphorise souvent, dans la poésie amoureuse, l'absolu de l'amour[41]. Boileau considère ce *topos* comme le comble du ridicule et de l'insincérité. Il nous prodigue à cette occasion l'un de ses quatrains les plus drôles, qu'il devait réciter à ses amis avec délectation. Les poètes amoureux n'arrêtent pas en effet de *mourir d'aimer*, mais ils sont toujours là, éclatants de santé, bien vivants :

> Faudra-t-il de sens froid, et sans être amoureux,
> Pour quelque Iris en l'air faire le langoureux ;
> Lui prodiguer les noms de Soleil et d'Aurore,
> Et, toujours bien mangeant, mourir par métaphore[42] ?

Boileau ravale dans un seul éclat de rire la passion amoureuse, qui lui cause peu d'émotions, et plus encore une forme de poésie dont il déplore la niaiserie et l'absence de nécessité. À partir de ce vide, il crée du moins la plénitude d'une jolie trouvaille comique. On ne saurait oublier ces poètes soi-disant passionnés qui « toujours bien mangeant » passent leur temps à « mourir par métaphore » !

Ce comique de chute et de rabaissement, qu'emblématisent par ailleurs des rimes burlesques – « Aristote »/« radote[43] », « panégyrique »/« boutique[44] » ou « Pucelle »/« cervelle[45] » –, lui procure une jouissance qu'il

---

40 *L'Art poétique*, Chant II, v. 45-51, p. 164.
41 Voir par exemple « À elle-même » de l'abbé Cotin : « Vous soupirez pour un trépas / Dont vous ne fûtes point coupable / Et vous voyez un misérable / Qui meurt par vos rigueurs / Et vous n'y pensez pas » (*Œuvres galantes en prose et en vers*, Paris, E. Loyson, 1663, p. 344). Molière se moque de ce cliché dans *Le Bourgeois gentilhomme*. M. Jourdain veut envoyer à une « personne de grande qualité », dont il est tombé amoureux, le billet suivant, qu'il croit très original : « Belle Marquise, vos beaux yeux me font mourir d'amour » (II, 4).
42 *Satire IX*, v. 261-264, p. 55.
43 *Satire IV*, v. 9 et 10, p. 26. *Cf.* chez Régnier la rime « Socrate » / « se gratte » (*Satyre XI*, v. 15-16, éd. G. Raibaud, Paris, Nizet, 1982, p. 130)
44 *Satire VII*, v. 9 et 10, p. 38.
45 *Satire VII*, v. 29-30, p. 38 ; *Satire IX*, v. 123-124, p. 52.

réactive par le retour fréquent de noms qui polarisent son indignation et la mordacité de son rire. Certains auteurs ne sont pas seulement des incarnations de la médiocrité. Ils finissent, à force d'être cités, par ramener la joie et par la symboliser. La simple évocation de leur nom suffit à faire naître un sourire et la promesse d'un bon mot. Le plaisir comique qu'ils avivent déborde l'enjeu critique. Voltaire fera de Jean Fréron et de l'abbé Desfontaines des cibles récurrentes qui, au-delà des conflits idéologiques, le mettent aussitôt en joie et lui permettent de mettre en valeur son génie comique[46]. L'abbé Charles Cotin, que Molière appelle Trissotin, le *trois fois sot*, nourrit, de façon inépuisable, la verve de Boileau. À la fois prédicateur et poète galant[47], Cotin représente et résume plusieurs défauts qu'il ne cesse de pourfendre : la galanterie fade et insipide, le mélange oxymorique et malséant du religieux et du profane[48], le goût à la mode dans les salons pour les jeux de l'énigme, qui n'est à ses yeux qu'un avatar de l'équivoque[49]. Le nom de Cotin apparaît douze fois dans les *Satires*. Boileau se gausse d'abord de ses talents contestables de prédicateur :

> Moi qui ne compte rien ni le vin ni la chère,
> Si l'on n'est plus au large assis en un festin,
> Qu'aux sermons de Cassaigne, ou de l'abbé Cotin…
> Avant lui Juvénal avait dit en latin
> « Qu'on est assis à l'aise aux sermons de Cotin »…
> Et qui saurait sans moi que Cotin a prêché ?…
> Cotin, à ses sermons traînant toute la terre,
> Fend les flots d'auditeurs pour aller à sa chaire[50]…

Le poète galant excite tout autant la joyeuse méchanceté du satirique :

> Et que sert à Cotin la raison qui lui crie :
> « N'écris plus, guéris-toi d'une vaine furie »…

46 Voir Pascal Debailly, Jean-Jacques Robrieux, Jacques Van den Heuvel, *Le Rire de Voltaire*, Paris, Éditions du Félin, 1994, p. 136 et 166-168.

47 Dans son *Commentaire* des *Satires* de Boileau, Pierre Le Verrier écrit à propos de Cotin : « il n'avait nul talent pour la chaire, aussi ne se piquait-il pas d'être grand prédicateur, mais ce qu'il croyait posséder par excellence, c'était la galanterie et la Satire » (in *Les Satires de Boileau commentées par lui-même*, éd. Fr. Lachèvre, Paris, Mathieu Marais, 1906, p. 80).

48 Cotin est notamment l'auteur d'une *Paraphrase du Cantique des Cantiques*, écrite dans le style galant des pastorales à la mode (Paris, Pierre Le Petit, 1662).

49 Cotin est l'auteur d'un *Recueil des Énigmes de ce temps* (Paris, Jean Guignard, 1661).

50 *Satire III*, v. 58-60, p. 21 ; *Satire IX*, v. 45-46, 81-83, 198, 291-292, p. 50, 51, 53, 56.

> Mais pour Cotin et moi, qui rimons au hasard,
> Que l'amour de blâmer fit Poètes par art...
> Et qu'enfin votre livre aille, au gré de vos vœux,
> Faire siffler Cotin chez nos derniers neveux...
> C'est ainsi que Lucile, appuyé de Lélie,
> Fit justice en son temps des Cotins d'Italie...
> Vous aurez beau vanter le Roi dans vos ouvrages,
> Et de ce nom sacré sanctifier vos pages ;
> Qui méprise Cotin n'estime point son Roi,
> Et n'a, selon Cotin, ni Dieu, ni foi, ni loi.
> Mais quoi ! répondrez-vous, Cotin nous peut-il nuire ?...
> Au mauvais goût public la belle y fait la guerre [...]
> Dans la balance met Aristote et Cotin[51]...

Il y a une vertu rafraîchissante et roborative de l'indignation, d'autant plus appréciable qu'elle s'exerce sur des êtres et des objets qui ne prêtent guère à conséquence. Boileau prêche pour l'éthique de l'honnête homme avec la gravité d'un *pater familias*, mais en fait il rue dans les brancards comme « comme un jeune Fou qui se croit tout permis[52] », que le respect et la servilité écœurent. C'est un chrétien à la foi robuste, mais pas un mystique ni un dévot. Le paraître vertueux que produit la religion enflamme sa férocité :

> Un Bigot orgueilleux, qui, dans sa vanité,
> Croit duper jusqu'à Dieu par son zèle affecté,
> Couvrant tous ses défauts d'une sainte apparence,
> Damne tous les Humains, de sa pleine puissance[53].

La fausse dévote lui inspire l'une de ses caricatures les plus virulentes, où fait merveille son art de l'animation et son réalisme :

> Elle lit Rodriguez, fait l'oraison mentale[54],
> Va pour les malheureux quêter dans les maisons,
> Hante les hôpitaux, visite les prisons,

---

51 *Satire VIII*, v. 239-240, p. 46 ; *Satire IX*, v. 45-46, 81-83, 129-130, 275-276 et 303-306, p. 50, 51, 52, 55 et 56 ; *Satire X*, v. 449 et 452, p. 74.

52 *Satire IX*, v. 121, p. 52.

53 *Satire IV*, v. 19-22, p. 26. Voir aussi le long portrait de la fausse dévote (*Satire X*, v. 506-642, p. 75-78).

54 Alonso Rodriguez est un jésuite espagnol, qui est l'auteur d'une *Pratique de la perfection chrétienne*, traduite en français en 1676. « L'oraison mentale » s'oppose à la prière de vive de voix.

Tous les jours à l'Église entend jusqu'à six messes :
Mais de combattre en elle, et dompter ses faiblesses,
Sur le fard, sur le jeu, vaincre sa passion,
Mettre un frein à son luxe, à son ambition,
Et soumettre l'orgueil de son esprit rebelle :
C'est ce qu'en vain le Ciel voudrait exiger d'elle[55].

Boileau aspire à la charité qu'enseigne l'Évangile et à la paix du sage
janséniste, mais il se montre sans pitié pour son prochain dès qu'il s'agit
de défendre ses idées. La complaisance et la douceur ne sont pas son
fort. Usant d'« un style peu Chrétien » qui consiste à « Faire insulte en
rimant[56] », il a plutôt l'ardeur des duellistes qui ne font pas de quartier.
Sa correspondance, comme ses vers, en porte la trace. On lui apporte le
poème d'un « auteur aspirant à la dignité académique », autrement dit
cherchant à se faire élire à l'Académie française. La réaction du « vieux
Lion[57] » est sans nuances :

> [...] par malheur pour lui dans l'intention de me faire mieux concevoir
> son mérite, on m'avait envoyé un Poème de sa façon très mal versifié où en
> termes assez confus il conjure la Volupté de venir prendre soin de lui pendant
> sa vieillesse et de réchauffer les restes glacés de sa concupiscence : voilà en
> effet le but où il tend dans ce beau poème. Quelque bien qu'on m'eût dit de
> lui j'avoue que je ne pus m'empêcher d'entrer dans une vraie colère contre
> l'auteur d'un tel ouvrage[58].

Boileau manifeste une brusquerie qu'il revendique en forçant le trait :
« Je suis rustique et fier, et j'ai l'âme grossière[59] ». Perse et Régnier lui
ont montré l'exemple du bon sens paysan qu'il fait mine d'arborer pour
faire pièce aux subtilités de la vie mondaine comme à l'arrogance du
mauvais goût[60].

La lecture des poèmes de Boileau, une fois qu'on les a débarrassés des
préjugés qui pèsent sur eux, nous fait découvrir, derrière l'admirateur
fasciné du « noble guerrier[61] », un bourgeois qui a les pieds sur terre et
se montre sensible aux réalités concrètes. Fils de greffier et lui-même

---

55 *Satire X*, v. 546-554, p. 77.
56 *Satire IX*, v. 57 et 58, p. 50.
57 *Épître V*, v. 18, p. 118.
58 *Au marquis de Mimeure*, in *Lettres à divers*, 4 août 1706, éd. citée, p. 831.
59 *Satire I*, v. 50, p. 14.
60 Voir Perse, *Choliambi*, v. 6 ; Mathurin Régnier, *Satyre III*, v. 94, éd. citée, p. 94.
61 Joseph Pineau, *op. cit.*, p. 75 et 327.

avocat de formation, il conserve, en dépit de sa réussite sociale, les habitudes de pensée de son milieu. Il vise à la grandeur des héros, mais il sait poser un regard aigu et familier sur ce qu'il appelle « les plus petites choses[62] ». Il veut magnifier le quotidien grâce aux vertus ennoblissantes d'un langage empreint de sublime : « Il n'y a rien, explique-t-il, qui avilisse davantage un discours que les mots bas[63] ». Mais sa pratique de la satire révèle au contraire une jubilation à manier « les mots bas », à les faire résonner, à les disposer de façon expressive dans l'armature rigoureuse de l'alexandrin. Il rêve d'une satire noble qui pose sur le monde prosaïque de la bourgeoisie un regard sublime et aristocratique. Mais c'est fondamentalement la réalité bourgeoise qui irrigue le meilleur de son inspiration. Elle constitue la matrice de son univers. *Le Lutrin* développe à l'extrême cette tendance. Le tropisme épique semble y avoir pour seule fonction de faire passer sur le poème le frisson exhaussant du sublime[64]. Le point de vue satirique ne serait au fond, comme l'attestent par ailleurs les œuvres de Régnier et de Furetière, qu'un point de vue bourgeois.

Le charme des poèmes comiques de Boileau provient en tout cas de sa passion à user de termes bas et techniques. La *Satire III*, consacrée au repas ridicule, abonde en termes culinaires qui trahissent des habitudes de bon vivant : « ortolans », « bisques », « melons », « coq », « chapon », « godiveau », « langue en ragoût de persil couronnée », « beurre gluant », « citron », « jaunes d'œufs », « verjus », « alouettes », « pigeons », « salades », « pourpier jaune », « vinaigre rosat », « muscade », « poulets », « poivre », « lard », « jambon de Mayence », « champignons avec des ris de veau », « pois verts[65] ». À partir de ces termes, Boileau crée de l'émerveillement poétique, lâche la bride à sa fantaisie, que symbolise ce quatrain jovial, inspiré par l'expérience vécue :

> Sur un lièvre flanqué de six poulets étiques,
> S'élevaient trois lapins, animaux domestiques,
> Qui, dès leur tendre enfance, élevés dans Paris,
> Sentaient encor le chou dont ils furent nourris[66].

---

62 *Épître XI*, v. 49, p. 146.
63 *Réflexions critiques sur quelques passages du rhéteur Longin*, IX, in *OC*, p. 532.
64 Voir Joseph Pineau, *op. cit.*, p. 249.
65 *Satire III*, v. 6, 12, 46, 48, 50, 51, 52, 63, 64, 94, 95, 97, 98, 100, 119, 120, 126, 132, 150, 155, 156, p. 21-24.
66 *Ibid.*, v. 89-92, p. 22.

Le registre alimentaire et culinaire suscite de puissants effets de rabaissement burlesque. Les pages des livres qu'on ne lit pas servaient aux
épiciers de Paris, comme « Francœur », à fabriquer des cornets dans
lesquels on déposait des aliments. Tel est pour notre poète le sort réservé
aux mauvais panégyristes :

> Quelque orgueil en secret dont s'aveugle un Auteur,
> Il est fâcheux, Grand Roi, de se voir sans Lecteur ;
> Et d'aller du récit de ta gloire immortelle,
> Habiller chez Francoeur le sucre et la cannelle[67].

Le bestiaire boilévien rivalise en richesse avec les notations alimen-
taires. Tous les animaux familiers de Paris défilent et donnent à la satire
un fort ancrage réaliste. La *Satire VI* nous en fournit un échantillon
presque complet : « chats de toutes les gouttières », « souris », « rats »,
« chiens », « chevaux », « bœufs », « mulets[68] ». La régression satirique
ramène à l'animalité, au monde des bêtes qui se mélangent aux hommes,
rabaissant ainsi leurs prétentions à l'élévation[69]. Boileau évoque ces
animaux avec un regard familier. La *Satire VIII* rappelle le monde des
Fables de La Fontaine et développe un thème comique traditionnel : « Le
plus sot animal, à mon avis, c'est l'Homme[70] ». Elle se conclut par une
évocation de l'âne, « Un stupide Animal, sujet à tous les maux, / Dont
le nom seul en soi comprend une satire[71] ». Omniprésent dans les villes
et les campagnes, l'âne est une représentation du fou, du bouffon du roi,
de celui qui dit naïvement la vérité, au risque d'en pâtir comme dans
« Les Animaux malades de la peste », chez La Fontaine. Il incarne le
point de vue de l'ingénuité et de la « candeur », ce qui fait de lui une
représentation du satirique :

> Nous nous moquons de lui : mais s'il pouvait un jour,
> Docteur, sur nos défauts s'exprimer à son tour ;
> Si, pour nous réformer, le Ciel prudent et sage
> De la parole enfin lui permettait l'usage ;

---

67 *Épître I*, v. 35-38, p. 104. Cette plaisanterie se trouve déjà chez Horace (*Epistulae*, II, I,
    v. 267-270).
68 *Satire VI*, v. 4, 9, 38, 45, 54, 56, p. 34-35.
69 *Ibid.*, v. 43-61, p. 35.
70 *Satire VIII*, v. 4, p. 41.
71 *Satire VIII*, v. 278-279, p. 47.

Qu'il pût dire tout haut ce qu'il se dit tout bas;
Ah! Docteur, entre nous, que ne dirait-il pas[72]!

Ces jeux comiques et la verdeur du langage illustrent le meilleur de la poésie boilévienne, capable de créer de la surprise et de la gaieté. L'idéologue produit de la théorie, mais le poète a le sens des réalités sensibles. Le savoir chez Boileau va de pair avec la saveur, saveur culinaire, mais aussi saveur des mots et des situations. C'est peut-être par cette fraternité avec le monde des réalités quotidiennes que Boileau nous touche le plus.

---

72 *Ibid.*, v. 281-286, p. 47-48.

CONCLUSION

Postérité de la satire boilévienne

En 1666, Boileau tente de s'ériger, au nom de Louis XIV, en censeur des mœurs, d'ouvrir à la satire un espace libre et âpre de critique. Tout s'oppose en fait à ce projet : le roi lui-même qui se méfie de ceux qui se mêlent de faire des remontrances, mais aussi le goût du public où les femmes prennent une large place. La satire, en tant que genre, développe une forme de contestation qui peut rapidement incommoder les autorités en place. Elle blesse trop par ailleurs les valeurs de l'honnête homme et les idéaux de la civilité. Les œuvres de Boileau connurent cependant un grand succès, à cause assurément de la qualité de la langue, percutante, robuste et savoureuse, mais aussi des querelles de personnes et des débats littéraires qu'elles amplifiaient. Contraint d'atténuer sa verve critique avec les *Épîtres*, Boileau ne renonça pas à son projet de devenir un censeur au service de la noblesse du cœur et de la beauté. Et c'est dans le domaine purement littéraire qu'il put s'imposer et régner presque en maître, qu'il put devenir le « régent du Parnasse », celui qui sait « des bons vers [...] tracer le modèle[1] ». *L'Art poétique*, qui use pleinement du style héroï-comique, ne fait que confirmer la tendance des *Satires* et des *Épîtres* à concentrer l'idée de satire, autrement dit de dénigrement et de censure, essentiellement sur des enjeux littéraires, peu dangereux pour les autorités politico-religieuses et susceptibles au surplus de capter l'attention des salons et de la cour. Les Muses de la satire deviennent « les Muses critiques[2] ». Au service du Prince, Boileau devient un conseiller littéraire, à défaut d'exercer un pouvoir dans le domaine des mœurs et de la politique. Il participe à l'autonomisation progressive du critique littéraire par rapport au poéticien, à l'invention de la notion moderne de *littérature* revendiquant une liberté créatrice à

---

1   *Épître I*, v. 22, p. 103.
2   *Épître VIII*, v. 34, p. 130.

l'abri de la pression des pouvoirs[3]. Il devient par excellence celui que lui-même, ses amis et ses détracteurs surnomment le « Critique[4] ». La satire boilévienne, ni Voltaire, ni Jaucourt ne s'y tromperont[5], contribue à préparer, par sa carrure nette et son tranchant, comme par son « Esprit critique[6] », le siècle des Lumières, qui sera plus que jamais l'époque des jugements qui remettent en cause les autorités, des jugements qui osent juger les juges dans le domaine de la pensée comme dans celui du goût.

BOILEAU ET SES DISCIPLES

L'importance de la satire en tant que genre se mesure au nombre d'œuvres et plus encore de recueils qui lui accordent une place prédominante. Le premier grand recueil de satires françaises est celui de Vauquelin de La Fresnaye (1606), il est suivi par ceux de Régnier (1608-1613) et des satiriques normands, puis par celui d'Antoine Furetière[7] et par celui de Boileau en 1666, constamment réédité dans les œuvres complètes du poète.

Ce recueil peut faire croire que la satire jouit d'un grand prestige. En fait il marque plutôt le crépuscule du genre. Boileau lui-même, devant le tollé suscité par ses poèmes, dut y renoncer. Les quelques satires qu'il écrivit encore, comme la *Satire X* contre les femmes ou la *XII*, où il s'en prend aux jésuites ne firent pas moins scandale. Ses poèmes eurent du moins pour effet de favoriser une énorme production de textes sous forme lucilienne, en réponse à ses attaques nominales ou à ses prises de position contre l'épopée moderne ou contre les femmes. Les polémiques qu'il souleva redonnèrent un semblant de vigueur au genre.

---

3   Voir l'article « Critique » de Jean-François Marmontel, dans l'*Encyclopédie*, Paris, Le Breton, 1751-1772, t. IV, p. 490-497. Boileau y est décrit comme le modèle du critique littéraire.

4   *Épître I*, v. 24, p. 103. Voir aussi par exemple François Gacon, *Satire contre les maris*, in *Le Poète sans fard ou Discours satiriques en vers*, Cologne, Corneille Egmont, 1697, p. 24.

5   L'article de Jaucourt consacré à la « Satyre » dans l'*Encyclopédie* s'achève par un éloge de Boileau (t. XIV, p. 702).

6   *Satire IX*, v. 119, p. 52.

7   *Satyres* in *Poésies diverses*, Paris, G. de Luynes, 1655.

Boileau eut en outre quelques émules ou disciples comme Louis Petit[8], Benech de Cantenac[9], François Gacon[10] ou Louis de Sanlecque[11]. Ces poètes tentèrent de lui disputer la palme du meilleur satirique au temps de Louis XIV, mais leurs œuvres ne parvinrent pas à relancer véritablement le genre. Boileau d'ailleurs les méprise souverainement. Il n'admet aucun rival. De fait, les recueils publiés après 1666 s'inscrivent dans ce qu'on peut appeler la réception des œuvres de Boileau. C'est par rapport à lui explicitement ou implicitement que ses épigones se définissent, en sorte qu'on peut avancer qu'il épuisa du moins en France cette forme d'expression.

ÉPOPÉE ET SATIRE

La satire lucilienne est vivante à la condition que les poètes demeurent fascinés par le modèle épique. Or si tous, au temps de Louis XIV, marquent leur admiration pour cette forme poétique dans le sillage des humanistes de la Renaissance, à commencer par Boileau dans son *Art poétique*, elle est depuis longtemps supplantée par la tragédie et d'autres formes d'écriture comme le roman. Aucun poète ne réussit à composer la *Louisiade* que tout le monde attendait. En dépit de Desmarets de Saint-Sorlin ou de Chapelain, l'épopée demeure une case vide, mais qui demeure fascinante. Même au XVIIIe siècle, le rêve épique demeure, comme en témoigne la Querelle d'Homère, avatar de la Querelle des Anciens et des Modernes. Boileau mettait Homère à la source de tout sublime tandis que Charles Perrault, chef de file des modernes, dénombrait avec minutie les défauts du poète grec. La Querelle fut relancée quand parut la traduction de *L'Iliade* par Madame Dacier en 1711. Les débats théoriques ne firent cependant pas renaître l'épopée en tant que genre malgré les efforts de certains poètes au premier rang desquels on retrouve Voltaire. Il déteste la satire en tant que forme poétique, mais

---

8 *Discours satyriques et moraux ou Satyres nouvelles*, Rouen, Richard Lallemant, 1686.
9 *Satyres nouvelles*, Amsterdam, veuve Chayer, 1706. Voir l'édition moderne d'Anne-Marie Clin-Lalande (Exeter, University of Exeter Press, 2001).
10 *Le Poète sans fard ou Discours satiriques en vers*, Cologne, s. n. de libr., 1696.
11 *Les Œuvres de MM. Boileau et Sanlecque*, Amsterdam, R. et J. Wetstein et G. Smith, 1741.

il compose, sur le patron virgilien, une *Henriade* qui raconte le siège de Paris, aux mains des Ligueurs, par Henri IV. Il voulut réaliser le rêve boilévien d'une grande épopée royale, mais il échoua, et, comme l'auteur du *Lutrin*, il se tourna vers la parodie épique avec *La Pucelle d'Orléans*, savoureuse réécriture du poème héroïque de Chapelain tant moqué par Boileau. Si *La Henriade* avait relancé en France le goût pour les grandes épopées, la satire classique aurait peut-être connu elle aussi un regain. Mais il n'en fut rien. La satire est d'autant plus vivace que le genre héroïque demeure l'idéal des poètes. Le déclin de l'épopée en tant qu'horizon non pas théorique, mais créatif, entraîne inexorablement le décès de la satire. Voltaire devint l'un des grands maîtres de la satire, mais à sa manière, en méprisant le terme et en pratiquant les formes d'écriture les plus en vogue à son époque : le pamphlet, le roman, le dictionnaire. Pour élever un monument à la gloire du Roi-Soleil, il n'écrivit pas de *Louisiade*, mais un ouvrage historique intitulé *Le Siècle de Louis XIV*. Même si l'héritage des Anciens continue d'irriguer la pensée et la création, les Modernes occupent le devant de la scène littéraire et rallient à eux la plus grande partie du public. Or ce public est aussi composé de femmes dont l'influence dans la République des lettres était désormais décisive.

L'HOSTILITÉ DES FEMMES

L'importance croissante des femmes dans l'espace littéraire est l'une des causes de la disparition programmée de la satire. Forme virile et misogyne, la satire n'est pas appréciée par les femmes à qui elle n'est jamais destinée. On comprend que les auteurs classiques, soucieux, à la différence des humanistes du XVIᵉ siècle, de plaire à ce public, aient renoncé à pratiquer un genre trop marqué du côté de la masculinité, voire de la grossièreté. Trop rhétorique par sa forme de discours développant sur un ton péremptoire un thème moral, trop affiliée à l'épopée et à la tradition latine, revivifiée par Boileau et ses amis dans la Querelle des Anciens et des Modernes, porteuse d'un rire où la femme occupe en général la place du tiers exclus, la satire ne devait pas résister aux développements de la politesse et de la civilité, à une forme d'esprit et de goût qui ne pouvait plus se satisfaire de longs réquisitoires le plus souvent monologiques et dominés par un rire phallique. L'esprit dans les salons impliquait qu'on ne fît plus des femmes des cibles, mais plutôt des complices et des partenaires. Il exigeait aussi des formes de comique impliquant l'échange et la complicité non seulement entre les érudits, mais aussi entre les sexes. L'*éthos* du misanthrope antiféministe et anti-mondain ne pouvait séduire des citadines raffinées aspirant à l'émancipation et à des formes d'expression où les destinataires sont moins exclus qu'intégrés au jeu de la parole. Certes Molière moqua les précieuses et les femmes savantes, comme Boileau dans la *Satire X*, mais son théâtre défend aussi la cause des femmes qui sont le plus souvent sujets qu'objets du rire; nous rions avec elles plutôt que nous rions d'elles[12]. Le scandale suscité par la satire misogyne et antiféministe de Boileau témoigne de l'agonie d'un genre qui n'était plus en phase avec l'évolution de la société et de la littérature. Le terme *satire* peu à peu prenait donc son sens moderne après que ses thèmes, ses postures d'énonciation, ses formes de comique se furent dissous dans les autres genres littéraires en vogue ou appelés à devenir dominants.

BOILEAU AU XVIIIᵉ SIÈCLE

Le XVIIIᵉ siècle fut par excellence un siècle satirique, mais au sens large, puisqu'il entérinait la mort de la satire lucilienne. On ne compte presque plus à cette époque de vrais recueils à la manière de Régnier. Boileau jouit d'un grand prestige et l'on continue à l'imiter, mais on n'accorde plus d'intérêt à la pratique régulière de cette forme poétique. Il n'est que de considérer l'œuvre de Voltaire. Il composa un grand nombre de poèmes satiriques, mais il ne chercha jamais à composer un recueil sur le modèle des œuvres de Régnier ou de Boileau. Le terme « satire » est d'ailleurs, à ses yeux, péjoratif, il l'associe à l'idée d'attaque *ad hominem*, de médisance, de malignité, de libelle diffamatoire. Dans

---

12   Voir notre livre, *Molière aux éclats, Le rire de Molière et la joie*, Paris, L'Harmattan, 2018, p. 241-262.

deux *Mémoires*, écrits au cours de l'année 1739 à l'occasion de ses démêlés
avec l'abbé Desfontaines, soit seulement une vingtaine d'années après la
mort de Boileau, il s'en prend avec vigueur à cette forme d'expression,
qu'il considère comme une perversion de la parole critique. La satire est
une « raillerie amère qui n'est pas, à la vérité, un si grand crime que la
calomnie, mais qui est une offense souvent aussi cruelle ». Pour lui, elle
est synonyme d'agression nominale, qui finit par devenir odieuse aux
honnêtes gens : « le public, composé d'hommes qui ont tous le même
intérêt, prend à la longue, et même hautement, le parti de quiconque a
été injustement immolé à la satire[13] ». Il professe donc son « horreur de la
satire » ; il voudrait apprendre aux « jeunes gens [...] à détester la satire »,
à les détourner du « malheureux penchant pour la satire ». Elle est un
genre funeste et il veut tout faire, « au nom de tous les honnêtes gens,
pour réprimer » ce qu'il considère comme « un abus intolérable ». Il lui
refuse sa capacité de réformer les mœurs : « ce n'est point par des satires,
mais par des ouvrages écrits dans le bon goût, qu'on réforme le goût
des hommes ». S'il respecte en Boileau le théoricien de l'art classique, il
désapprouve en lui le satirique. Ses attaques contre les poètes du temps
de Louis XIV relèvent à ses yeux plus de la « cabale » que d'une critique
vraiment fondée : « Boileau a-t-il appris à quelqu'un que la *Pucelle* est un
mauvais ouvrage ? Non, sans doute. À quoi donc ont servi ses satires ?
à faire rire aux dépens de dix ou douze gens de lettres ; à faire mourir
de chagrin deux hommes qui ne l'avaient jamais offensé ; à lui susciter
enfin des ennemis qui le poursuivirent presque jusqu'au tombeau, et qui
l'auraient perdu plus d'une fois sans la protection de Louis XIV ». Bref,
« la médisance et la satire » corrompent la « douceur » de vivre ; la satire
est un art « de médire et de nuire ». Sous cette appellation, trop de gens
se laissent aller « à la médisance la plus atroce et la plus basse et à la plus
plate plaisanterie », en alimentant des « recueils d'ordures et de bagatelles
infâmes[14] ». Sur le plan littéraire, rien n'est plus facile que d'en écrire,
au regard de la tragédie et de l'épopée ; il suffit de se laisser porter par
sa méchanceté naturelle et d'aligner « les lieux communs de morale » :
« Qu'une tragédie est difficile ! et qu'une épître, une satire, sont aisées[15] ! ».

---

13 *Mémoire du sieur Voltaire*, 6 février 1739, in *OC*, Paris, Garnier, 1830, t. XXIII, p. 34.

14 *Mémoire sur la satire, à l'occasion d'un libelle de l'abbé Desfontaines contre l'auteur*, 1739,
    t. XXIII, p. 48, 51 et 57.

15 *Parallèle d'Horace, de Boileau et de Pope*, in *Œuvres*, Paris, Lefèvre, 1830, t. XL, p. 302.

Au nom de l'honneur, du bon goût et de l'exigence littéraire, Voltaire enterre donc avec véhémence la forme d'écriture préférée de Boileau, car ce moyen d'expression, qui se veut noble, aboutit en fait à l'intolérance et à une forme de despotisme. Il ne fait que prolonger et répercuter un discrédit qui a prévalu tout au long du règne de Louis XIV. Le succès de Boileau fut de scandale, il ne répondait pas à une attente littéraire du public. Son recueil de 1666 est bien la dernière tentative en France, en dépit des efforts de quelques tardifs épigones, d'imposer le genre lucilien, à égalité avec la tragédie et la comédie.

L'abbé Charles Batteux, dans ses *Principes de la littérature*, confirme le jugement sévère de Voltaire et des philosophes des Lumières. La satire est une forme poétique indigne d'un honnête homme et d'un bon écrivain. Elle est motivée en profondeur par la haine et le désir de vengeance :

> Il semble que, dans le cœur du Satirique, il y ait un certain germe de cruauté enveloppé, qui se couvre de l'intérêt de la vertu pour avoir le plaisir de déchirer, au moins, le vice. Il entre dans ce sentiment de la vertu et de la méchanceté, de la haine pour le vice, et au moins du mépris pour les hommes, du désir de se venger, et une sorte de dépit de ne pouvoir le faire que par des paroles ; et si par hasard les Satires rendaient meilleurs les hommes, il semble que tout ce que pourrait faire alors le Satirique, ce serait de n'en être pas fâché[16].

Le chevalier Louis de Jaucourt, auteur de l'article « Satyre » dans l'*Encyclopédie* pilotée par Diderot et d'Alembert, contribua à diffuser et à imposer les idées de Batteux qu'il reprend à son compte. Pierre Bayle, dans son *Dictionnaire historique et critique*, va même jusqu'à faire de la satire un crime : « les Satires tendent à dépouiller un homme de son honneur, ce qui est une espèce d'homicide civil, et par conséquent, une peine, qui ne doit être infligée que par le Souverain[17] ». On reconnaît donc, au temps de Voltaire, l'autorité de Boileau comme « critique », mais on condamne son œuvre comique.

La satire lucilienne survit ponctuellement au XVIIIᵉ siècle, mais, de façon révélatrice, chez des poètes conservateurs comme Jean-Marie-Bernard Clément et Nicolas Gilbert. Leurs poèmes sont des diatribes enflammées contre la philosophie des Lumières. Satire en vers et conservatisme

---

16 *Traité de la poésie didactique*, in *Principes de la littérature*, ch. II, Paris, Saillant & Nyon, Veuve Desaint, 1774, t. III, ch. II, p. 326.

17 *Dictionnaire historique et critique* (1696-1701), article « Catius », Remarque D, Amsterdam, P. Brunel, 1740, t. I, p. 102.

vont désormais de pair. En témoigne un surprenant regain de faveur chez plusieurs écrivains, entre la Convention thermidorienne et le Premier Empire[18]. On peut citer Bernard-François-Anne Fonvielle, Charles Colnet du Ravel, François-Marie Baour-Lormian et Joseph Despaze. Ces poètes s'efforcent, dans le sillage de Clément et de Gilbert, de liquider l'héritage des Lumières et celui de la Révolution. Ils sont catholiques, misogynes, antirépublicains et réactionnaires. Ils rendent les philosophes des Lumières responsables de tous les maux qui accablent la France.

La satire lucilienne, telle que la pratique Boileau, a contribué, comme les œuvres des moralistes de son temps, à laïciser la morale, à la fonder à partir de normes qui peu à peu s'affranchissent de la transcendance religieuse. Certes, il est animé par une foi chrétienne ardente et sincère, mais son rationalisme et son culte du jugement personnel vont dans le sens d'une séparation progressive entre la morale et la religion. Sa conception de la satire, fondée sur le courage et l'esprit de résistance, fortifie par ailleurs ce que nous pouvons appeler un *droit à la satire* qu'il a formulé et qu'il n'a cessé de défendre. L'Histoire nous a montré que sans ce droit, sans « le droit de blâmer » pour reprendre l'expression de Beaumarchais, la liberté politique n'a pas de sens, non plus que la liberté de conscience et de pensée. Or Boileau a par-dessus tout le goût de la liberté. Il donne à ses colères et à ses critiques le frémissement qu'on éprouve en sortant d'un état de servitude, d'humiliation et d'injustice. Avec les moyens du comique, ce qui ne va pas de soi, il parvient à nous faire partager son aspiration à la noblesse du cœur. Son *indignation* réalise l'objectif profond des grandes satires luciliennes : restaurer la *dignité*.

La satire noble, telle que la conçoit Boileau, vise à désaliéner notre pensée et à nous redonner le sens du sacré. Il fut un satirique heureux, sûr de ses choix esthétiques, pleinement reconnu par le roi et ses pairs de la République des Lettres, jouissant pleinement de l'aplomb du rieur. Dans le sillage de Juvénal et de Régnier, il fit de la satire une instance de franc-parler au service de ses hautes exigences morales et esthétiques, un lieu de pédagogie et d'initiation, dévolu à la révélation de soi, à la quête du sublime et de l'absolu.

---

18   Voir Pierre Blanchard, *La Satire poétique de Thermidor à l'Empire : crépuscule d'un genre au couchant des Lumières*, Thèse, Université de Toulouse II Le Mirail, 2013.

BIBLIOGRAPHIE SÉLECTIVE

ÉDITIONS DES ŒUVRES DE BOILEAU

BOILEAU, Nicolas, *Satires du Sieur D****, Paris, Claude Barbin, 1666.

BOILEAU, Nicolas, *Œuvres diverses*, Paris, Denys Thierry, 1674.

BOILEAU, Nicolas, *Œuvres diverses du S. Boileau-Despréaux*, Paris, Denys Thierry, 1701.

BOILEAU, Nicolas, *Œuvres*, Paris, Esprit Billiot, 1713.

BOILEAU, Nicolas, *Œuvres de M. Boileau-Despréaux*, Genève, Fabri et Barrillot, 1716 (avec les *Éclaircissements historiques* de Claude Brossette).

BOILEAU, Nicolas, *Œuvres complètes*, éd. Françoise Escal, Paris, Gallimard, La Pléiade, 1966.

BOILEAU, Nicolas, *Satires, Épîtres, Art poétique*, éd. Jean-Pierre Collinet, Paris, Poésie/Gallimard, 1985.

SUR LA SATIRE CHEZ BOILEAU

ADAM, Antoine, *Histoire de la littérature française au XVIIᵉ siècle*, Paris, Albin Michel, 1997, t. II, p. 455-562 et t. III, p. 434-460.

ADAM, Antoine, *Les premières satires de Boileau (I-IX)*, Édition critique et commentaire (1941), Genève, Slatkine reprints, 1970.

BEUGNOT, Bernard et ZUBER, Roger, *Boileau, Visages anciens, visages nouveaux*, Montréal, Les Presses de l'Université de Montréal, 1973.

BEUGNOT, Bernard, « Boileau et la distance critique », in *Études françaises*, Volume 5, Numéro 2, mai 1969, p. 194-206.

BEUGNOT, Bernard, « Boileau, une esthétique de la lumière », in *Studi francesi*, n° 44, 1971, p. 229-237.

BRAY, Bernard, « Dialectique de l'ordre et du désordre dans les *Satires* de Boileau », in *Ordre et contestation au temps des classiques*, Biblio 17, 73, Paris-Seattle-Tübingen, 1992, t. I, p. 267-273.

BRODY, Jules, *Boileau and Longinus*, Genève, Droz, 1958.

CLARAC, Pierre, *Boileau*, Paris, Hatier, 1994.

COLTON, Robert E., *Juvenal and Boileau*, Hildesheim, G. Olms, 1987.

DEBAILLY, Pascal, « Nicolas Boileau et la Querelle des *Satires* », in *Les Émotions publiques et leurs langages à l'Âge classique*, dir. Hélène Merlin, *Littératures classiques*, n° 68, 2009, p. 131-144.

JORET, Paul, *Nicolas Boileau-Despréaux, révolutionnaire et conformiste*, Biblio 17, 49, Paris-Seattle-Tübingen, 1989.

LECLERC, Jean, « Rire et mordre : Boileau artisan de la forme brève », in *Œuvres et critiques, Boileau (1636-1711) : diversité et rayonnement de son œuvre*, XXXVII, 1, 2012, p. 23-38.

NÉPOTE-DESMARRES, Fanny, « Boileau, esprit satirique et satire en vers : une ontologie du verbe », in *La Satire en vers au XVIIᵉ siècle, Littératures classiques*, n° 24, 1995, p. 183-193.

NISARD, Désiré, *Histoire de la littérature française*, Paris, Firmin Didot, 1854, t. II, p. 291-401.

PINEAU, Joseph, *L'Univers satirique de Boileau, L'ardeur, la grâce et la loi*, Paris, Genève, Droz, 1990.

REGUIG, Delphine, *Boileau poète, « De la voix et des yeux... »*, Paris, Classiques Garnier, 2016, p. 249-256.

SAINTE-BEUVE, *Notice* aux *Œuvres* de Boileau, Paris, Furne, 1886, p. I-XV.

STAMBUL, Léo, « La querelle des *Satires* de Boileau et les frontières du polémique », in *Littératures classiques*, 2013/2, n° 81, p. 79-90.

TIEFENBRUN, Suzan W., « Boileau and his Friendly Ennemy: a poetics of satirist criticism », in *Modern Language notes*, John Hopkins University Press, mai 1976, p. 672-697.

WOOD, Allen G., « Boileau, l'équivoque, et l'œuvre ouverte », in *Ordre et contestation au temps des classiques*, Biblio 17, 73, Paris-Seattle-Tübingen, 1992, t. I, p. 275-285.

WOOD, Allen G., *Literary Satire and theory, A Study of Horace, Boileau and Pope*, New York and London, Garland, 1985.

ZUBER, Roger, « De la verve à l'admiration : notes sur Boileau poète et son évolution », in *Romanistische Zeitschrift für Literaturgeschichte*, Heft, 1-2, 1989, p. 149-161.

ZUBER, Roger, *Les Émerveillements de la raison. Classicismes littéraires du XVIIᵉ siècle français*, Paris, Klincksieck, 1997. Voir le chapitre intitulé « Esprit satirique et satire en vers ».

SUR LE GENRE DE LA SATIRE EN VERS

BADE ASCENSIUS, Josse, *Sermonum Horatii familiaris explanatio. Et primo Praenotamenta quaedam*, Venise, Jean Gryphius, 1584.

BRUMMACK, Jürgen, *Zu Begriff und Theorie der Satire*, in *Deutsche Vierteljahrsschrift für Literaturwissenschaft und Geistesgeschichte*, 45, 1971, Sonderheft Forschungsreferate, p. 275-377.

CASAUBON, Isaac, *De Satyrica Graecorum Poesi et Romanorum Satira Libri duo*, Paris, Ambroise et Jérôme Drouard, 1605.

DEBAILLY, Pascal, « *Epos* et *satura*, Calliope et le masque de Thalie », in *La Satire en vers au XVIIe siècle, Littératures classiques*, n° 24, 1995, p. 147-166.

DEBAILLY, Pascal, « L'*Ethos* du poète satirique », in *L'Éthique des genres littéraires, RHR*, 57, 2003, p. 71-91.

DEBAILLY, Pascal, « La peur du féminin dans la satire lucilienne à la fin du XVIe et au début du XVIIe siècle », in *Cité des hommes, cité de Dieu, Travaux sur la littérature de la Renaissance en l'honneur de Daniel Ménager*, Genève, Droz, 2003, p. 321-330.

DEBAILLY, Pascal, « La théorie de la satire dans les traités de poétique au XVIIe siècle », in *Arts de poésie et traités du vers français (fin XVIe-XVIIe siècles)*, dir. N. Cernogora, E. Mortgat-Longuet, G. Peureux, Paris, Classiques Garnier, 2018, p. 137-150.

DEBAILLY, Pascal, « Le droit à la satire chez les poètes », in *Morales du poème à l'âge classique. Actes du colloque de Nancy (28-29 mai 2015)*, dir. Alain Génetiot, Paris, Classiques Garnier, 2019.

DEBAILLY, Pascal, « Le miel et le fiel : *laus* et *vituperatio* dans la satire classique en vers », in *Hommage à Denis Baril, Recherches et Travaux*, n° 50, Grenoble, PU de Grenoble, 1996, p. 101-117.

DEBAILLY, Pascal, *La Muse indignée, La satire en France au XVIe siècle*, t. I, Paris, Classiques Garnier, 2012.

DRYDEN, John, *Discourse concerning the Original and Progress of Satire*, in *The Works of John Dryden*, t. IV, Berkeley-Los Angeles-London, University of California Press, 1974, p. 3-90.

MARMIER, Jean, « La conscience satirique, d'Horace à Boileau », in *Critique et création littéraire en France au XVIIe siècle*, Paris, Éditions du CNRS, 1977, p. 29-38.

VILLIERS, Abbé de, *Traité de la satire, où l'on examine Comment on doit reprendre son prochain, et comment la satire peut servir à cet usage*, Paris, Jean Anisson, 1695.

INDEX NOMINUM

TABLE DES MATIÈRES

IMPRIM'VERT®

Achevé d'imprimer par Corlet,
Condé-en-Normandie (Calvados),
en Mai 2022
N° d'impression : 176034 - dépôt légal : Mai 2022
Imprimé en France